ENTRA EN TU CEREBRO

ENTRA EN TU CEREBRO

POR QUÉ UNO PIERDE LAS LLAVES DEL COCHE
PERO NUNCA OLVIDA CÓMO CONDUCIR
Y OTROS ENIGMAS COTIDIANOS

Sandra Aamodt y Sam Wang

WITHDRAWN

Traducción de Albert Solé

EDICIONES B
GRUPO ZETA

Barcelona • Bogotá • Buenos Aires • Caracas • Madrid • México D.F. • Montevideo • Quito • Santiago de Chile

Título original: *Welcome to Your Brain*

Traducción: Albert Solé

1.ª edición: abril 2008

© 2008 by Sandra Aamodt and Sam Wang
© Ediciones B, S. A., 2008
  Bailén, 84 - 08009 Barcelona (España)
  www.edicionesb.com

Printed in Spain
ISBN: 978-84-666-3738-1
Depósito legal: B. 10.279-2008

Impreso por LIMPERGRAF, S.L.
Mogoda, 29-31 Polígon Can Salvatella
08210 - Barberà del Vallès (Barcelona)

Índice

CUARTA PARTE
TU CEREBRO EMOCIONAL

Agradecimientos

En el desempeño de nuestra profesión hemos escrito más de un millón de palabras sobre el cerebro, pero esa experiencia sólo nos ha preparado en parte para escribir este libro. Antes nos preguntamos por qué los agradecimientos ocupan tanto. Ahora ya lo sabemos.

Cuando Jack Home supo que ambos pensábamos escribir el mismo libro, sugirió que aunáramos nuestros esfuerzos. Sandy Blakeslee y Jeff Hawkins nos recomendaron su agencia, Levine Greenberg, y viceversa. Nuestro agente, Jim Levine, y su ayudante, Lindsay Edgecombe, nos ayudaron a dar forma al tono y el contenido del libro. Todos los autores deberían contar con guías así de curtidos para su primer libro. Beth Fisher nos puso en contacto con editoriales de todo el mundo. En Bloomsbury USA hemos tenido suerte con nuestra editora, Gillian Blake, que se entusiasmó con el proyecto desde el primer día y nos ha echado una mano experta. Ella, Ben Adams y todo el equipo de Bloomsbury han mejorado nuestras palabras y pensamientos y nos han ayudado a seguir siempre adelante. También damos las gracias a Lisa Haney y Patrick Lane por sus bonitas ilustraciones y a Ken Catania, Pete Thompson, Ted Adelson y Michael MacAskill por autorizarnos a usar imágenes técnicas.

Escribimos buena parte del libro en Villa Serbelloni, a orillas del lago Como, en Bellagio (Italia), una experiencia hecha realidad por la Fundación Rockefeller y palabras de apoyo de Jane Flint, Bob Horvitz, Charles Jennings, Olga Pellicer, Robert Sapolsky y Shirley Tilghman. Pilar Palacia, Elena Ongania y el resto de empleados de Villa Serbelloni crearon una elegante pero relajada atmósfera para pensar, hablar y escribir. Los colegas residentes nos proporcionaron un gran foro y por ello les damos las gracias a todos: Anne Waldman, Ed Bowes, Seemin Quayum, Sinclair Thomson, Raka Ray, Ashok Bardhan, Richard Cooper, Joan Kennelly, Jane Burbank, Fred Cooper, Russell Gordon, Jennifer Pierce, Dedre Gentner, Ken Forbus, David y Kathy Ringrose, Len y Gerry Pearlin, Bishaka Datta, Gautam Ojha, Sushil Sharma, Stephen Barber, Helen Roberts, Rodney Barker, Cyrus Cassells, Andrée Durieux-Smith, Roger Smith, Jerry y Joan Cohen, y Thomas Bisson.

Amigos, colegas y estudiantes nos ayudaron y animaron tremendamente, y fueron la fuente de inestimables sugerencias, debates y correcciones. Estamos especialmente agradecidos a Ralph Adolphs, Daphne Bavelier, Alim Louis Benabid, Karen Bennett, Michael Berry, Ken Britten, Carlos Brody, Tom Carmichael, Gene Civillico, Mike Deweese, David Eagleman, Neir Eshel, Michael Fee, Asif Ghazanfar, Mark Goldberg, Astrid Golomb, Liz Gould, David Grodberg, Patrick Hof, Hans Hofmann, Petr Janata, Danny Kahneman, Rebecca Khaitman, Yevgenia Kozorovitskiy, Ivan Kreilkamp, Eric London, Zach Mainen, Eve Marder, David Matthews, Becca Moss, Eric Nestler, Elissa Newport, Bill Newsome, Bob Newsome, Yael Niv, Liz Phelps, Robert Province, Kerry Ressler, Rebecca Saxe, Clarence Schutt, Steven Schultz, Mike Schwartz, Mike Shadlen, Debra Speert, David Stern, Chess Stetson, Russ Swerdlow, Ed Tenner, Leslie Vosshall, Larry Young y Gayle Wittenberg. Sam agradece a su laboratorio por el apoyo a la hora de escribirlo. La biblioteca de la Universidad de Princeton fue un recurso esencial. Finalmente, damos las gracias a Ivan Kaminov por revelarnos el truco del teléfono móvil. Por supuesto, cualquier inexactitud en cuestiones científicas es responsabilidad nuestra, no suya.

Nuestras parejas fueron más allá de la llamada del deber al apoyarnos en este proyecto, manteniéndonos todo lo cuerdos posible. Sandra agradece a Ken Britten su comprensión ante la idea de pasar solo otro fin de semana mientras ella trabajaba en el libro, y por sus entusiastas contribuciones a muchas aventuras compartidas; también agradece a sus padres, Roger y Jan Aamodt, que le hayan enseñado lo que las chicas también pueden arriesgar para hacer sus sueños realidad. Sam agradece a Becca Moss su relación, su aplomo ante otra alocada idea que se le fue de las manos y por iluminarlo con su luz cuando las cosas se ponían negras. Por último, Sam se siente en deuda con sus padres, Chia-lin y Mary Wang, por plantar las semillas de una vida consagrada a la ciencia y el saber.

Cuestionario:
¿Hasta qué punto conoces tu cerebro?

1) **¿Cuándo han nacido las últimas neuronas de tu cerebro?**
   (a) Antes de nacer yo
   (b) A los seis años
   (c) Entre los 18 y los 23 años
   (d) En la vejez

2) **Los hombres y las mujeres muestran diferencias innatas en:**
   (a) razonamiento espacial
   (b) estrategias de navegación
   (c) acordarse de bajar el asiento del retrete después de usarlo
   (d) Tanto a como b
   (e) Tanto b como c

3) **¿Cuál de estas cosas «no» es probable que mejore la función cerebral en la vejez?**
   (a) Comer pescado con ácidos grasos omega-3
   (b) Hacer ejercicio regularmente
   (c) Beberse una o dos copas de vino tinto al día
   (d) Beberse una botella de vino tinto al día

4) **¿Cuál de las siguientes estrategias es más eficaz para combatir el *jet lag*?**
   (a) Tomar melatonina por la noche nada más llegar a tu destino
   (b) Evitar la luz diurna durante varios días
   (c) Tomar el sol por la tarde en tu destino
   (d) Dormir con la luz encendida

5) **Tu cerebro gasta tanta energía como:**
   (a) la luz de una nevera
   (b) un ordenador portátil
   (c) un coche con el motor en punto muerto
   (d) un coche que circula por la autopista

6) **Tu amigo trata de hacerte cosquillas en la barriga. Puedes reducir la sensación de cosquilleo:**
   (a) poniendo tu mano sobre la suya para seguir el movimiento
   (b) mordiéndote los nudillos
   (c) haciéndole cosquillas a él
   (d) bebiéndote un vaso de agua

7) **¿Cuál de las siguientes actividades te puede ayudar a rendir más en los estudios?**
   (a) Escuchar música clásica mientras duermes
   (b) Escuchar música clásica mientras estudias
   (c) Aprender a tocar un instrumento musical en la infancia
   (d) Hacer pausas en el estudio para jugar con videojuegos
   (e) Tanto c como d

8) **¿Cuál de estas cosas es menos probable que llegue a suceder por un golpe en la cabeza?**
   (a) Inconsciencia
   (b) Pérdida de memoria
   (c) Restauración de la memoria después de haber sufrido amnesia
   (d) Cambio de personalidad

9) **¿Cuál de las siguientes actividades llevada a cabo antes de un examen te ayudaría a hacerlo mejor? (puedes elegir más de una)**
(a) Tomar una copa
(b) Fumar un cigarrillo
(c) Comer una golosina
(d) Decirte con mucha convicción que esta clase de exámenes siempre se te ha dado muy bien

10) **Estás en una habitación muy ruidosa e intentas hablar con un amigo por el móvil. Para mantener una conversación más clara, deberías:**
(a) hablar más alto
(b) taparte un oído y escuchar por el otro
(c) taparte el oído mientras hablas
(d) tapar el micrófono del móvil mientras escuchas

11) **¿Cuál de estas cosas es una manera efectiva de reducir la ansiedad?**
(a) Tomar antidepresivos
(b) Hacer ejercicio
(c) Someterse a terapia conductual
(d) Todas las anteriores

12) **¿Cuál de estas cosas es la que más difícil le resulta a tu cerebro?**
(a) Hacer una división larga
(b) Observar una foto
(c) Jugar al ajedrez
(d) Dormir

13) **¿Cuáles de estas cosas hacen mejor los ciegos que los videntes?**
(a) Entender palabras
(b) Oír sonidos
(c) Recordar historias
(d) Adiestrar perros

14) ¿Tu madre tenía toda la razón del mundo en cuál de estas cosas?
(a) Baja un poco esa música
(b) Sal a jugar
(c) Toca un instrumento
(d) Todas las anteriores

15) ¿La memoria empieza a empeorar en qué década de la vida?
(a) La treintena
(b) La cuarentena
(c) La cincuentena
(d) La sesentena

16) ¿Qué actividades matan neuronas?
(a) Tomar tres cervezas en una noche
(b) Fumar un porro
(c) Tomar ácido
(d) Todas las anteriores
(e) Ninguna de las anteriores

17) ¿Cuál de estas representaciones de una lesión neurológica es menos realista?
(a) La de Leonard, el personaje que interpreta Guy Pearce en *Memento*
(b) La de Drew Barrymore en *50 primeras citas*
(c) La de la pececita Dora en *Buscando a Nemo*
(d) La de John Nash en *Una mente maravillosa*

18) ¿Cuántas especies de mamíferos son monógamas?
(a) El 5%
(b) El 25%
(c) El 50%
(d) El 90%

19) ¿Qué porcentaje de tu cerebro utilizas?

(a) Un 10%

(b) Un 5% cuando duermes y un 20% el resto del tiempo

(c) Un 100%

(d) Varía en función de la inteligencia

20) Cuando el cerebro de Einstein fue comparado con el del individuo medio, resultó:

(a) que era mayor

(b) que no se diferenciaba en nada

(c) que tenía más pliegues en la superficie

(d) que tenía una parte extra

Respuestas. 1) d, 2) d, 3) d, 4) c, 5) a, 6) a, 7) e, 8) c, 9) b y d, 10) d, 11) d, 12) b, 13) c, 14) d, 15) a, 16) e, 17) b, 18) a, 19) c, 20) b.

Introducción

Tu cerebro: modo de empleo

Antes, estaba convencido de que el cerebro era el órgano más importante. Pero entonces pensé: espera un momento, ¿quién me lo dice?

Emo Phillips

En las décadas que llevamos estudiando la neurociencia y escribiendo sobre el tema, nos hemos encontrado muchas veces hablando del cerebro en sitios más bien raros: con peluqueros, en un taxi e incluso en algún que otro ascensor. Lo crean o no, la gente no suele echar a correr. En lugar de eso, nos hacen toda clase de preguntas interesantes: «¿Cuando bebo, mato las células de mi cerebro?», «¿Empollar para un examen sirve de algo?», «¿Escuchar música durante el embarazo hará más inteligente a mi bebé?», «¿Qué le pasa a mi hijo (o a mi progenitor)?», «¿Por qué no te puedes hacer cosquillas a ti mismo?», «¿Los hombres y las mujeres piensan de un modo distinto?», «¿Es verdad que un golpe en la cabeza te puede causar amnesia?»

Todas estas preguntas aluden a tu cerebro, esos asombrosos mil cuatrocientos gramos de sustancia gris contenidos en tu cráneo que te hacen ser tú. Tu cerebro te permite contemplar una puesta de sol, aprender un idioma, contar un chiste, reconocer a un amigo, huir del peligro y leer esta frase. En resumen, eres propietario de la máquina más increíble que existe en el mundo: un cerebro humano.

En los últimos veinte años, los neurocientíficos han descubierto muchas cosas sobre cómo tu cerebro hace todo esto. Es un tema complicado, pero creemos que no tiene por qué intimidar a nadie. Este libro te suministrará toda la información confidencial sobre cómo funciona «realmente» tu cerebro y cómo puedes ayudarlo a que funcione mejor.

Tu cerebro conoce muchas maneras de hacer su trabajo, incluidos pequeños trucos y atajos que lo ayudan a funcionar eficientemente, pero que pueden inducirte a cometer errores predecibles. Leyendo este libro, descubrirás cómo haces las cosas que haces en la vida cotidiana. Por el camino destruiremos algunos mitos en los que tal vez creas, pues «todo el mundo» sabe que son verdad. Por ejemplo, no es cierto que sólo utilices el 10% de tu cerebro. (¡Anda ya!)

Conocer mejor tu cerebro no sólo puede ser divertido, sino también útil. Te enseñaremos cómo pequeños cambios en tu existencia pueden extenderse a lo que eres capaz de hacer con tu cerebro, y ayudarte a llevar una vida más feliz y productiva. También te mostraremos cómo la enfermedad puede dañar tu cerebro, y te sugeriremos formas de evitar o reparar esos daños.

Este libro es como una visita guiada: cubriremos todos los lugares de interés y los puntos más importantes. Sin embargo, en esta visita no necesitas empezar por el principio. Puedes abrir el libro por el punto que quieras e ir leyéndolo en pequeñas dosis, porque cada capítulo funciona por separado. En cada uno encontrarás hechos divertidos, curiosidades con las que entretener a tus amistades en una fiesta y consejos prácticos para ayudarte a utilizar mejor tu cerebro. También te enseñaremos pequeños trucos y atajos que utiliza tu cerebro, y a sacar provecho de ellos para conducirte de manera más eficiente.

- En la Primera parte, presentamos a la alegría de la fiesta: tu cerebro. Levantamos el telón para mostrarte lo que ocurre entre bastidores y explicar de qué manera te ayuda tu cerebro a sobrevivir en el mundo.
- En la Segunda parte, hacemos un recorrido por tus sentidos y te explicamos cómo ves, tocas, hueles y degustas.
- En la Tercera parte, te mostramos cómo va cambiando tu cerebro en el curso de tu vida, desde el nacimiento hasta la vejez.

- En la Cuarta parte, examinamos los sistemas emocionales de tu cerebro, concentrándonos en cómo te pueden ayudar a orientar mejor tu existencia.
- En la Quinta parte, nos centramos en tus capacidades de razonamiento, que incluyen la toma de decisiones, la inteligencia y las diferencias de género en la cognición.
- En la Sexta parte, examinamos los estados alterados de tu cerebro: la conciencia, el sueño, los efectos del alcohol y las drogas y la enfermedad.

Deja este libro en la mesilla, en la sala o en el cuarto de baño, y ábrelo cuando te apetezca. Esperamos que te entretenga y te aclare muchas cuestiones y que, después de haber leído unas cuantas páginas, quieras leerlo entero. Ahora siéntate y prepárate para descubrir unas cuantas cosas sobre tu cerebro... ¡y sobre ti mismo!

1

¿Puedes fiarte de tu cerebro?

Tu cerebro miente. La verdad, nos sabe fatal tener que decírtelo, pero así es. Ni siquiera cuando tu cerebro lleva a cabo tareas esenciales y difíciles eres consciente de buena parte de lo que sucede.

Tu cerebro no tiene intención de mentirte, claro está. Básicamente, hace un gran trabajo, esforzándose por ayudarte a sobrevivir y alcanzar las metas que te has fijado en un mundo complicado. Puesto que a menudo tienes que reaccionar con rapidez frente a emergencias y oportunidades, tu cerebro normalmente se decanta por obtener una respuesta improvisada antes que la clase de respuesta perfecta que requiere ser pensada con calma. Esto, sumado al hecho de que el mundo es complejo, significa que tu cerebro se ve obligado a tomar atajos y hacer muchas suposiciones. Las mentiras de tu cerebro sirven a tus intereses —la mayoría de las veces—, pero también te llevan a cometer errores predecibles.

Una de las cosas que pretendemos con este libro es ayudarte a entender los tipos de atajos y presunciones encubiertas que tu cerebro utiliza para guiarte a través de la existencia. Esperamos que este conocimiento te permita predecir cuándo tu cerebro es una fuente de información fiable y cuándo puede inducirte a error.

Los problemas surgen nada más empezar, cuando el cerebro recibe información sobre el mundo a través de los sentidos. Incluso si estás sentado en una habitación sin hacer nada, tu cerebro recibe mucha más información de la que puede procesar, o de la que necesitas para decidir cómo actuar. Puedes ser consciente del estampado de la alfombra, de las fotos colgadas en la pared y del canto de

Observar una fotografía es más difícil que jugar al ajedrez

Pensarás que sabes qué hace tu cerebro; pero, en realidad, sólo percibes una pequeña fracción de su actividad; y lo que el cerebro hace a tus espaldas figura entre las tareas más difíciles que lleva a cabo. Cuando los informáticos se dispusieron a crear programas que imitaran las capacidades humanas, descubrieron que era relativamente fácil lograr que éstos se guiaran por reglas lógicas y llevaran a cabo complejos cálculos matemáticos, pero muy difícil conseguir que entendieran lo que estaban viendo en una imagen o supieran moverse por el mundo. Los mejores programas de ajedrez de hoy en día pueden vencer a un gran maestro, al menos en algunas ocasiones; pero cualquier crío normal les da mil vueltas a la hora de encontrar sentido al mundo visual.

La primera dificultad, como se ha descubierto, es identificar objetos individuales en una escena. Cuando miramos, por ejemplo, una mesa puesta para cenar, resulta obvio que el vaso de agua aparece delante de otro objeto, como un jarrón con flores; pero, en realidad, esto que parece tan simple es un cálculo muy sofisticado y lleno de posibles variantes. Tú sólo percibes esta ambigüedad ocasionalmente, cuando observas algo durante un período de tiempo tan corto que tal vez luego te equivoques al identificarlo; por ejemplo, cuando esa piedra vista de noche en mitad de la acera resulta ser el gato del vecino. El cerebro ordena esas posibilidades basándose en su experiencia anterior con el objeto en cuestión, incluyendo el haberlo visto por separado y en otras combinaciones. ¿Nunca has hecho una foto en la que un árbol parece nacer de la cabeza de una persona? Cuando sacaste la foto, no reparaste en el problema porque tu cerebro separó eficientemente los objetos basándose en sus distintas distancias con relación a tus ojos. Más tarde, la foto bidimensional ya no contenía la misma información acerca de las distancias, y por eso te pareció que los dos objetos estaban el uno encima del otro.

los pájaros en la calle. Muchos otros aspectos de la escena son percibidos inicialmente, pero no son recordados más tarde. Lo normal es que esas cosas no sean realmente importantes, por lo que no solemos reparar en la cantidad de información perdida. El cerebro aporta muchas mentiras por omisión, ya que descarta la mayor parte de la información presente en el mundo en cuanto considera que no merece mayor atención.

Los abogados conocen este principio. Los testigos oculares tienen fama de ser muy poco fiables, en parte porque imaginan —como hacemos la mayoría de nosotros— que ven y recuerdan más detalles de los que realmente pueden. Los abogados lo saben y pueden servirse de ello para desacreditar a los testigos, tentándolos a que declaren haber visto algo que luego el abogado puede probar que no estaba ahí, lo cual hará que se ponga en duda la totalidad del testimonio.

Además de desechar información, el cerebro también tiene que decidir si ha de tomar atajos, dependiendo de hasta qué punto prefiera la rapidez a la exactitud en una situación determinada. La mayoría de las veces tu cerebro se decanta por la rapidez e interpreta los acontecimientos basándose en reglas generales que son fáciles de aplicar, aunque no siempre son lógicas. El resto del tiempo, utiliza un enfoque lento y metódico, que es adecuado para hacer operaciones matemáticas o resolver los acertijos lógicos. El psicólogo Daniel Kahneman ganó el premio Nobel de Economía por estudiar esas reglas generales y cómo influyen sobre la conducta en la vida real. (Amos Tversky, su colaborador desde hacía mucho tiempo, falleció sin poder compartir el galardón.)

En lo que al cerebro concierne, lo que nos está diciendo la investigación de Kahneman y Tversky es que el pensamiento lógico requiere una gran cantidad de esfuerzo. Por ejemplo, intenta resolver rápidamente el siguiente problema: «Un bate y una pelota de béisbol cuestan 1,10 dólares. El bate cuesta 1 dólar más que la pelota. ¿Cuánto cuesta la pelota?» La mayoría de la gente dirá que 10 centavos, lo cual es intuitivo pero erróneo: el bate cuesta 1,05 dólares, y la pelota, 5 centavos. Atajos mentales como éste son muy comunes; de hecho, hay quien tiende a utilizarlos en casi todas las situaciones, a menos que algo le deje muy claro que lo que debería hacer es recurrir a la lógica. La mayor parte del tiempo, la respuesta intuitiva es lo bastante buena para salir del paso, aun cuando sea equivocada.

La realidad no es más que una ilusión, aunque muy persistente.

Albert Einstein

En la vida cotidiana no se nos suele pedir que resolvamos problemas lógicos, pero sí que emitamos juicios acerca de personas a las que no conocemos demasiado bien. Kahneman y Tversky recurrieron a un experimento para demostrar que esos juicios tampoco son lógicos. Por ejemplo, empezaron por hablar a sus sujetos de Linda: «Linda tiene 31 años, está soltera, es muy inteligente y no le da miedo decir lo que piensa. Se licenció en Filosofía. Cuando estudiaba en la universidad, se interesó especialmente por todo lo relacionado con la discriminación y la justicia social, y también participó en muchas manifestaciones antinucleares.» Acto seguido, pidieron a los sujetos que eligieran la frase que mejor describiese a Linda de entre una lista de características personales cuidadosamente seleccionadas.

A la mayoría de los sujetos, les parecía más acertado (a) «Linda es cajera en un banco y participa activamente en el movimiento feminista» que no (b) «Linda es cajera en un banco». La elección (a) tiene sentido intuitivamente hablando, porque muchas de las otras características personales de Linda —como su interés por las cuestiones de justicia social— sugieren que podría participar activamente en el movimiento feminista. Sin embargo, no es la respuesta correcta, porque toda mujer que sea (a) «cajera en un banco y participe activamente en el movimiento feminista» también es (b) «cajera en un banco». Y, naturalmente, (b) incluye a las cajeras de banco que tienen ideas reaccionarias o no llevan a cabo ninguna clase de actividad relacionada con el feminismo.

En un caso como éste, incluso participantes sofisticados como los estudiantes de estadística cometen el error de llegar a una conclusión que contradice directamente la lógica. Es más probable que

¿Hacemos las cosas a derechas?

 Cuando la gente habla del «cerebro derecho» y el «cerebro izquierdo», se refiere a los dos hemisferios que conforman el córtex cerebral. Si bien hay unas cuantas diferencias reales en lo tocante a función entre ambos, las distinciones no siempre son entendidas correctamente.

En la mayoría de las personas el habla es controlada por el lado izquierdo del cerebro, que también es responsable de las matemáticas y otras formas de resolución de problemas lógicos. Curiosamente, sin embargo, también es el origen de muchos detalles mal recordados o entremezclados, y es donde reside el «intérprete». En general, el emisferio izquierdo parece tener una intensa necesidad de lógica y orden; tan intensa que, si algo no tiene sentido, normalmente responde a ello inventándose alguna explicación plausible.

El hemisferio derecho es mucho más literal y veraz cuando se trata de comunicar lo ocurrido. Controla la percepción espacial y el análisis de los objetos a través del tacto, y sobresale en las tareas visuales-motoras. Más que «artístico» o «emocional», el lado derecho del cerebro se atiene a los hechos. Es muy de fiar y, si pudiese hablar, probablemente diría: «Esto es lo que hay, no le demos más vueltas.»

Linda sea una presencia activa dentro del movimiento feminista a que «no» lleve a cabo ninguna actividad relacionada con éste, pero la cuestión no era ésa. Esta marcada tendencia a atribuir grupos de características referentes a las personas sin tener gran cosa en que basarse es una forma rápida de estimar las consecuencias probables, y también puede ser el origen de muchos de los estereotipos y prejuicios frecuentes en la sociedad.

Por si eso fuera poco, muchas de las historias que nos contamos a nosotros mismos ni siquiera reflejan lo que sucede realmente dentro de nuestras cabezas. Un famoso estudio sobre pacientes con lesiones cerebrales lo demuestra. Dichos pacientes padecían epilepsia y se les había sometido a una intervención quirúrgica que desconectó las mitades derecha e izquierda del córtex cerebral, para evitar que los ataques epilépticos iniciados en un lado se propagaran al otro. Esto significaba que la mitad izquierda del cerebro de esos pacientes no sabía literalmente lo que hacía la derecha, y viceversa.

Los científicos mostraban a aquellos pacientes que tenían «el cerebro partido» una instrucción escrita como «Levántate y ve hacia la puerta», de forma que ésta sólo fuese visible para el lado derecho del cerebro. Luego les preguntaban en voz alta: «¿Por qué acabas de ir hacia la puerta?» Como las áreas del cerebro que se encargan de producir el habla normalmente se encuentran ubicadas en el hemisferio izquierdo, el lado que conocía la respuesta era distinto del lado que podía contestar a la pregunta. Curiosamente, los pacientes no contestaban: «No lo sé.» En lugar de eso, recurrían a excusas como «Voy a buscar un refresco» o «He tenido que ir al baño». Los científicos concluyeron que el hemisferio izquierdo contiene un «intérprete» cuya función consiste en encontrarle sentido al mundo, incluso cuando no entiende lo que está sucediendo realmente.

A otro paciente, los científicos le enseñaron dos fotos: un muslo de pollo al lado izquierdo del cerebro y una escena nevada al lado derecho del cerebro. Cuando se le pidió que eligiese una imagen relacionada de otro juego de fotos, el paciente eligió correctamente una pala con la mano izquierda (controlada por el hemisferio izquierdo) y un pollo con la mano derecha (controlada por el lado derecho del cerebro). Cuando se le pidió al paciente que explicara sus elecciones, respondió: «Ah, muy sencillo. El muslo de pollo va con el pollo, y necesitas una pala para limpiar el gallinero.»

Todos estos problemas de desechar información, tomar atajos mentales e inventar historias plausibles se combinan en lo que los psicólogos llaman «ceguera al cambio». Por poner un ejemplo, observa las dos fotografías de la página siguiente. ¿Cuál es la diferencia? (Pista: ¡si eres hombre y tienes cierta edad, ándate con ojo!)

Cuando alguien observa una foto complicada como ésta, puede identificar las diferencias entre imágenes inmóviles. Pero si la imagen parpadea durante la transición de una a otra, entonces la cosa se complica bastante. Esto ocurre porque nuestra memoria visual no es demasiado buena.

Experimentos de este tipo animaron a los psicólogos a ir un poco más allá y concebir maneras más complejas de hacer que la gente no se diera cuenta de las cosas. En otro experimento, un investigador se dirige a un transeúnte y le pregunta cómo se llega a tal sitio. Cuando esa persona le está respondiendo, unos trabajadores cargados con una gran puerta se interponen entre ellos, impidiendo que puedan verse el uno al otro. Oculto por la puerta, el investigador que ha preguntado cómo se llega a tal sitio cede su lugar a otro, que continúa la conversación como si no hubiera pasado nada. Aun cuando la segunda persona es muy distinta de la primera, el transeúnte que explica cómo se va a tal sitio sólo tiene un 50% de probabilidades de percibir el cambio.

En otro experimento, varios sujetos ven un vídeo en el que tres estudiantes con camisa blanca se pasan un balón de baloncesto mientras otros tres estudiantes de camisa negra hacen lo mismo con un segundo balón. Se pide a los sujetos que cuenten el número de pases llevados a cabo por el equipo de la camisa blanca. Mientras los dos grupos se mezclan, una persona que lleva un disfraz de gorila entra por un lado de la cancha y sale por el otro, después de detenerse ante la cámara y aporrearse el pecho con los puños. Alrededor de la mitad de los sujetos no se dieron cuenta de ello. Estos experimentos ilustran que sólo percibimos una fracción de lo que sucede en el mundo.

Hemos establecido que tu memoria del pasado no es fiable, y tu percepción del presente es altamente selectiva. Llegados a este punto, probablemente no te sorprenda enterarte de que tu capacidad para imaginar el futuro tampoco es muy de fiar. Como explica

Mito: Sólo utilizamos el 10% de nuestro cerebro

 Pregunta a un grupo de personas elegidas al azar qué saben acerca del cerebro, y seguramente la respuesta más común sea que sólo utilizamos el 10% de su capacidad. Los especialistas en el tema darían lo que fuese para no tener que oírla, y procuran no darse por enterados. El mito del 10% fue establecido en Estados Unidos hace más de un siglo, y ahora lo cree la mitad de la población en multitud de países, de aquí a Brasil.

Para los científicos que estudian el tema, sin embargo, la idea carece completamente de sentido: el cerebro es un artilugio muy eficiente, y prácticamente todo lo que hay en él parece necesario. Para haber perdurado tanto tiempo, el mito tiene que estar diciendo algo que realmente queremos oír. Su impresionante persistencia quizá dependa del mensaje optimista que transmite. «Si sólo utilizamos el 10% de nuestros cerebros, ¡piensa en todo lo que seríamos capaces de hacer si pudiéramos utilizar aunque sólo fuese una pequeña fracción del otro 90%!» No cabe duda de que eso suena muy atractivo, y hasta se podría decir que democrático. Al fin y al cabo, si todos tenemos tanta capacidad cerebral en reserva, los tontos no existen y cada uno de nosotros es un Einstein en potencia que no ha aprendido a usar su cerebro lo bastante a fondo.

Este tipo de optimismo ha sido explotado por los gurús de la autoayuda para vender una inacabable serie de programas que pretenden incrementar la potencia cerebral. Dale Carnegie se sirvió de la idea para vender montones de ejemplares de sus libros e influir sobre los lectores en los años cuarenta. Dio un gran empuje al mito atribuyendo la idea a uno de los fundadores de la psicología moderna, William James. Pero nadie ha encontrado el famoso 10% en ninguno de los escritos o discursos de James. Lo que éste decía al público que lo escuchaba es que la gente cuenta con más recursos mentales de los que utiliza. Quizás algún oyente con iniciativa hizo que la idea sonara más científica especificando un porcentaje.

Esta idea es especialmente popular entre las personas interesadas en la percepción extrasensorial (PES) y otros fenómenos parapsicológicos. Quienes creen en ello suelen utilizar el mito del 10% para explicar la existencia de dichas capacidades. Fundamentar una creencia que queda fuera del campo de la ciencia en un hecho científico no es nada nuevo, pero resulta atroz cuando se sabe que el «hecho científico» aducido es falso.

En realidad, utilizas todo tu cerebro cada día. Si partes importantes de tu cerebro nunca fueran utilizadas, dañarlas no provocaría problemas perceptibles. ¡Pero no es así! Todos los métodos de que disponemos actualmente para medir la actividad cerebral también muestran que tareas sencillas bastan para producir actividad en todo el cerebro.

Una posible explicación de cómo surgió el mito del 10% es que las funciones de ciertas regiones del cerebro son lo bastante complicadas para que los efectos del daño sean sutiles. Por ejemplo, las personas que han sufrido daños en los lóbulos frontales del córtex cerebral pueden seguir llevando a cabo la mayor parte de las actividades normales de la vida cotidiana, pero no son capaces de seleccionar las conductas adecuadas al contexto en que entonces se encuentran. Por ejemplo, pueden levantarse del asiento durante una reunión de negocios y orinar dentro de la maceta de una planta en el rincón de la sala de juntas. Huelga decir que esos pacientes se encuentran con serios problemas para moverse por el mundo.

Los primeros neurocientíficos no lo tuvieron nada fácil a la hora de determinar para qué servían ciertas áreas del cerebro frontal, en parte porque trabajaban con ratones de laboratorio. Y, en el laboratorio, los ratones llevan una vida bastante simple. Tienen que ser capaces de ver la comida y el agua, ir hacia donde éstas se encuentran y consumirlas. No necesitan mucho más para sobrevivir. Nada de eso requiere servirse de las áreas frontales del cerebro, y a algunos de los primeros neurocientíficos se les ocurrió pensar que, después de todo, quizás esas áreas no servían para gran cosa. Posteriormente, pruebas más sofisticadas refutaron dicha idea, pero el mito ya había arraigado.

Daniel Gilbert en *Stumbling on Happiness* («Tropezando con la felicidad»), cuando tratamos de proyectarnos a nosotros mismos en el futuro, nuestros cerebros tienden a incluir demasiados detalles que pueden ser poco realistas y a dejar fuera muchos otros que pueden ser importantes. Dejarnos guiar por nuestra realidad imaginada como si fuera una película del futuro hará que tendamos a pasar por alto tanto los obstáculos como las oportunidades mientras planificamos nuestras vidas.

A estas alturas, quizá te preguntes si puedes fiarte de algo de lo que te diga tu cerebro; pero deberías tener presente que, tras sus elecciones aparentemente peculiares, hay millones de años de evolución. Tu cerebro procesa selectivamente detalles del mundo que con el tiempo se han demostrado de lo más relevantes para la supervivencia. Como hemos visto, rara vez te dice la verdad; pero, en todo caso, la mayor parte del tiempo te dice lo que necesitas saber. ¿De cuántos de tus amigos puedes decir lo mismo?

2

La materia gris y la pantalla grande:
metáforas populares de cómo
funciona el cerebro

Si quieres ver lo que pasa cuando al cerebro se le aflojan los tornillos, por favor no vayas al cine. Los protagonistas de las películas siempre se meten en apuros neurológicos, olvidan los recuerdos, desarrollan esquizofrenia o la enfermedad de Parkinson y cambian de personalidad (por no hablar de cuando padecen sociopatía y demás trastornos psiquiátricos). El cerebro se avería en Hollywood mucho más a menudo que en la vida real, y a veces puede costar bastante distinguir la ciencia de la ciencia ficción. Las descripciones fílmicas de los trastornos mentales abarcan la totalidad del abanico que va desde lo mayormente exacto hasta lo completamente equivocado. En el peor de los casos, pueden fortalecer ideas muy extendidas pero del todo falsas sobre el funcionamiento del cerebro.

El trastorno mental más común en las películas es, con mucho, la amnesia. La pérdida de memoria en las películas ha llegado a convertirse en un género propio que nada tiene que envidiar a clásicos como 1) chico encuentra chica, 2) chico pierde chica, y 3) chico vuelve a encontrar chica. Pero, en lugar del objeto de tu amor, lo perdido puede ser, por poner un ejemplo, el conocimiento de que uno es un asesino entrenado para matar (como en *El caso Bourne*, de 2002, o en *Desafío total*, de 1990).

La neuropsicóloga Sallie Baxendale realizó un estudio muy amplio sobre la pérdida de memoria tal como es vista en las películas, remontándose hasta el cine mudo. Baxendale clasificó los incidentes según categorías, la mayoría de las cuales están repletas de errores científicos pese al interés que puedan despertar. Uno de los temas dramáticos más comunes es haber sufrido algún tipo de traumatismo que desencadena la pérdida de memoria, el cual viene seguido típicamente por alguna clase de nuevo comienzo. A continuación, nuestro héroe (o heroína) pasa por una serie de aventuras e infortunios; pero la funcionalidad de su cerebro no se ve alterada en lo más mínimo, y siempre conserva la capacidad de formar nuevos recuerdos. Otra causa común de amnesia en las películas es un acontecimiento psicológicamente traumático. Dichos sucesos, que satisfacen distintas necesidades dramáticas, pueden consistir en prácticamente cualquier cosa, desde matar a alguien hasta casarse con alguien. A veces, los recuerdos son restaurados por innovaciones como recibir un segundo golpe en la cabeza, verse sometido a una complicadísima intervención de neurocirugía o a una sesión de hipnosis, o la repentina visión de un objeto significativo y muy querido del pasado. Más aventuras, satisfactorio final trágico o cómico, créditos finales.

La incidencia de la amnesia parece estar inversamente relacionada con las cualidades artísticas de la obra en cuestión. Si pasamos al mundo televisivo, tanto los culebrones como las comedias de situación abundan en casos de amnesia. La serie que llegó a caer más bajo fue *La isla de Gilligan*, que, durante las tres temporadas que estuvo en antena, allá por los años sesenta, presentó nada menos que tres casos de amnesia. Otro caso particularmente risible es la película *50 primeras citas* (2004), donde se nos muestra un tipo de

---

Descripciones de trastornos mentales en las películas

Realistas	Fantasiosas
Memento	*Desafío total*
Sé quién eres	*50 primeras citas*
Buscando a Nemo	*Hombres de negro*
Una mente maravillosa	*Memoria letal*
Despertares	*Nit-Witty-Kity* (Tom y Jerry)
	Asesino en la noche
	Sibila

pérdida de memoria que nunca ha llegado a darse en ninguno de los trastornos neurológicos conocidos hasta el momento. En ella, Drew Barrymore interpreta a un personaje que va acumulando nuevos recuerdos cada día y luego los descarta a lo largo de la noche, lo que le permite volver a empezar partiendo de cero al día siguiente. De esa forma, es capaz de llegar a salir más de una vez con Adam Sandler. Dicho patrón mental, la capacidad de almacenar recuerdos y perderlos a continuación de manera selectiva en el curso del tiempo, existe únicamente en las imaginaciones de los guionistas cuyos conocimientos sobre el cerebro han sido extraídos directamente del imaginario de otros guionistas.

El modelo de la pérdida de memoria provocada por un golpe en la cabeza ya aparece en la literatura anterior a la invención del cine. Edgar Rice Burroughs, creador de las novelas de Tarzán, era particularmente aficionado a utilizarlo y lo aplicó a muchos de sus argumentos. En uno de sus momentos literarios más excelsos, *Tarzán y las joyas de Opar* (1912), Burroughs consigue separar limpiamente la pérdida de memoria de cualquier otro daño neurológico:

> Abrió los ojos en la absoluta oscuridad de la sala. Se llevó la mano a la cabeza y la retiró pegajosa por la sangre que había manado de ella. Se olió los dedos, como una bestia salvaje podría husmearse la sangre en una pata herida... Ningún sonido llegaba hasta las profundidades enterradas de su sepulcro. Se levantó del suelo y caminó a tientas entre las hileras de lingotes puestas unas encima de otras. ¿Qué era él? ¿Dónde estaba? Le dolía la cabeza; pero, aparte de eso, el golpe que lo había derribado no parecía haber tenido mayores consecuencias. No recordaba el accidente, como tampoco recordaba qué había llevado a él.

Burroughs puede haberse basado en la ya existente convicción de que un golpe en la cabeza puede causar amnesia. En *The Right of Way*, escrito en 1901 por Gilbert Parker, un abogado bastante esnob que suele abusar de la bebida llamado Conrad Steele, con una esposa insufrible y un cuñado ladrón, sufre amnesia tras una pelea en un bar. Dicha pérdida de memoria le permite huir de sus muchos problemas y empezar una nueva vida. Encuentra un nuevo amor y es feliz hasta que recupera la memoria y, con ella, sus antiguas obligaciones. A Hollywood le encantó el argumento, y se hicieron adaptaciones cinematográficas de Conrad Steele en 1915 y nuevamente en 1931.

Antes de 1901, el rastro de la idea empieza a enfriarse. ¿Qué escritor con iniciativa fue el primero al que se le ocurrió pensar que un golpe en la cabeza causaba amnesia? Al menos, el concepto reconoce el cerebro como sede del pensamiento. Después de todo, Shakespeare presentaba actos de magia como agentes del cambio mental. Pensemos en la Titania de *El sueño de una noche de verano*, a quien las gotas mágicas del travieso Puck inducen a enamorarse de Bottom, con cabeza de asno.

Puede que hayamos pecado de injustos riéndonos de esas descripciones de la pérdida de memoria. Después de todo, los trastornos psiquiátricos van acompañados de síntomas más diversos que los trastornos estrictamente neurológicos derivados de una lesión o dolencia física. Por ejemplo, un paciente psiquiátrico puede mostrar amnesia selectiva de formas muy concretas. Pero lo que Hollywood nos cuenta habitualmente es que la pérdida de memoria tiene su origen en una lesión o acontecimiento traumático, lo cual sí que merece ser criticado. El cine es terreno abonado para la crítica científica, y nos informa sobre cómo piensa la gente que funciona el cerebro.

Una base conceptual para muchos de los errores en los que suele caer el cine podría estar en la idea de que «el cerebro es como una tele vieja». Pensemos en una convención dramática muy frecuente: después de que un golpe en la cabeza haya causado la pérdida de memoria, un segundo golpe en la cabeza puede hacer que recuperes la memoria. La existencia de este mito apunta a ciertas ideas preconcebidas sobre el funcionamiento del cerebro. Para que la hipótesis del segundo golpe fuese cierta, los daños sufridos por el cerebro tendrían que ser reversibles. Como la causa más probable de amnesia debida a haber sufrido una lesión en la cabeza sería una acumulación de fluido que ejerce presión sobre el cerebro, es bastante improbable que una segunda lesión pueda surtir ningún efecto terapéutico.

Una fuente probable de la idea del segundo golpe es nuestra experiencia cotidiana con los aparatos electrónicos, sobre todo si

Personalidad y lesiones en la cabeza

 A veces, una lesión en la cabeza puede provocar cambio de personalidad. En la vida real, esto puede suceder cuando recibes un golpe en la parte delantera de la cabeza, que puede afectar al córtex prefrontal. Las consecuencias típicas incluyen la pérdida de las inhibiciones y de la capacidad de juicio. Lo que no es típico es la transposición completa de la personalidad. En un episodio de *La isla de Gilligan*, la joven Mary Ann se da un golpe en la cabeza y desarrolla la idea delirante de que es Ginger, una estrella de cine que trae de cabeza a todos los hombres. Tan extraño giro de los acontecimientos puede llegar a tener lugar en personas aquejadas de delirios, como sucede con la esquizofrenia o con el trastorno bipolar; pero, hasta en esos casos, sólo en raras ocasiones.

Un escenario ligeramente más plausible lo encontramos en la encantadora *Buscando a Susan desesperadamente* (1985), en la que Rosana Arquette interpreta a un ama de casa aburrida que pierde la memoria y experimenta un agudo estado de confusión. Aunque la pérdida selectiva de memoria tras una lesión en la cabeza no sea plausible, un aspecto de lo que ocurre a continuación sí que encierra una pizca de verdad. Un artículo personal y una prenda encontrada ayudan a Arquette a inventarse una historia sobre su identidad perdida. Entonces, pasa a asumir la vida y las obligaciones de una aventurera interpretada por Madonna. Las víctimas de la pérdida de memoria suelen llenar el vacío dejado por la información perdida creando recuerdos plausibles, en un ejercicio de fantasía que crea la ilusión de una memoria normal dotada de continuidad.

tienen ya unos cuantos años. Es bien sabido que, a veces, darle un golpe con la mano a una tele vieja en el lugar adecuado puede hacer que vuelva a funcionar. Esos aparatos viejos suelen tener algún contacto eléctrico que se ha aflojado o se ha llenado de polvo, por lo que un golpe asestado en el lugar adecuado puede ayudar a restablecer una conexión y hacer que el aparato vuelva a funcionar. El problema básico aquí es que los cerebros carecen de conexiones que puedan llegar a aflojarse; las sinapsis hacen que las neuronas estén unidas tan estrechamente que jamás las «aflojará» ningún golpe, aparte de una lesión que destruya la totalidad del sistema.

Muchos guionistas parecen pensar que los cerebros han llegado a ser entendidos lo bastante bien, y que están lo bastante bien organizados, para que la neurocirugía pueda servir como reparador en la pérdida de memoria. Es cierto que la neurocirugía ayuda a reducir de inmediato ciertas afecciones que entrañan riesgo de muerte, como la acumulación de fluido o un tumor que comprime el cerebro. Normalmente, dichas afecciones vienen acompañadas de confusión aguda (como en una conmoción) o pérdida de conciencia. Esas intervenciones quirúrgicas deben realizarse justo después de que haya surgido el problema, lo que plantea a los guionistas la dificultad añadida de que cualquier amnesia tendría sólo cierto valor dramático dentro del período de tiempo que se tardara en ir desde donde se había sufrido la lesión hasta el hospital. De lo contrario, la neurocirugía podría ser más una causa accidental de pérdida de la memoria que una cura.

Como descripción más realista (pero muy repugnante) de lesión cerebral, tenemos la secuela de *El silencio de los corderos* (1991), *Hannibal* (2001), donde el procedimiento invasivo gradual (no nos andemos con rodeos: se trata de sacarle el cerebro a una persona y cocinarlo) causa una pérdida progresiva de funciones. Dejando aparte lo difícil que sería llevar a cabo semejante cirugía cerebral

sin matar al paciente, aquí al menos tenemos una situación en la que los daños sufridos por el cerebro causan una pérdida proporcional de funciones.

Entre la maraña de descripciones del cerebro ridículas y/o engañosas que encontramos en las películas, destacan unos cuantos casos dotados de auténtica base científica. Una experiencia dramática puede ser de lo más satisfactoria aunque no demasiado exacta científicamente hablando, claro está; pero esos ejemplos indican que es posible mantener un nivel razonable de exactitud, ser elogiado por la crítica y obtener a la vez un gran éxito comercial. Varios trastornos cerebrales son tratados tanto de manera fiel como con mucha comprensión y sensibilidad en las películas *Memento, Sé quién eres, Buscando a Nemo* y *Una mente maravillosa*.

Memento (2000) describe con gran exactitud los problemas a los que tiene que hacer frente Leonard, quien padece una grave amnesia anterógrada. Debido a una lesión que sufrió en la cabeza, Leonard no puede formar nuevos recuerdos duraderos. Además, le cuesta mucho retener la información contenida en la memoria inmediata y, cuando algo lo distrae, enseguida pierde el hilo de sus pensamientos. El efecto es hábilmente inducido en la mente del espectador al mostrar la secuencia de acontecimientos en orden inverso, empezando con la muerte de un personaje y acabando con una escena que revela el significado de todo lo sucedido después.

Los síntomas que padece Leonard son similares a los experimentados por las personas que han sufrido daños en el hipocampo y demás estructuras cerebrales relacionadas. El hipocampo es una estructura en forma de cuerno que en los humanos tiene aproximadamente el tamaño y la forma del meñique curvado de un hombre grueso; tenemos un hipocampo en cada lado de nuestro cerebro. El hipocampo y las partes del cerebro que se encuentran conectadas a él, como el lóbulo temporal del córtex cerebral, son necesarios para el almacenamiento a corto plazo de nuevos hechos y experiencias. Dichas estructuras también parecen desempeñar un papel importante en el almacenamiento a largo plazo de los recuerdos; pacientes que han sufrido daños en el lóbulo temporal o en el hipocampo, como los que resultan de una apoplejía, luego suelen ser incapaces de recordar lo sucedido en las semanas y los meses anteriores a la lesión.

En *Memento*, el accidente que desencadena la amnesia de Leonard es descrito con notable fidelidad, incluida la parte de su cabeza que sufre la lesión: el lóbulo temporal del córtex cerebral. La pérdida de función resultante también es correcta, con la posible

La esquizofrenia en las películas: *Una mente maravillosa*

 Una mente maravillosa (2001) dramatiza la vida del matemático John Nash y presenta con gran detalle la experiencia del descenso a los abismos de la esquizofrenia.

El Nash de ficción (en una adaptación un tanto libre del Nash real) experimenta alucinaciones y empieza a imaginar que existen vínculos de causa y efecto entre acontecimientos que no guardan ninguna relación. Sus ideas cada vez más paranoicas sobre las motivaciones de quienes lo rodean y su incapacidad para reconocer el carácter ilusorio de tales pensamientos lo van distanciando de sus colegas y sus seres queridos.

Éstos son signos clásicos de esquizofrenia, un trastorno que se considera causado por la aparición de cambios graduales en el cerebro por enfermedad, lesión o predisposición genética. La esquizofrenia aqueja típicamente a personas entre el final de la adolescencia y el inicio de la edad adulta, y afecta más a los hombres que a las mujeres. Hasta un 1% de las personas experimenta síntomas de esquizofrenia en algún momento de su existencia. Las alucinaciones experimentadas por Nash en la película son visuales; el Nash de la vida real ha experimentado alucinaciones auditivas de naturaleza similar.

Si bien la mayor parte de la película es correcta desde el punto de vista científico, un error significativo es que al final a Nash lo cura el amor de una buena mujer. La esquizofrenia no es algo romántico; es un trastorno físico del cerebro. Cierto grado de recuperación es posible: los pacientes pueden tener períodos de funcionamiento cerebral normal intercalados con períodos sintomáticos, y los síntomas desaparecen en hasta uno de cada seis esquizofrénicos. Sin embargo, todavía se desconocen los motivos de remisión. El error cometido en la película parece sugerir ese viejo mito según el cual la esquizofrenia es causada por falta de amor maternal, una idea que carece de fundamento, va en contra de todas las evidencias de las que disponemos actualmente y hace que las madres —y demás seres queridos— de los esquizofrénicos se sientan culpables, sin que exista razón para ello.

excepción de que, a diferencia de muchos pacientes con daños similares, Leonard es consciente de su problema y puede describirlo. El paciente más famoso con daños en el hipocampo y el lóbulo temporal, conocido sólo como H. M., no es tan afortunado (o quizá lo sea más). Desde que se lo sometió a una intervención quirúrgica experimental para evitar que sufriese ataques epilépticos, H. M. vive en un presente perpetuo, en el que saluda continuamente a la gente como si fuera la primera vez que se encuentra con ella (*véase* Capítulo 23).

El *thriller* español *Sé quién eres* (2000) presenta el caso de Mario, cuya pérdida de memoria viene motivada por el síndrome de Korsakoff, un trastorno asociado a la fase avanzada del alcoholismo. Mario no recuerda nada de lo que le sucedió antes de 1977, tiene dificultad para formar nuevos recuerdos y suele estar confuso. Su psiquiatra se siente atraída por él. En el caso de Mario, sus defectos de memoria resultan de los daños sufridos en el tálamo y los cuerpos mamilares, causados por una deficiencia de tiamina (vitamina B1) resultante de la desnutrición que suele acabar apareciendo en los casos de alcoholismo grave.

Un último ejemplo de pérdida de memoria en las películas nos lo ofrece un largometraje de animación, *Buscando a Nemo* (2003). En este caso, quien lo padece no es un ser humano, sino una pececilla. Dory no tiene ninguna clase de dificultades a la hora de relacionarse con los demás, pero sí que las tiene, y muchas, cuando se trata de formar nuevos recuerdos. Como Leonard, pierde el hilo en cuanto algo la distrae. Podríamos quejarnos de que no es demasiado realista esperar mucha sofisticación cognitiva por parte de una pececilla; pero, teniendo en cuenta las barbaridades que se les pueden llegar a ocurrir a los guionistas, lo consideraremos como una falta menor. Lo que sí que resulta realista en la película es la sensación de estar perdida que Dory experimenta cuando intenta orientarse en la vida, y lo pesado que puede resultar a veces, incluso (y tal vez, sobre todo) para los más próximos a ella.

Esto nos lleva a un tema recurrente en las descripciones realistas de la pérdida de memoria: la comprensión con que se retrata a quien la padece. En las descripciones alejadas de la realidad, la víctima suele ser presentada como un objeto de risa o incluso de ridículo. Sin embargo, en una descripción realista, los problemas a

¿Se pueden borrar los recuerdos?

 En *Olvídate de mí* (2004), el protagonista quiere hacer desaparecer los recuerdos de una relación que ha salido mal visitando a un profesional que suministra semejante servicio a cambio de dinero. En la película, el personaje es sujetado con correas y cae en un profundo sueño mientras un técnico hurga dentro de su cabeza. Éste vuelve a introducir unos recuerdos y selecciona los que hay que borrar.

Una idea implícita en esta secuencia es que la actividad neuronal contiene, de forma codificada, representaciones explícitas y podríamos decir que fílmicas de las experiencias recordadas. Esto quizá no sea tan descabellado como parece —la experiencia como algo que es reducido y comprimido durante el proceso de convertirlo en algo que el cerebro pueda almacenar—, pero el resultado no es una repetición completa del acontecimiento (*véase* Capítulo 1). La rememoración de una escena visual desencadena respuestas cerebrales que, en ciertos aspectos, se parecen a las respuestas que suscita ver una escena por primera vez. Otra parte sí que es cuestionable: la idea de que uno puede localizar un recuerdo desagradable volviéndolo a «introducir» para luego borrarlo como si fuera un fichero de ordenador que ya no queremos guardar.

que han de hacer frente quienes han padecido una pérdida de memoria casi siempre son mostrados de manera conmovedora y, en el mejor de los casos, se capta la sensación de lo que tiene que ser padecer ese trastorno.

3

Carne que piensa: neuronas y sinapsis

En su relato *They're Made Out of Meat*, Terry Bisson describe a unas criaturas alienígenas dotadas de cerebros electrónicos que descubren un planeta, la Tierra, donde los organismos más sofisticados utilizan tejido vivo para pensar. Los alienígenas llaman a esos cerebros «carne que piensa». (Ya, suena asqueroso.) La idea de que tu cerebro puede generar los sueños, la memoria, el acto de respirar y todos los procesos mentales de tu existencia puede parecer difícil de creer, pero es cierta.

Esto es particularmente impresionante si tenemos en cuenta el tamaño del cerebro. Considerando sus muchas funciones, el cerebro está comprimido en un espacio muy pequeño. Miles de millones de neuronas y células colaboradoras adicionales se comunican entre sí mediante un número astronómico de conexiones sinápticas; y toda esa actividad cabe en un objeto que pesa alrededor de un kilo cuatrocientos gramos, del tamaño de un melón pequeño.

Al igual que los melones pequeños —y que cada uno de los órganos de tu cuerpo—, tu cerebro está compuesto de células. Las cé-

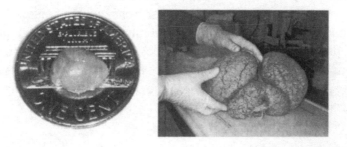

lulas son de dos tipos: las neuronas, que hablan entre sí y con el resto del cuerpo, y las células gliales, que proporcionan la colaboración esencial para que funcione todo el asunto. Tu cerebro posee alrededor de cien mil millones de neuronas, finas y de forma retorcida y alargada, y muchas más células gliales. Observados desde cierta distancia, los cerebros de distintos animales parecen algo diferentes —compara los cerebros de musaraña y ballena que hay en las fotos—, pero todos ellos operan rigiéndose por los mismos principios generales.

Las señales dentro de una neurona son transportadas por la electricidad. Cada neurona tiene más carga positiva en uno de los lados de la membrana que la envuelve que en el otro, debido a que iones positivos y negativos como el potasio y el cloruro no están repartidos de la misma manera. Esta distribución desigual de la carga crea

Tu cerebro gasta menos energía que la luz de tu nevera

 Las neuronas y las sinapsis son tan eficientes que el cerebro utiliza sólo 12 vatios de energía y, sin embargo, puede hacer mucho más que la lucecita del fondo de tu nevera. En el curso de un día, tu cerebro utiliza la cantidad de energía contenida en dos plátanos grandes. Curiosamente, aunque el cerebro es muy eficiente comparado con los sistemas mecánicos, en términos biológicos, consume energía que da gusto. El cerebro sólo supone el 3% del peso del cuerpo, pero lleva a cabo una sexta parte (17%) del consumo total de energía del cuerpo. Por desgracia, eso no quiere decir que debas ir picando entre horas para mantener tu nivel de energía mientras estudias. La mayor parte de la energía consumida por el cerebro se invierte en tareas de mantenimiento para asegurar que siempre estés en condiciones de pensar, lo cual se consigue manteniendo ese campo eléctrico a través de la membrana de cada neurona que le permite comunicarse con otras. El coste añadido de pensar a fondo una cosa apenas es perceptible. Plantéatelo así: como siempre estás pagando el mantenimiento de tu cerebro, más vale que lo utilices.

diferencias de voltaje a través de la membrana, como en una versión mucho más pequeña de la diferencia de voltaje que permite que una pila de nueve voltios le dé una pequeña descarga a tu lengua. (Mover activamente iones a través de la membrana para mantener esta distribución de la carga requiere más energía que nada de lo que hace el cerebro.)

Para enviar señales eléctricas desde una parte de la neurona hasta otra, la neurona abre canales que permiten el desplazamiento de los iones a través de la membrana, creando así una corriente que transporta una señal eléctrica a lo largo de la misma. Las neuronas reciben los datos a través de estructuras ramificadas parecidas a árboles y llamadas «dendritas», que combinan la información procedente de toda una serie de fuentes distintas. Entonces la neurona envía una señal eléctrica mediante una larga estructura parecida a un cable, llamada «axón», que transmite una señal química a otra neurona, y así sucesivamente. Los axones pueden transmitir señales a través de grandes distancias; los más largos van desde tu columna vertebral hasta las puntas de los dedos de tus pies.

Examinemos este proceso con más detalle. Las neuronas transmiten información a través de sus axones generando pequeñas señales eléctricas que duran una fracción de segundo. A estas señales se las llama «picos», porque representan aumentos repentinos en la intensidad de las corrientes eléctricas dentro de tu cerebro (*véase* gráfico). Los picos —conocidos por los obsesos del tema como «potenciales de acción»— tienen el mismo aspecto tanto si provienen de un calamar, de una rata o de tu tío preferido, lo que los acredita como uno de los mayores logros de la historia evolutiva de los animales. Circulando por los axones a velocidades de hasta quinientos metros por segundo, los picos transportan las señales procedentes de tu cerebro hasta tu mano lo bastante deprisa para evitarte tener que sentir la mordedura de un perro o el calor del aceite de una sartén en la que estás friendo algo.

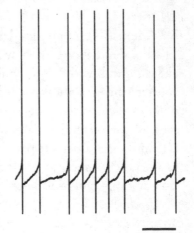

0.1 segundo

Ayudan a todos los animales a alejarse del peligro inminente, y con rapidez.

Los picos dan por finalizada su labor cuando llegan a la terminación del axón. En ese punto, las neuronas asumen su otra identidad, como máquinas de señales químicas. Cada una de las neuronas que hay en el cerebro recibe señales químicas procedentes de unas neuronas y envía señales químicas a otras. La comunicación entre neuronas depende de unas sustancias químicas llamadas «neurotransmisores», que son liberadas en pequeñas áreas al final del axón cuando las activa la llegada de un pico. Entonces, los neurotransmisores se adhieren a receptores situados en las dendritas o cuerpos celulares de otra neurona, con lo que provocan más señales eléctricas y químicas. Todos estos pasos, desde la emisión hasta la detección, pueden tener lugar en una milésima de segundo. Cada neurona produce y recibe hasta varios cientos de miles de estas conexiones químicas, llamadas «sinapsis», con otras neuronas.

Las sinapsis son el componente esencial de la comunicación dentro de tu cerebro. Tus patrones de pensamiento, habilidades y funciones básicas, así como tu individualidad, vienen determinados por lo potentes que sean esas sinapsis, cuántas tengas y dónde se encuentren. De la misma manera que las conexiones de los ordenadores relacionan entre sí los distintos componentes internos del ordenador, las neuronas utilizan las sinapsis básicamente para hablar entre ellas dentro del cerebro. Sólo una pequeña fracción de los axones realiza sus sinapsis fuera del cerebro, con otros órganos del cuerpo.

Además de ser rápidas, las sinapsis también son muy pequeñas. El árbol dendrítico de una neurona típica mide alrededor de dos décimas de milímetro de anchura. Sin embargo, recibe hasta 200.000 aportaciones sinápticas procedentes de otras neuronas. De hecho, un milímetro cúbico de tu cerebro contiene hasta mil millones de sinapsis. Las sinapsis individuales son tan diminutas que apenas contienen la maquinaria suficiente para funcionar y suelen ser poco fiables, por lo que tal vez los picos que les llegan no consigan provocar la liberación de ningún neurotransmisor.

Es curioso que las sinapsis sean lo bastante pequeñas para que no te puedas fiar del todo de ellas, pero esto parece ser un fenómeno bastante extendido. Las sinapsis alcanzan un tamaño míni-

Loewi sueña con el neurotransmisor

 Hacia 1921, no estaba claro cómo las neuronas, o incluso las células en general, se comunicaban entre sí. El científico alemán Otto Loewi hizo una observación clave mientras estudiaba cómo el corazón recibe señales para incrementar o reducir la frecuencia de sus latidos. Loewi estaba convencido de que el nervio vago, un nervio muy largo que va desde el tronco de encéfalo hasta el corazón, secretaba una sustancia para reducir el ritmo cardíaco. En su laboratorio, diseccionó corazones de rana con el nervio vago adherido. Cuando estimulaba el nervio vago mediante descargas eléctricas, el corazón latía más despacio. ¿Cómo era posible? La hipótesis de Loewi fue que alguna sustancia salía del nervio para causar este efecto, pero no sabía cómo confirmar esta idea mediante un experimento.

Para salir del atolladero, Loewi hizo lo que mucha gente hace: consultarlo con la almohada. Una noche se despertó de repente, con una idea sobre cómo realizar el experimento. Satisfecho, se volvió a dormir. A la mañana siguiente... nada. Loewi no recordaba cuál era el experimento que había que llevar a cabo. La siguiente vez que le vino el sueño, anotó su idea. Desgraciadamente, a la mañana siguiente no pudo leer su propia letra. Pero, por suerte, el sueño se repitió. Esta vez Loewi no esperó: se levantó de la cama, fue al laboratorio, y llevó a cabo el experimento que le haría ganar el premio Nobel de Fisiología o Medicina en 1936.

El experimento era bastante simple. Loewi puso dos corazones de rana en dos recipientes unidos por un estrecho tubo, uno de los corazones con el nervio vago todavía unido a él. Cuando estimuló eléctricamente el corazón al que estaba conectado el nervio, éste se puso a latir más despacio. Luego, pasado un tiempo, el segundo corazón también empezó a latir más despacio. Este sencillo experimento demostró la existencia de lo que Loewi llamó, nada poéticamente, *vagusstoff*, una sustancia (*stoff*) que es liberada por el nervio vago del corazón de una rana para reducir el ritmo de los latidos de otro corazón de rana. La *vagustoff*, actualmente llamada «acetilcolina», es uno de las docenas de neurotransmisores que emplean neuronas para comunicarse entre sí.

mo similar en los cerebros de varios animales, los ratones y los humanos entre ellos. Nadie está seguro de por qué las sinapsis individuales han evolucionado para ser diminutas y no demasiado fiables, pero puede que el cerebro funcione mejor si está saturado de ellas. Quizás estemos ante una estrategia de compensación que acumula el mayor número de funciones posible dentro del menor espacio.

Para que el cerebro pueda cumplir con sus numerosas obligaciones, las neuronas deben desempeñar tareas muy específicas. Cada neurona responde a un pequeño número de estímulos, haciendo que se lleve a cabo determinado movimiento o, en algunos casos, desencadenando otros procesos que no son observables desde el exterior. En cualquier momento, sólo una pequeña fracción de tus neuronas, distribuidas por todo tu cerebro, está activa al mismo tiempo. Dicha fracción cambia continuamente; todo el proceso de pensamiento varía según las neuronas que se encuentran activas y según lo que las unas comunican a las otras y al mundo.

En todos los animales, las neuronas están organizadas en grupos locales que sirven al mismo propósito general, por ejemplo detectar el movimiento visual o planificar los movimientos del ojo. En nuestros cerebros, cada división puede tener miles de millones de neuronas, con muchas subdivisiones; en una rata, millones, con menos subdivisiones; en un calamar o un insecto, millares de neuronas (aunque en los cerebros de esas criaturas tan diminutas, distintas partes de las neuronas individuales pueden hacer muchas cosas a la vez). Cada una de esas divisiones contiene sus propios tipos de neuronas, patrones de conexión y conexiones con otras estructuras del cerebro.

Los científicos descubrieron la existencia de las funciones de las distintas partes del cerebro estudiando a personas que habían sufrido lesiones cerebrales. Por desgracia, la Primera Guerra Mundial fue una fuente de datos especialmente rica; los soldados que presentaban heridas en la cabeza mostraban un amplísimo repertorio de síntomas, cuya clase dependía de la localización del daño en el cerebro. Los neurólogos de hoy en día todavía publican estudios sobre pacientes que han sufrido lesiones cerebrales, habitualmente debidas a una apoplejía; de hecho, algunos pacientes con tipos muy raros de lesión se ganan el sustento con lo que reciben por participar en estudios sobre sus afecciones.

¿Es tu cerebro como un ordenador?

 La gente siempre ha descrito el cerebro en comparación con las últimas tecnologías del momento, tanto si eso implicaba referirse a las máquinas de vapor, las centralitas telefónicas o incluso las catapultas. Hoy en día se tiende a hablar de los cerebros como si fuesen una especie de ordenador biológico, con un *hardware* blando de color rosado y un *software* generado por la experiencia vital. Pero los ordenadores son diseñados por ingenieros para que operen como una fábrica en la que las acciones tienen lugar siguiendo un plan general con un orden lógico, mientras que el cerebro opera más bien como un restaurante chino en el que no queda una sola mesa libre: es caótico, falta espacio y la gente corretea de un lado para otro sin ningún propósito aparente; pero, de alguna manera, al final todo se acaba haciendo como es debido. Los ordenadores básicamente procesan la información de manera secuencial, mientras que el cerebro maneja múltiples canales de información en paralelo. Como los sistemas biológicos se desarrollaron por selección natural, tienen muchas capas de sistemas que aparecieron para un propósito determinado y luego fueron adaptados para otro, aunque no funcionen a la perfección. Un ingeniero con tiempo para hacer las cosas bien hubiese vuelto a empezar partiendo de cero, pero a la evolución le resulta más fácil adaptar un sistema antiguo a un nuevo propósito que concebir una estructura completamente nueva.

Los científicos también pueden determinar lo que hace una neurona observando su actividad bajo distintas condiciones, ya sea estimulándola o bien rastreando sus conexiones con otras áreas del cerebro. Por ejemplo, las neuronas motoras de la médula espinal reciben señales procedentes de neuronas ubicadas en el córtex cerebral, que por su parte generan órdenes de movimiento básico. A su vez, dichas neuronas de la médula espinal envían señales a los músculos y así hacen que éstos se contraigan. Si los científicos estimulan eléctricamente sólo las neuronas de la médula espinal, se contraen los mismos músculos. Combinados, estos resultados dejan claro que las neuronas motoras de la médula espinal son las responsables de ejecutar órdenes de movimiento generadas en niveles superiores del cerebro, aunque todavía existe una gran controversia sobre qué aspecto del movimiento se especifica en concreto con dichas órdenes.

Para aprender a desplazarte por tu cerebro, necesitas una rápida visita guiada por sus partes y sus funciones. El *tronco de encéfalo*, como su mismo nombre indica, está en la base del cerebro, donde

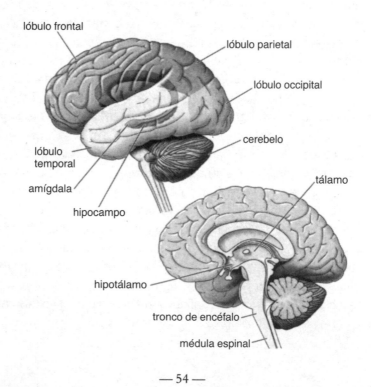

se une a tu *médula espinal*. Esta región controla ciertas funciones básicas vitales para la existencia, como los movimientos reflejos de la cabeza y de los ojos, la respiración, el ritmo cardíaco, el sueño, el despertar y la digestión. Todas son muy importantes, pero, por lo general, no eres consciente de que se llevan a cabo. Un poco más arriba, el *hipotálamo* también controla ciertos procesos básicos que son importantes para la vida, pero a él le tocan los trabajos divertidos. Sus responsabilidades incluyen la liberación de las hormonas del estrés y el sexo y la regulación del comportamiento sexual, el hambre, la sed, la temperatura corporal y los ritmos de sueño/vigilia cotidianos.

Las emociones, especialmente el miedo y la ansiedad, corren a cargo de la *amígdala*. Este área del cerebro en forma de almendra, situada encima de cada oído, provoca la respuesta de «pelear o huir» que hace que los animales huyan del peligro o ataquen aquello que lo ocasiona. Cerca de ella, el *hipocampo* almacena y sitúa la información, y es necesario para la memoria a largo plazo. El *cerebelo*, una gran región situada en la parte posterior del cerebro, integra la información sensorial para ayudar y guiar el movimiento.

La información sensorial que entra en el cuerpo a través de los ojos, los oídos o la piel viaja en forma de picos hasta el *tálamo*, en el centro del cerebro, que filtra dicha información y la envía, en forma de más picos, al *córtex* o *corteza cerebral*. Ésta es la parte más grande del cerebro humano, al que aporta poco más de tres cuartas partes de su peso, y tiene la forma de una gran colcha que envuelve el hemisferio superior y los lados del cerebro. El córtex cerebral se originó cuando aparecieron los mamíferos, hace unos 130 millones de años, y ocupa una parte progresivamente mayor del cerebro en los ratones, los perros y las personas.

Los científicos dividen el córtex cerebral en cuatro partes denominadas «lóbulos». El *lóbulo occipital*, en la parte posterior del cerebro, es responsable de la percepción visual. El *lóbulo temporal*, justo encima de tus oídos, participa en la audición y contiene el área que entiende el habla. También interactúa estrechamente con la amígdala y el hipocampo, y es importante para el aprendizaje, la memoria y las respuestas emocionales. El *lóbulo parietal*, a los lados, recibe información de los sentidos de la piel. También combina la información procedente de los sentidos y determina hacia dónde debes dirigir tu atención. El *lóbulo frontal* (seguro que te imaginas dónde se encuentra) genera las órdenes de movimiento, alberga el área que produce el habla y es responsable de seleccionar la conducta adecuada dependiendo de cuáles sean tus objetivos y tu entorno.

La combinación de todas estas capacidades en tu cerebro condiciona tu manera de interactuar con el mundo. En el resto del libro, iremos viendo una por una todas estas capacidades y te diremos qué se sabe actualmente sobre la manera en que el cerebro lleva a cabo sus tareas cotidianas.

4

Ritmos fascinantes: relojes
biológicos y *jet lag*

¿Recuerdas cuando eras pequeño y tu tío te apostó una moneda a que no serías capaz de caminar y mascar chicle al mismo tiempo? La apuesta pudo haberte parecido bastante floja, pero, al ganarle la moneda a tu tío, te demostraste a ti mismo que eras un animal notablemente sofisticado.

Caminar o mascar chicle demuestra la capacidad de tu cerebro para generar un ritmo. Los animales pueden generar ciclos sobre todo un abanico de escalas de tiempo, desde segundos hasta un mes, como el ritmo cardíaco, la respiración, el ciclo sueño/vigilia y los ritmos menstruales. Todos estos ritmos se producen con un mecanismo incorporado al cuerpo que se ajusta basándose en acontecimientos externos u órdenes.

Tu capacidad para generar simultáneamente toda una multiplicidad de ritmos demuestra que los patrones se establecen en distintas partes de tu cerebro, a menudo de manera independiente. Caminar supone una serie altamente coordinada de acontecimientos, en los que tu pierna izquierda primero recibe la instrucción de subir, después la de moverse hacia delante y luego la de moverse hacia abajo, al tiempo que tu cuerpo avanza para acompañar el movimiento. Tu pierna derecha hace lo mismo, en otro momento. La secuencia de acontecimientos debe darse con fluidez y siguiendo un concierto. Dichas órdenes son generadas principalmente por una red de neuronas en tu médula espinal, que trabajan todas al unísono como lo que llamamos «generador central de patrones»; central, porque las órdenes manan de él. Este generador de

Superar el *jet lag*

Cuando viajas, los relojes de tu cuerpo tardan aproximadamente una hora al día en reajustarse y volver a quedar sincronizados. Sin embargo, puedes usar tu conocimiento de los ritmos circadianos para superar el *jet lag* más deprisa. La mejor manera de ajustar el ritmo circadiano de tu cerebro es usar la luz, con los suplementos de melatonina en un segundo lugar bastante rezagado. Ambos son más efectivos que simplemente levantarse más temprano o más tarde y funcionan mejor que otros trucos como el ejercicio. Aquí tienes unas cuantas directrices básicas para usar la luz y la melatonina de forma que ayuden a tu cuerpo a ajustarse.

Busca la luz de la tarde. La mejor manera de ajustar tu ritmo circadiano es tomar una dosis de luz cuando tu cerebro puede utilizarla como una señal. La luz produce efectos distintos en tu ritmo circadiano dependiendo de cuál sea el momento del día en que la recibas, de la misma manera que el instante elegido para empujar un columpio afecta a cómo cambia el movimiento del niño que está sentado en él. Por la mañana —o mejor dicho, cuando tu cuerpo piensa que es por la mañana— la luz te ayuda a despertar. La exposición a la luz en este momento te ayudará a levantarte más temprano al día siguiente, como si la luz le estuviese diciendo a tu cuerpo que este momento del día es la mañana. La exposición a la luz durante la noche, en cambio, hará que te levantes más tarde al día siguiente, como si la luz le estuviese diciendo a tu cuerpo que el día aún no se ha acabado, y que necesita mantenerse despierto un rato más.

Así que cuando vueles hacia el este, como de América a Europa o África, deberás salir al exterior para obtener un poco de luz intensa un par de horas antes de que la gente empiece a despertarse en casa. Encontrar una fuente de luz es fácil entonces, porque en tu destino es por la tarde. El resultado debería ser que al día siguiente ya no te cueste tanto levantarte. Si has viajado hacia el este cruzando ocho zonas horarias o más, intenta no exponerte a la luz a primera hora de la mañana (cuando en casa está atardeciendo), porque eso impulsará tu reloj en la dirección equivocada. Inversamente, cuando vueles hacia el oeste (de África o Europa a América), asegúrate de tomar una buena dosis de luz intensa cuando notes que te empieza a venir el sueño, antes de que sea la hora de acostarse en el lugar donde emprendiste el vuelo.

La manera más simple de acordarse de estas dos reglas es la siguiente: el primer día en tu destino, toma algo de luz por la tarde. En cada uno de los días posteriores, a medida que el reloj de tu cerebro se vaya ajustando, toma algo de luz dos o tres horas más temprano. Enjabona. Enjuaga. Y repite.

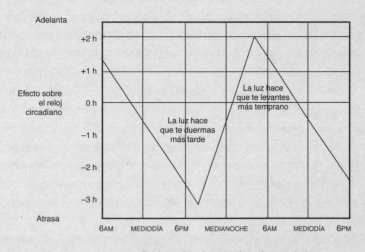

Reloj circadiano (hora del día según tu cerebro)

¡Apaga esa luz de la mesita de noche! Normalmente, intensificar la sensación de amanecer o anochecer que tu cerebro lleva incorporada no cuesta demasiado porque fuera aún será de día cuando necesites la luz. Sin embargo, es importante acordarse de no hacer lo contrario por equivocación. Que haya luz en el momento equivocado puede impulsar tu reloj en la dirección equivocada. Así que, si no puedes dormir durante la noche, no se te ocurra encender la luz. La luz artificial no es tan efectiva como la luz diurna a la hora de ajustar tu reloj circadiano, pero aun así habría que evitarla.

Para los viajes largos, elige una dirección virtual. Si vas a hacer algo que realmente se salga de lo habitual como la media vuelta al mundo (de Bombay a San Francisco, o de Nueva York a Tokio) decide cómo modificar tu reloj (cada día más tarde o cada día más temprano) y luego atente a ese plan. Para la mayoría de las personas, aunque no todas, la forma más fácil de hacerlo es fingir que uno se dirige al oeste (a través de Chicago o Honolulú) y tomar esa dosis de sol a última hora de la tarde. Piensa en ello como una escala para tu ritmo circadiano.

Cuando vayas hacia el este, toma melatonina por la noche. La exposición a la luz produce melatonina pasado un cierto período de tiempo, por lo que una dosis de melatonina por la noche estimula el sueño y prepara el próximo ciclo de tu reloj. Como resultado de ello, el nivel de melatonina subirá al atardecer según el reloj de tu cuerpo.

Tomar melatonina sólo ayuda si la tomas en el momento adecuado de tu ritmo circadiano. Una dosis de melatonina cuando tu cuerpo cree que es hora de acostarse no tardará en ayudarte a levantarte más temprano al día siguiente, y a acostarte más pronto la noche siguiente. Una vez en tu destino, tómala cuando anochezca, o incluso de madrugada. Sin embargo, por razones que todavía se desconocen, la melatonina sólo ayuda si viajas en dirección este.

El efecto de la melatonina es reducido, ya que adelanta tu despertar hasta un máximo de una hora por día. El ejercicio funciona de manera similar, y debería hacerse en el mismo momento del día. Lo que no sabemos es si la melatonina o el ejercicio hacen algún bien adicional más allá del beneficio de la luz diurna.

patrones puede operar por sí solo, dado que las cucarachas y los pollos sin cabeza aún son capaces de moverse y caminar, pese a necesitar sus cerebros para mantenerlo todo coordinado y salvar los obstáculos. Masticar depende de otra red de neuronas distribuidas por todo el tronco del encéfalo que genera los repetitivos movimientos de la mandíbula. Las redes para caminar y masticar pueden funcionar independientemente (o juntas, como descubrió tu tío).

No siempre te das cuenta, pero siempre caes. A cada paso que das, caes ligeramente hacia delante, y entonces te enderezas antes de llegar a completar la caída. Caes una y otra vez. Y entonces te enderezas antes de llegar a completar la caída. Y así puedes seguir caminando y cayendo al mismo tiempo.

Laurie Anderson, *Big Science*

Antes de sentirnos encantados de habernos conocido, deberíamos señalar una cosa más: generar patrones repetitivos es una característica universal de la vida animal. Por ejemplo, los científicos han estudiado la natación rítmica en las lampreas, un extraño pez sin mandíbula que parece un calcetín muy largo con dientes en un extremo. Asimismo han estudiado la masticación rítmica en las langostas, dotadas de sistemas nerviosos relativamente simples. Las langostas también son interesantes porque todo un patrón de masticación es generado por una red de sólo siete neuronas, que se ajustan a sí mismas y ajustan las conexiones entre ellas a lo largo de la existencia. (Y están de fábula con mantequilla derretida.)

Algunos patrones son automáticos, como el ritmo cardíaco o la respiración, y pese a ello pueden ser controlados. Por ejemplo, el ritmo cardíaco, generado en el mismo corazón, puede ser acelerado o reducido mediante órdenes enviadas por el sistema nervioso central (*véase* Capítulo 3). La red neuronal que se encarga de la respiración, situada en el tronco del encéfalo, puede actuar de forma independiente: por lo general, no piensas en respirar. También puede quedar sometida a un estrecho control, como cuando contienes la respiración.

Un ritmo bastante útil, encontrado en casi todos los animales estudiados por los científicos, es el ritmo cotidiano sueño-despertar del cuerpo. El ritmo circadiano puede operar por su cuenta, con un ciclo de aproximadamente 24 horas, y puede ser reajustado mediante una exposición adecuadamente calculada a la luz. Está sincronizado con el ciclo diario de luz y oscuridad, que es detectado por tus ojos. Tus ritmos circadianos regulan toda una serie de actividades, entre las que figuran cuándo necesitas dormir, la temperatura de tu cuerpo y cuándo sientes hambre.

Sin embargo, hoy en día, los ritmos circadianos también pueden jugarte malas pasadas. Casi todas las personas que han recorrido distancias muy largas en avión han experimentado el problema del *jet lag*. Por ejemplo, nosotros dos escribimos parte de este libro en un centro de estudios en Italia. Nos encantó el hermoso paisaje y la oportunidad de alejarnos de nuestras obligaciones cotidianas y concentrarnos en escribir, pero al principio de nuestra estancia allí nos topamos con un pequeño problema: acabamos escribiendo algunas de las primeras páginas del libro a las tres de la madrugada. Durante el desayuno, manteníamos conversaciones interesantísimas con otros residentes, pero, a veces, apenas podíamos evitar dar cabezadas.

El *jet lag* es un producto del transporte moderno: ir a caballo, en un trineo tirado por perros o incluso en un coche es lo bastante lento para que el ritmo circadiano pueda ajustarse por sí solo y mantenerse en sincronía con el tiempo local. De hecho, el *jet lag* fue mencionado por primera vez en 1931, cuando dos pioneros de la aviación, Willy Post y Harold Gatty, volaron alrededor del mundo en poco más de nueve días. Post y Gatty experimentaron los síntomas que hoy reconocemos: dificultad para conciliar el sueño, somnolencia, pérdida de atención y problemas digestivos.

El *jet lag* ocurre cuando tus ritmos circadianos utilizan una escala de tiempo que no se corresponde con la del ciclo día-noche en el mundo exterior. Como resultado de ello, tu cerebro quiere dormir cuando debería estar despierto y viceversa. El cerebro dispone de un reloj interno de control que normalmente fija los ritmos para la temperatura corporal, el hambre y el sueño. Durante el *jet lag*, estos ritmos pueden dejar de estar sincronizados entre sí, lo que provoca síntomas como tener apetito de madrugada.

La manera en que la luz regula los ritmos circadianos puede ser explicada por analogía con un niño sentado en un columpio. El niño y el columpio tienen un período natural a lo largo del cual tiende a repetirse un ciclo de columpiarse; pero, si empujas el columpio, éste se moverá más deprisa y su período se acortará. Así, el momento de inicio de tu ciclo cotidiano, e incluso la longitud del ciclo, pueden verse alterados por fuerzas externas. No obstante, para que pueda llegar a influir sobre tus ritmos circadianos, la luz debe ser percibida en el momento adecuado del día.

La luz actúa sobre los ritmos circadianos desencadenando ciclos de actividad en una minúscula región situada en la parte inferior de tu cerebro llamada «núcleo supraquiasmático», que actúa como el reloj de control. El núcleo supraquiasmático recibe señales del ojo y también genera su propio ritmo. De hecho, las células del núcleo supraquiasmático desarrolladas en una placa de cultivo generan patrones de actividad creciente y decreciente durante un ciclo de aproximadamente 24 horas. Estas células son necesarias para

Jet lag y lesiones cerebrales

 Los episodios repetidos de *jet lag* no son simplemente molestos; pueden ser peligrosos para la salud de tu cerebro. Las personas que atraviesan a menudo muchas zonas horarias pueden llegar a sufrir daños en el cerebro y problemas de memoria. En un estudio, azafatas con cinco años de servicio cuyos intervalos entre vuelos largos solían durar menos de cinco días fueron comparadas con azafatas que tenían dos semanas o más de intervalo entre vuelos (¡lo cual sigue siendo mucho volar!). Ambos grupos cubrían el mismo número de kilómetros en total. El grupo del intervalo corto tenía menos volumen en el lóbulo temporal, la parte del cerebro relacionada con el aprendizaje y la memoria. Y también presentó problemas en un test de memoria, lo cual sugiere que viajar tan a menudo daña el cerebro.

Dichos daños probablemente se debieron a las hormonas del estrés, que son liberadas durante el *jet lag* y se sabe que deterioran el lóbulo temporal y la memoria. Afortunadamente, a menos que trabajes para una aerolínea, no necesitarás preocuparte por este problema, dado que muy pocas personas vuelan a través de múltiples zonas horarias más de una vez cada quince días. No obstante, quienes viajan mucho en avión para realizar desplazamientos intercontinentales deberían limitar sus vuelos a intervalos de dos semanas con el fin de proteger sus cerebros.

Especulación: madrugadores y noctámbulos

 Una tendencia a funcionar mejor a horas muy tempranas o muy tardías de la noche podría ser resultado de tener un ritmo circadiano natural que no dura exactamente 24 horas. Un período de 23 horas favorecería el levantarse temprano en aquellas personas cuyos cuerpos están impacientes por que empiece el día, mientras que la persona con un período de 25 horas todavía está dando manotazos al despertador para hacer que deje de sonar.

 Las personas con períodos circadianos largos también se adaptan de diferente manera al *jet lag*. Por término medio, son más las personas que dicen que les cuesta levantarse cuando se ven obligadas a hacerlo temprano (como sucede cuando se viaja en dirección este) que cuando se ven obligadas a hacerlo más tarde de lo habitual (como sucede cuando se viaja en dirección oeste).

Las dificultades que entraña el viaje en dirección este pueden estar asociadas con períodos superiores a las 24 horas. De ser así, las personas madrugadoras podrían tener más problemas con los viajes en dirección oeste, y las personas noctámbulas con los viajes en dirección este; y ambas características irían correlacionadas con el ciclo natural del reloj interno de una persona.

Puedes ayudarnos a comprobar estas ideas respondiendo a un cuestionario para ver qué puntuación obtienes.

que los ritmos circadianos sean normales; los animales que han padecido lesiones en el núcleo supraquiasmático, por ejemplo, se despiertan y se duermen a intervalos irregulares.

La luz también pone en marcha la producción de la hormona melatonina, segregada por la glándula pineal, un órgano del tamaño de un guisante que cuelga del extremo inferior de tu cerebro, cerca del hipotálamo. Los niveles de melatonina empiezan a subir al anochecer, alcanzan su punto máximo alrededor de la llegada del sueño, y vuelven a descender a primera hora de la mañana antes de que te despiertes.

(Por cierto, la glándula pineal tiene una historia bastante romántica. Hace unos siglos, el filósofo René Descartes pensaba que en la glándula pineal residía la conciencia, porque sólo había una, y sólo hay un tú. Se equivocaba. Lo que demuestra que incluso las personas más inteligentes pueden cometer errores cuando edifican hipótesis a partir de la nada.)

La mayoría de la gente tiene un período circadiano que no es exactamente de 24 horas, pero normalmente no nos damos cuenta de ello porque el sol nos pone en hora. Cuando a una persona se la deja en una habitación sin fuentes lumínicas, su reloj interno empezará a ir inevitablemente a la deriva, y acabará despertando, comiendo y durmiendo a horas desincronizadas con el resto del mundo.

Un grupo que experimenta de forma natural dicha clase de ritmo circadiano es el de los ciegos, cuyos ojos no pueden transmitir al cerebro ninguna clase de información referente a la luz. Como resultado de ello, los ciegos suelen mostrar patrones de sueño alterados. Esto demuestra que la actividad física y las indicaciones sociales no son suficientes para que el ritmo de una persona permanezca alineado con los ritmos de otras personas. Lo mismo puede decirse de los peces ciegos que viven en cuevas; dichas criaturas parecen no dormir nunca. Sin duda, la dependencia de los hábitos cotidianos concernientes a la luz es universal.

5

No te dejes el bañador: control de peso

La triste verdad es que a tu cerebro no le importa que engordes. Desde una perspectiva evolutiva, la grasa es inmensamente preferible a la alternativa, que es morirse de hambre. Naturalmente, si tu cerebro fuera un poco más listo, tendría en consideración el hecho de que la comida abunda en el mundo moderno y la obesidad es responsable de 300.000 muertes al año sólo en Estados Unidos. Pero nuestros cerebros no están hechos así, por lo que no nos queda más remedio que aprender a vivir con los sistemas de control de peso que han ido surgiendo en torno a la necesidad de almacenar comida.

Como controlar el peso es tan importante, muchos sistemas trabajan superpuestos con el objetivo de mantener tu peso en el nivel que tu cerebro considera adecuado, a veces llamado «punto de ajuste». Por ejemplo, los científicos conocen más de una docena de neurotransmisores que le dicen al cuerpo que aumente de peso, y más de una docena que le dicen al cuerpo que pierda peso. Cuando tratas de alterar tu peso comiendo menos, el cerebro recurre a toda una serie de tretas para mantenerlo en el nivel que él prefiere. Una es reduciendo el ritmo de tu metabolismo, que es la cantidad de energía usada cuando estás sentado sin moverte. Otra es haciendo que te entre hambre, de manera que quieras comer más. Finalmente, tu cerebro puede tratar de engañarte de formas que ya hemos explicado en el Capítulo 1. Si de pronto te comportas como si un pastel tuviera menos calorías comiéndolo a bocaditos del plato de otra persona, es que te has creído las mentiras de tu cerebro.

Tu cerebro utiliza varios indicadores para estar al corriente de las necesidades de energía de tu cuerpo. Las células del tejido adiposo producen una hormona llamada «leptina» que es liberada en tu sangre. La leptina no sólo le dice al cerebro cuánta grasa hay en tu cuerpo, sino también cómo van cambiando los niveles de ésta. Cuando el nivel de grasa disminuye, los niveles de leptina en sangre caen bruscamente, diciéndole a tu cerebro que el cuerpo necesita más energía. Esto desencadena el hambre y el aumento de peso. En cambio, cuando los niveles de leptina crecen, los animales reducen su ingesta de alimento y pierden peso, y la gente confiesa que tiene menos apetito. Los receptores de leptina en el cerebro se encuentran principalmente en el núcleo arcuado del hipotálamo, una parte del cerebro que es un importante regulador de muchos sistemas básicos, incluidas la conducta sexual y la regulación de la temperatura corporal. La leptina también actúa en otras áreas tanto del cerebro como del resto del cuerpo, influyendo sobre el metabolismo y otros reguladores del almacenamiento de grasa.

Mi médico me ha dicho que deje de organizar cenas íntimas para cuatro personas... a menos que haya otras tres personas.

Orson Welles

La insulina es otro importante indicador que comunica a tu cerebro la cantidad de grasa almacenada que hay disponible. Producida por el páncreas después de las comidas, es liberada en la sangre para dictar a una serie de células que tomen glucosa de la sangre y almacenen la energía. Por término medio, los animales delgados tienen unos niveles de insulina en circulación inferiores a los de los animales gruesos, si bien la insulina varía mucho más en el curso de cada día que la leptina. La leptina es un buen medidor de la grasa subcutánea, mientras que la insulina está relacionada con el aumento de la grasa visceral, la cual es un factor de riesgo más significativo para diabetes, hipertensión, enfermedades cardiovasculares y muchos tipos de cáncer.

Al cerebro no le gusta ir tirando de la grasa almacenada para atender las necesidades de energía cotidianas, porque prefiere reservarla para casos de emergencia. Es una estrategia concebida a largo plazo, basada en el mismo enfoque que aconseja no recurrir a tu fondo de pensiones para llenar el depósito del coche. Por eso las neuronas en el hipotálamo y el tronco del encéfalo también se encargan del seguimiento de las fuentes de energía disponibles, con el fin de controlar la ingesta de alimentos. Por ejemplo, los ácidos grasos y una hormona llamada «peptina YY» parecen actuar directamente sobre las neuronas para reducir la ingesta de alimentos, mientras que la hormona grelina es liberada aproximadamente una hora después de las comidas para incrementar el apetito y las ganas de comer. Estos sistemas reguladores, probablemente junto con otros todavía por identificar, interactúan para determinar si tu cerebro detecta déficit o excedente de energía en un momento dado.

Muchos de estos reguladores, incluida la leptina, la insulina y otras hormonas, actúan en el cerebro influyendo sobre grupos contrapuestos de neuronas arcuadas. Las neuronas de la melanocortina disminuyen la cantidad de energía disponible reduciendo la ingesta de alimentos e incrementando el gasto de energía. Las neuronas del neuropéptido Y, en cambio, incrementan la cantidad de energía disponible estimulando la ingesta de alimentos y reduciendo el gasto de energía. La leptina activa directamente las neuronas de la melanocortina e inhibe las neuronas del neuropéptido Y. No obstante, el proceso es algo más complicado, porque las neuronas del neuropéptido Y (pro-comer) también tienen un poderoso efecto inhibidor sobre las neuronas de la melanocortina (anti-comer). Las neuronas de la melanocortina, en cambio, no tienen ninguna influencia directa sobre las neuronas del neuropéptido Y. Como re-

Restricción de calorías y prolongación de la vida

 En los años treinta, los científicos descubrieron que los roedores a los que se hacía seguir una dieta baja en calorías vivían un 50% más que los alimentados sin dicha restricción. El mismo efecto ha sido detectado en la levadura, los gusanos, las moscas, los peces, los perros, las vacas e incluso los monos, si bien la prolongación de la esperanza de vida varía de unas especies a otras. Restringir la ingesta de calorías reduce la frecuencia del cáncer, las enfermedades cardiovasculares y otros problemas relacionados con la edad en los roedores y en los monos. También protege el cerebro en los roedores a los que se ha provocado experimentalmente la corea de Huntington, el Alzheimer, la enfermedad de Parkinson o la apoplejía. Es difícil estudiar el incremento de la esperanza de vida en los humanos, debido a lo mucho que llegamos a vivir; pero tenemos pruebas de que restringir las calorías tiene algunos efectos beneficiosos sobre la salud humana, como reducir la presión sanguínea y el nivel de colesterol.

Pero hay gato encerrado: nos referimos a dietas «realmente» bajas en calorías, que suministran alrededor de dos tercios de las calorías de una dieta normal, sin dejar de suministrar nutrientes necesarios como vitaminas y minerales. Porque muchos de estos efectos también se pueden conseguir con una estrategia de hambre-atracón organizada alrededor de una ingesta de calorías normal en la que un día no comes nada y doblas la ingesta de calorías al siguiente. La mayoría de la gente no tendría voluntad para seguir una dieta semejante durante mucho tiempo, pero unos cuantos investigadores de la longevidad llevan años haciéndola.

Restringir las calorías parece operar afectando a los circuitos neuronales que detectan el nivel de insulina, los cuales son importantes reguladores del almacenamiento de energía en el cuerpo. Los ratones a los que se ha restringido la ingesta de calorías tienen unos niveles de insulina mucho más bajos que sus congéneres bien alimentados y son mucho más sensibles a los efectos de la insulina. Bajo una dieta normal, la sensibilidad a la insulina experimenta cierto declive con la edad. Este efecto es todavía más pronunciado si se sigue una dieta alta en calorías. La disminución de sensibilidad a la insulina es uno de los primeros indicadores de la diabetes del tipo 2.

Los cambios desencadenados por la restricción de calorías empiezan con la activación de un receptor para un grupo de moléculas indicadoras llamadas «sirtuinas». En los mamíferos, el receptor recibe el nombre de SIRT1, y se expresa a través del cuerpo. Una sustancia química llamada «resveratrol», que se encuentra en el vino tinto, incrementa la producción de SIRT1 en los roedores. El resveratrol es bueno para la salud y prolonga la vida de los ratones a los que se hace seguir una dieta alta en calorías. No impide que aumenten de peso, pero los hace vivir un 15% más. A nosotros también nos gusta el vino tinto, pero no te hagas demasiadas ilusiones: las dosis utilizadas en ese estudio eran el equivalente a 500 botellas al día. Otro estudio mostró que los ratones a los que se administraba resveratrol resistían más tiempo en la noria, pero entonces las dosis eran aún más altas: el equivalente a 3.000 botellas al día. La mayoría de nosotros ni siquiera podríamos mantenernos en pie sobre una noria después de haber bebido tanto. Por ahora, dichos estudios suponen un rayo de esperanza para tus hijos o tus nietos; en el estadio actual de las investigaciones, sin embargo, aún no se ha evidenciado que esos suplementos sean lo bastante efectivos y estén lo bastante exentos de riesgos para justificar su uso generalizado.

sultado, este circuito cerebral está orientado hacia la promoción del comer y el aumento de peso.

Las neuronas de la melanocortina también se hallan presentes en el tronco del encéfalo, una parte del cerebro que regula procesos fundamentales como la respiración y el ritmo cardíaco. El núcleo del sistema específico en el tronco del encéfalo recibe información procedente de nervios que se originan en el estómago, los cuales transportan señales relacionadas con la expansión o la contracción intestinal, los contenidos químicos del sistema digestivo y los neurotransmisores que son liberados en respuesta a los nutrientes, entre ellos alguno de los antes mencionados. Entonces el núcleo del sistema específico envía información al hipotálamo, incluido el núcleo arcuado. Las neuronas del tronco del encéfalo parecen ser especialmente importantes a la hora de indicar cuándo un animal está listo para dejar de comer, a través de varias proteínas producidas en el intestino.

El sistema de la melanocortina puede parecer un buen objetivo para los medicamentos que ayudan a perder peso, dado que el control de peso puede verse considerablemente afectado en los ratones al alterar genéticamente dichos receptores y manipular los neurotransmisores que los activan. Por desgracia, costaría evitar que se produjeran efectos secundarios, porque los medicamentos que afectan a los receptores de la melanocortina también influyen sobre la presión sanguínea, el ritmo cardíaco, la inflamación, la función renal y la función sexual masculina y femenina. Las mutaciones en el sistema de la melanocortina en humanos son raras y sólo responsables de un porcentaje muy reducido de obesidad entre la población; aunque, cuando se producen, generan problemas con el control del peso.

Cuando la leptina fue descubierta, hará cosa de diez años, los investigadores se sintieron muy optimistas ante la posibilidad de que pudiera ser la bala mágica que reduciría el apetito y causaría pérdida de peso. Pero luego se descubrió que muchas personas con sobrepeso ya tienen niveles elevados de leptina en sangre pese a no responder normalmente a la hormona, poniéndose de manifiesto lo que los científicos llaman «resistencia a la leptina». En la mayoría de las personas, la resistencia a la leptina es una consecuencia de la obesidad. Esta resistencia a la leptina es similar a la resistencia a la insulina, derivada de los problemas de peso y causa de la diabetes adulta. La obesidad por comer demasiado hace que la leptina se vuelva menos efectiva a la hora de activar los indicadores que dictan al núcleo arcuado una reducción del peso corporal.

Aunque el descubrimiento de la leptina no ha conducido al hallazgo de ningún medicamento realmente efectivo para perder peso, existe uno basado en otro sendero neuronal que parece en principio prometedor. Cualquier persona a la que le haya entrado hambre después de fumar marihuana sabe que el ingrediente activo del porro, el tetrahidrocanabinol (THC), estimula el apetito incluso en

Engañar a tu cerebro para que te ayude a perder peso

 Si el cerebro trabaja en tu contra cuando quieres perder peso, ¿cómo vas a alcanzar los resultados que buscas? Básicamente, necesitas organizar tu estrategia para perder peso de tal forma que tenga en consideración las reacciones de tu cerebro. Por encima de todo, eso significa mantener un ritmo metabólico lo más alto posible. También significa encontrar una estrategia sostenible. Tu cerebro siempre irá en pos de las metas fijadas automáticamente, así que cualquier cambio que introduzcas en tu alimentación y tus hábitos de ejercicio también deberá ser permanente para mantener su efectividad. Los cambios temporales sólo proporcionarán resultados temporales. Este enfoque quizá no suene tan seductor como la última dieta del pomelo, pero cuenta con una ventaja sustancial: ¡funciona!

Tu ritmo metabólico determina la cantidad de calorías que el cuerpo quema en reposo. A la larga, las dietas muy bajas en calorías nunca dan resultado porque el riesgo real de morirse de hambre que caracterizó nuestro pasado evolutivo ha producido cerebros que son unos auténticos expertos a la hora de proteger el cuerpo de una severa pérdida de peso. Una de las maneras en que tu cerebro logra ese objetivo es ralentizando el metabolismo cuando escasean los alimentos, hasta en un 45% dependiendo de las personas. Si tu peso se mantenía estable con 2.000 calorías al día, también puede mantenerse estable con 1.200 calorías al día una vez que esta compensación metabólica haya entrado en acción; sólo que entonces tu vida será mucho más dura. Peor aún, cuando incrementes tu ingesta de alimentos, es probable que vuelvas a ganar peso antes de que tu metabolismo se reajuste. Al igual que pasar hambre, privarse del sueño ralentiza considerablemente el metabolismo, por lo que es importante dormir suficiente si no quieres ganar peso. El estrés es otro de los grandes culpables, ya que la hormona del estrés, la corticotropina, inclina el equilibrio de energía corporal en favor de la conservación cuando es liberada. El metabolismo también tiende a ralentizarse conforme se envejece, razón por la que la gente tiende a ganar peso a medida que se hace mayor, a un ritmo de alrededor de medio kilo por año.

El ejercicio es la forma más efectiva de mejorar esta situación, porque el esfuerzo físico incita a tu cuerpo a incrementar su uso de energía y porque, en reposo, los músculos queman más calorías que la grasa. El ejercicio acelera el ritmo metabólico entre un 20 y un 30%, y el efecto dura hasta 15 horas. El yoga puede ser un ejercicio especialmente bueno, porque muchas personas comprueban que también reduce el estrés.

El aumento de peso y el almacenamiento de grasa se incrementan cuando los humanos y otros animales se alimentan con unas pocas comidas copiosas en lugar de con muchas pequeñas. Por consiguiente deberías repartir tus calorías en pequeñas comidas esparcidas a lo largo de todo el día en lugar de comer sólo una o dos veces al día. En un estudio, las personas que llevaban una dieta controlada por laboratorio fueron capaces de estimular su metabolismo comiendo por la mañana; lo suficiente para añadir 200 o 300 calorías por día a sus dietas sin ganar peso. Esto significa que un desayuno pequeño cuenta con la ventaja añadida de que mejora el metabolismo. Las personas que ingieren el mismo número de calorías ganan menos peso si comen por la mañana que si comen por la noche. ¡Naturalmente, es importante asegurarse de que tus comidas frecuentes sean realmente pequeñas! La ingesta total de calorías continúa siendo un gran determinante del peso, sea cual sea la hora a la que comas.

Un historial de repetidas subidas y bajadas de peso hace que resulte más difícil mantener un peso sano. Quienes han perdido al menos cinco kilos tienen que comer menos (durante el resto de su vida) que las personas que siempre han estado delgadas. Para mantener el mismo peso, las personas que antes habían estado gruesas tenían que comer un 15% menos de calorías que las que siempre habían estado delgadas. Por esta razón, uno de los mejores regalos que les puedes hacer a tus hijos es alimentarlos siguiendo una dieta sana cuando son pequeños. La exposición a la comida durante las primeras etapas de la existencia influirá sobre las preferencias dietéticas en la edad adulta, y es frecuente que los hábitos de alimentación formados en la infancia nos acompañen durante el resto de nuestra vida.

En contra de la creencia popular, comer correctamente no significa pasar hambre o privaciones. Si estás hambriento constantemente, lo más probable es que no estés comiendo bien. Los sensores del hambre que hay en tu cerebro responden a la cantidad de comida con que te hayas llenado el estómago y a los niveles de grasa y azúcar en la sangre. Para reducir la sensación de hambre, prueba a combinar una gran cantidad de alimentos bajos en calorías como ensalada y sopa de verduras con una pequeña cantidad de grasa. Finalmente, encuentra alguna pasión en tu vida más allá de comer. Mantener el peso controlado resulta mucho más fácil si tienes otras cosas interesantes en que pensar. Las idas y venidas entre el televisor y la nevera no cuentan como ejercicio o *hobby*.

animales bien alimentados. Un medicamento llamado Rimonabant bloquea el receptor que responde al THC y reduce la ingesta de alimentos incluso en los animales hambrientos. Un hecho que quizá sea todavía más importante es que dicho medicamento reduce la ingesta de comida en los animales que ya han sido alimentados, lo cual puede ser una indicación bastante buena de lo que está sucediendo en la mayoría de los casos de obesidad humana.

En varios ensayos clínicos a gran escala, las personas obesas que tomaron Rimonabant durante un año perdieron casi cinco kilos más que las personas a las que se administró un placebo. Los pacientes tratados con el medicamento también mostraron un incremento significativo en el nivel de colesterol HDL («bueno») y una disminución en los triglicéridos, que era parcialmente independiente de la pérdida de peso; lo cual sugiere que el Rimonabant tiene efectos directos sobre el metabolismo de los lípidos que podrían reducir el riesgo de infarto. No estamos hablando de la clase de pérdida de peso que le cambiaría la vida a nadie; pero, si su uso llegara a generalizarse, es probable que dicho medicamento redujera el gasto médico que causan las complicaciones provocadas por la obesidad. Desgraciadamente, los participantes en el ensayo clínico que dejaron de tomar el medicamento recuperaban todo el peso perdido en el curso del año siguiente, así que tal vez sería necesario tomarlo de manera crónica para mantener la pérdida de peso. Buena noticia para la compañía farmacéutica, pero mala para los pacientes.

Naturalmente, el receptor bloqueado por el Rimonabant no está ahí para ser activado por la marihuana, sino por unos neurotransmisores sintetizados por el cerebro a los que se conoce como «canabinoides endógenos» o endocanabinoides. Un estudio mostró que personas con la mutación de cierta enzima que descompone uno de los endocanabinoides, los cuales por ello presentan niveles anormalmente altos de activación de receptores, tienen bastantes más probabilidades de ser obesas que las personas sin dicha mutación. Esto sugiere que el sistema que regula los canabinoides puede influir sobre el riesgo genético de obesidad en la población general. Sin embargo, un estudio posterior no logró confirmar este hallazgo, por lo que aún no queda claro si esas mutaciones son importantes en muchos casos de obesidad humana.

¿La actual epidemia de obesidad en Estados Unidos viene determinada por diferencias individuales en los genes que ayudan a regular la ingesta de alimentos? No exactamente. El nivel de eficiencia de tu sistema canabinoide o de la melanocortina probablemente influya sobre tu propensión a padecer obesidad; pero, en general, la gente engorda en el mundo moderno porque sus cerebros trabajan correctamente, apremiándolos a almacenar grasa en previsión de la próxima gran hambruna. Cuando se encuentran ante un exceso de comida que sabe bien, los animales de laboratorio tienden a engordar, y lo mismo hacen las personas. Las diferencias genéticas probablemente determinan qué personas ganan peso pronto en este proceso y qué personas necesitan un estímulo más intenso, pero la exposición constante a un exceso de comida sabrosa terminará imponiéndose a la fuerza de voluntad de cualquiera. Por esta razón, harás mejor invirtiendo tu energía en modificar tu entorno para que las opciones disponibles sean sanas, antes que gastar tu energía mental en tratar de resistir el impulso de estirar la mano hacia esa tableta de chocolate. Tu cerebro te lo agradecerá, y el contorno de tu cintura también.

Segunda parte

LOS SENTIDOS

¡Ojo!: la vista

―――――

Cómo sobrevivir a una fiesta social: el oído

―――――

Cuestión de gusto (y olfato)

―――――

Recorrer todas las bases: los sentidos de tu piel

6

¡Ojo!: la vista

Cuando esquiaba un día ladera abajo, Mike May vio que se dirigía hacia un enorme objeto oscuro y que ya lo tenía demasiado cerca para poder esquivarlo. Estaba seguro de que iba a morir. Cuando pasó a través del objeto, comprendió que era una sombra proyectada por el telesilla.

Experiencias así son comunes en la vida de May, desde que recuperó la vista gracias a un trasplante de córnea a los 43. May había quedado ciego después de que un candil lleno de aceite le estallara en la cara cuando tenía tres años. Sin embargo, la ceguera no le impidió convertirse en un excelente esquiador. Tenía el récord mundial de velocidad en el descenso para ciegos, siguiendo a su guía montaña abajo a una velocidad de 100 kilómetros por hora. Durante sus cuatro décadas de ceguera, su cerebro no había tenido ninguna experiencia de visión natural. Pero ahora que ha recuperado la vista, May tiene problemas para interpretar lo que ve. Le resulta particularmente difícil distinguir los objetos bidimensionales de los tridimensionales, habilidad esencial cuando te acercas a una gran sombra de sólo dos dimensiones.

Tu cerebro interpreta muchas escenas sin hacerte plenamente consciente de lo que está sucediendo. Como May aprendió a ver muy tarde en la vida, del mismo modo en que tú podrías aprender un idioma extranjero de adulto, su cerebro carece de la capacidad necesaria para llevar a cabo correctamente muchas tareas visuales, como la de determinar que ese objeto oscuro, grande y sin ningún rasgo especial que tenía delante era una sombra y no una roca. En general, le cuesta determinar qué líneas o colores forman parte de

Investigación animal y «ojo vago»

 Uno de los mejores ejemplos de cómo los estudios con animales pueden beneficiar de maneras inesperadas a la medicina humana nos lo proporciona la investigación sobre el desarrollo visual. Dado que los ojos están situados en distintos lugares de la cabeza, ven el mundo con puntos de vista ligeramente distintos. Esto plantea un problema al desarrollo del cerebro, porque, para crear una imagen coherente, el cerebro necesita emparejar la información que entra por los dos ojos procedente de la misma parte del mundo. Sería difícil especificar este emparejamiento a priori, ya que no hay dos cabezas que tengan exactamente el mismo tamaño, y la distancia entre los ojos cambia a medida que crece el cuerpo. Así que el cerebro la determina aprendiendo a emparejar la información procedente de ubicaciones en cada ojo que se encuentran activas al mismo tiempo y que, por lo tanto, es presumible que estén mirando el mismo lugar en el mundo visual. Si un animal queda privado de la vista en un ojo cuando es joven, este aprendizaje no puede darse, y casi todas las neuronas visuales de su cerebro acaban transportando señales procedentes de un solo ojo. Si un animal pierde la vista en un ojo a ciertas edades jóvenes (alrededor del primer mes después del nacimiento en los gatos, más tiempo en las personas), su cerebro aprenderá a interpretar información procedente sólo del otro ojo. Este patrón no puede ser invertido más adelante en la vida. David Hubel y Torsten Wiesel ganaron el premio Nobel por descubrir este proceso en la década de los sesenta.

Un amigo nuestro tiene una hija con ambliopía, lo que la gente solía llamar «ojo vago», que se da en el 5% de los niños. La niña tiene problemas para controlar el movimiento de un ojo, con el resultado de que éste tiende a desplazarse en una dirección distinta al otro. Hace veinte años, el tratamiento habitual para este problema hubiera sido llevar un parche encima del ojo bueno (para que el ojo malo aprendiera a ver mejor). Debido a estos estudios con animales, que fueron llevados a cabo por pura curiosidad científica, ahora sabemos que este tratamiento no da resultado, por muy sensato que pareciese en la época. Cubrir un ojo daña el desarrollo del cerebro, porque entonces éste no puede aprender a procesar información de los dos ojos juntos.

Necesitas información de ambos ojos para evaluar las distancias. Si cierras un ojo y luego abres ese ojo y cierras el otro, verás que la diferencia entre las imágenes es mayor para los objetos que están más cercanos, y más pequeña para los objetos que se encuentran muy alejados. Los niños a los que se hace ir con un ojo tapado no pueden comparar información procedente de los dos ojos, y de adultos tienen problemas a la hora de percibir la profundidad. Gracias a la investigación con animales, la hija de nuestro amigo está siendo tratada con un nuevo procedimiento de reeducación que le permitirá aprender a controlar sus músculos oculares sin interferir con su capacidad para ver el mundo en tres dimensiones más adelante en la vida.

un objeto, y cuáles forman parte de otro objeto o incluso del fondo que hay detrás de los objetos. Su caso ilustra lo difíciles e importantes que son todos esos procesos a la hora de entender «cómo» ver, y la cantidad de suposiciones invisibles que tu cerebro necesita llegar a hacer para realizar su trabajo.

La visión empieza en el ojo, estructurado igual que una cámara. Una lente en la parte delantera del ojo enfoca la luz sobre una delgada lámina de neuronas que hay al fondo de todo, en la llamada «retina». Las neuronas retinales están dispuestas como una lámina de «píxeles», y cada una de ellas detecta la intensidad de luz en una cierta región del mundo visual. Pero esto supone un problema para el cerebro, porque la retina transforma el mundo tridimensional de un patrón de actividad en una lámina bidimensional de neuronas y desecha gran cantidad de información que está ahí fuera. (Quizás hayas oído decir que la retina invierte el mundo poniéndolo todo cabeza abajo, lo cual es cierto; pero la vista no resulta afectada, porque el cerebro ya se lo espera e interpreta la información correctamente.)

Tres tipos distintos de las llamadas «células cono» en la retina detectan el rojo, el verde o el azul con una luz intensa; estas neuronas envían señales progresivamente más intensas conforme la intensidad de la luz que detectan se hace más intensa. Otros colores son formados por distintos niveles de actividad en combinaciones de estos tres tipos de células. El proceso es similar al del pintor que prepara muchos colores mezclando los colores primarios; sin embargo, los colores primarios son distintos porque la luz se mezcla de manera distinta a como lo hace la pintura. (Si quieres comprobarlo por ti mismo, pon un plástico rojo y un plástico verde encima de un par de linternas y dirige los dos haces hacia el mismo punto para crear luz amarilla. Mezclar pintura roja y verde da un resultado muy distinto: el marrón.) Un cuarto tipo de células, llamadas «bastoncillos», detecta la intensidad de la luz en una iluminación tenue, pero no contribuye a la visión del color, razón por la cual no puedes ver tan bien los colores cuando hay una luz romántica. Entonces estos conos y bastoncillos se comunican con otras neuronas en la retina, las cuales llevan a cabo cálculos adicionales acerca de la escena. Por ejemplo, las células emisoras de la retina transportan información sobre la intensidad relativa de luz en cada región comparada con áreas cercanas, no sobre la intensidad absoluta de cada «píxel». Finalmente, esta información es enviada a las áreas visuales del cerebro, así como a las áreas que controlan los movimientos del ojo y la cabeza.

En cada paso del proceso, las neuronas están dispuestas sobre un «mapa» del mundo visual, de forma que la información sobre los puntos agrupados en cada una de las partes de la escena es representada por el patrón de picos en las neuronas agrupadas dentro de cada área visual del cerebro. Algo similar a la manera en que los puntos que se encuentran próximos en una escena también están próximos en una foto de la escena. Ese tipo de organización hace que a las neuronas les resulte más fácil representar partes cercanas del mundo visual para comunicarse entre ellas cuando tratan de entender su región local de la escena.

Uno de los primeros problemas que ha de resolver el cerebro es determinar la brillantez de cada una de las partes del objeto que ha producido la imagen visual. Quizás estés imaginando que se trata de una tarea sencilla, ya que seguramente todo se reduce a cuánta actividad es generada en la neurona que transmite información procedente de esa parte de la escena. Sin embargo, en realidad es muy di-

fícil, porque la actividad neuronal depende de la cantidad de luz que llegue al ojo, la cual varía enormemente con las características del objeto y con el patrón de iluminación y sombras en la escena. El mismo objeto parece muy distinto visto al sol que bajo una lámpara de escritorio, y volverá a parecernos distinto según cuál sea la parte que se encuentra en sombra.

Para ver lo que queremos decir, mira la figura de la izquierda. Es obvio que el cuadrado marcado A es más oscuro que el cuadrado marcado B... ¿o no? La figura de la derecha muestra claramente que esos dos cuadrados tienen el mismo sombreado. ¿No nos crees? Corta un trozo de papel para tapar los cuadrados extra en la figura de la izquierda y lo verás. Esto demuestra que, para cuando eres consciente de que estás viendo una imagen, el cerebro ya ha hecho un montón de suposiciones acerca del objeto que estás observando.

¿Has visto alguna vez cómo un perro mueve la cabeza adelante y atrás cuando mira algo? Muchos animales recurren a este truco para determinar la distancia hasta un objeto en la escena. Los objetos más próximos se desplazarán acusadamente hacia los lados durante este movimiento de cabeza, en tanto que los objetos más alejados recorren menos distancia. El cerebro calcula la profundidad en una escena a partir de muchas pistas distintas... y de una generosa dosis de suposiciones. Por ejemplo, la profundidad puede ser calculada comparando las imágenes enviadas por los dos ojos o determinando qué objetos están frente a otros objetos. Un camino de grava que se aleja de nosotros nos proporciona dos pistas de profundidad muy claras: la gravilla parece más pequeña cuanto más lejos está, y los bordes del camino parecen estar cada vez más próximos. El cerebro también puede utilizar el tamaño de un objeto conocido para adivinar el tamaño de otros objetos.

Otra cosa que tu cerebro decide automáticamente es qué objetos hay en una imagen visual. Mike May tiene serios problemas para identificar los objetos. Puede describir la diferencia entre un triángulo y un cuadrado puestos encima de una mesa si el triángulo y el cuadrado están separados el uno del otro, pero no tiene ni idea de cuántas personas hay en una foto. Las claraboyas del centro comercial producen un patrón alterno de franjas de luz y sombras a lo largo del suelo que al cerebro de May le parecen exactamente iguales que una escalinata. Tras la operación, su esposa tenía que recordarle a cada momento que no se quedara mirando a las mujeres; porque, en su caso, la rápida mirada de soslayo a la que recurren la mayoría de los hombres no le proporciona ninguna información. Mike ha aprendido intelectualmente cómo razonar a través de una escena visual y determinar qué es lo que hay en ella, pero este proceso nunca será rápido o carente de esfuerzo para él, como lo es para la mayoría de nosotros.

El cerebro tiene maneras especiales de reconocer objetos de especial importancia para nosotros, como las caras. Las diferencias físicas existentes entre una cara y otra tampoco son tan grandes —o, al menos, no se lo parecerían a un marciano—, pero podemos distinguirlas sin ningún esfuerzo. Ha habido muchos intentos de crear sistemas automatizados de reconocimiento de rostros para identificar a sospechosos terroristas en los aeropuertos y los controles de inmigración, pero su precisión es muy inferior a la de los observadores humanos. Puedes ver por ti mismo que tu cerebro trata las caras de una forma especial mirando estas fotos de Margaret Thatcher. Las fotos de arriba le parecen básicamente normales a la mayoría de las personas; dejando aparte el hecho de que están puestas al revés, claro está. Las fotos de abajo son las mismas imágenes puestas del derecho, y seguro que ahora podrás ver que la de la derecha es francamente rara. Tanto los ojos como la boca han sido puestos del revés dentro de la cara, pero probablemente no te diste cuenta cuando mirabas la foto derecha de la hilera superior. Naturalmente, la versión que prefieras puede depender de otros factores, como tu orientación política.

Mike May es incapaz de reconocer las caras. Una vez se ofreció a comprarle un helado a uno de los jugadores del equipo de la Liga Juvenil después de haber asistido a uno de sus entrenamientos, y sólo cuando el perplejo muchacho declinó su oferta May se dio cuenta de que el jugador en cuestión no era su hijo. Algunas personas que, por lo demás, son completamente normales se enfrentan al mismo problema, 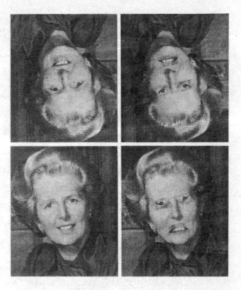 habitualmente como resultado de haber padecido lesiones en una región cerebral conocida como el área facial fusiforme, responsable del procesamiento especializado de las caras. Dichas personas pueden ver la mayoría de los objetos sin ninguna dificultad, pero tienen serios problemas para diferenciar a la gente, incluso en el caso de personas con las que llevan años conviviendo. Pasado un tiempo, la mayoría aprende a grabarse en la memoria la ropa que llevan sus amistades, cónyuges o hijos cuando salen de casa, para así poder reconocerlos más tarde dentro de un grupo de gente. En el caso de May, su área facial fusiforme no ha tenido la oportunidad de desarrollarse plenamente, como en las personas que han crecido sin problemas de ceguera.

Inmediatamente después de recuperar la vista, Mike May descubrió que tenía que esquiar con los ojos cerrados. Las células de su cerebro que detectan el movimiento eran tan sensibles como las de una persona normal, pero en su caso eso tiene sus pros y sus contras. Esquiar montaña abajo ya no era emocionante; se convirtió en una experiencia aterradora, mientras May veía cómo el mundo desfilaba vertiginosamente junto a él. Por primera vez en su existencia, ir en el coche con su mujer al volante hacía que se sintiera tremendamente incómodo, porque no aguantaba la sensación de ver el resto de la circulación.

Nadie sabe a ciencia cierta por qué el sistema cerebral encarga-

La neurona enamorada de Michael Jordan

 ¿Qué significa ser fan de una celebridad? Un estudio indica que significa adjudicar literalmente un espacio dentro de tu cerebro a esa persona. Existe la vieja idea de que la actividad en una o varias neuronas podría indicar la identificación de determinado objeto o persona, pero hoy en día muy pocos neurocientíficos creen que el cerebro funcione así. Esto es porque simplemente no hay neuronas suficientes para hacerse cargo de todo lo que podemos llegar a reconocer; y porque no sufrimos apoplejías que eliminen nuestra capacidad para reconocer a unas personas y a otras no (si bien algunos pacientes de apoplejía pierden la capacidad de reconocer a la gente en general, como explicaremos más adelante).

En dicho estudio, los científicos registraron la actividad de las neuronas individuales en los cerebros de ocho personas que padecían epilepsia incurable. Los cirujanos implantaron electrodos en el lóbulo temporal de los cerebros de los pacientes para que les ayudaran a identificar el origen de sus crisis epilépticas, y los científicos se sirvieron de dichos electrodos para registrar la actividad neuronal mientras los pacientes observaban fotografías. Algunas neuronas respondían específicamente a una variedad de imágenes asociadas con determinada celebridad, habitualmente actores, políticos o atletas profesionales. Por ejemplo, una neurona siempre emitía picos en respuesta a todas las fotos de Jennifer Anniston —a excepción de aquella en la que aparecía con Brad Pitt— y no respondía a las fotos de ninguna otra persona. Otra neurona era activada por fotos y dibujos de Halle Berry, e incluso por la mera visión de su nombre impreso. Aunque dicha neurona respondió a una foto de Halle Berry vestida con su traje de Catwoman, no respondió a la foto de otra mujer vestida con el traje de Catwoman. Otras neuronas respondieron a fotos en las que aparecían Julia Roberts, Kobe Bryant, Michael Jordan, Bill Clinton o incluso edificios famosos como la Ópera de Sidney. Nadie está seguro de cuál es la función que llevan realmente a cabo esas neuronas, aunque una región del cerebro en la que se encuentran participa en la formación de nuevos recuerdos.

do de percibir el movimiento es tan resistente que puede funcionar tras cuarenta años de ceguera; tal vez podría deberse a que la detección del movimiento es esencial para la supervivencia. Tanto si eres un lobo hambriento como un conejo aterrorizado, no hay nada mejor que el movimiento a la hora de localizar a los demás seres vivos en tu mundo visual.

Las áreas del cerebro que analizan el movimiento están separadas de las que se encargan de analizar la forma. El área básica detecta el movimiento de objetos a lo largo de una línea recta, en tanto que áreas superiores detectan patrones más complicados, incluida la expansión (como la de las gotas de lluvia vistas a través del parabrisas de un coche en movimiento o la secuencia de apertura de *Star Trek*) y el movimiento en espiral (como el del agua que se escurre por el desagüe de tu bañera). Seguramente, estas señales son importantes para orientarse por el espacio, dado que desplazarse a través del mundo causa esa clase de movimientos sobre la retina.

Los daños en esas regiones cerebrales provocan ceguera al movimiento. Las personas que padecen dicho trastorno ven el mundo como bajo la luz estroboscópica de una discoteca: primero una persona está aquí y de pronto pasa a estar en otro sitio, sin que haya habido ninguna clase de transición. Como puedes imaginar, es muy peligroso vivir en un mundo donde parece como si todo lo que te rodea fuese capaz de teletransportarse a voluntad, por lo que dichos pacientes tienen serios problemas a la hora de desplazarse.

Hasta ahora hemos hablado como si nuestros ojos estuvieran absorbiendo una escena continuada, algo así como una película proyectada sobre la retina, que ciertamente es la sensación que experimentamos. Esto se debe a que el cerebro conoce maneras de dejar el mundo a un lado para hacer que tu experiencia parezca estar dotada de continuidad aun cuando no lo está. Sin embargo, a estas alturas probablemente ya habrás adivinado lo siguiente: tu cerebro te vuelve a mentir. Todo el tiempo que pasas despierto, tus ojos barren el mundo visual en una serie de abruptos movimientos, llamados «tirones», que tienen lugar de tres a cinco veces por segundo. Puedes ver esos movimientos oculares si te miras en el espejo. Cada movimiento del ojo suministra a la retina una «instantánea» de alguna parte de la escena visual, pero el cerebro todavía tiene

¿Los ciegos oyen mejor?

 La gente siempre ha atribuido poderes especiales —incluso mágicos— a los ciegos. Una idea muy extendida es que los ciegos tienen un oído agudísimo. Sin embargo, en las pruebas, los ciegos no muestran mayor capacidad de detectar los sonidos tenues que las personas que pueden ver.

Pero una antigua creencia acerca de las capacidades especiales de los ciegos sí que es cierta. En tiempos remotos, antes de la invención de la escritura, los ciegos eran famosos por la exactitud con que recordaban las interpretaciones bíblicas, que eran transmitidas de generación en generación en forma de tradiciones orales. De hecho, los ciegos tienen mejor memoria, particularmente para el lenguaje. Como no se pueden fiar de la vista para que les responda a preguntas como «¿Dejé ese vaso encima de la mesa?», necesitan recurrir constantemente a su memoria (si no quieren tener que pasarse la vida fregando el suelo para recoger los líquidos que han derramado). Se presume que la práctica constante les ayuda a agudizar la memoria. También muestran una mayor eficiencia que los videntes en otras habilidades relacionadas con el lenguaje, incluida la comprensión del significado de las frases. Además, los ciegos son más eficientes a la hora de localizar la procedencia de los sonidos, lo que puede ser otra manera de tener controlado dónde están las cosas.

Los ciegos parecen mejorar esas habilidades sacando provecho del volumen cerebral que no está siendo utilizado para la vista. En los ciegos, las funciones relacionadas con la memoria verbal activan el córtex visual primario, que en los videntes sólo toma parte en la visión. Los investigadores pueden desconectar temporalmente una región del córtex aplicando estimulación magnética desde el exterior del cráneo para interferir en la actividad eléctrica del cerebro. Dicha interferencia reduce la capacidad de los ciegos para generar verbos, una de las funciones del lenguaje que llevan a cabo especialmente bien; sin embargo, no tiene ningún efecto sobre dicha función en los videntes (aunque sí interfiere, claro está, en su capacidad para ver).

que coordinar todas esas imágenes para crear la ilusión de un mundo dotado de continuidad. Ni siquiera los neurocientíficos tienen muy claro cómo opera este complicado proceso.

Ver lo que tienes ante ti requiere un esfuerzo constante.

George Orwell

Las experiencias de Mike May ilustran que, si bien la visión parece ser un solo sentido, en realidad se compone de muchas funciones. Para la mayoría de nosotros, dichas funciones se entrelazan para formar un todo carente de fisuras, gracias a toda una vida de desarrollo y experiencia. El cerebro de May no ha aprendido a mentir, o ni siquiera a decir la verdad, fluidamente. Como resultado, May se puede orientar visualmente el 90% del tiempo. Esto no es de tanta utilidad como cabría pensar, sin embargo, dado que nunca sabe cuál es el 10% erróneo de sus percepciones. Ahora que puede ver, ha descubierto que no siempre se puede fiar de la vista. Cuatro años después de recuperar la vista, Mike May por fin encontró la forma de hacer frente a esos problemas: se hizo con su primer perro lazarillo desde la intervención a que había sido sometido.

7

Cómo sobrevivir a una fiesta social: el oído

Solemos pensar en la vista como el más importante de nuestros sentidos, pero el oído quizá sea igual de esencial; por razones obvias, la sordera dificulta enormemente comunicarse con otras personas. Los sordos han aceptado el reto creando su propia forma de lenguaje, que utiliza manos y ojos en lugar de boca y oídos. Las barreras comunicativas entre los sordos y las personas oyentes son tan profundas que los sordos han desarrollado sus propias culturas. (Por ejemplo, en la película *Hijos de un dios menor*, cuando una mujer sorda se enamora de un profesor oyente en la escuela donde trabaja ella, el conflicto que eso le plantea con su lealtad a la sociedad de los sordos amenaza la relación que había empezado a surgir entre ellos.) La manera en que tu cerebro identifica sonidos complejos como el habla todavía es en parte un misterio, aunque los científicos ahora saben bastante sobre cómo detectamos y localizamos las señales auditivas.

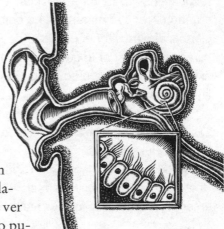

Tanto si estamos oyendo música, el gorjeo de los pájaros o el murmullo de las conversaciones en una fiesta social, la audición se inicia con una serie de ondas que ejercen presión sobre el aire a las que llamamos sonido. Si pudiéramos ver las ondas causadas por un tono pu-

Cómo prevenir la pérdida de audición

 ¿Recuerdas cuando tu madre te decía que no pusieras la música tan alta porque te estabas destrozando los oídos? Pues el caso es que tu madre tenía razón. En Estados Unidos, un tercio de los mayores de 60 años y la mitad de los mayores de 75 padecen pérdida auditiva. La causa más común es la exposición prolongada a sonidos fuertes. Los hijos del *boom* de la natalidad de los años sesenta están perdiendo la audición más pronto que sus padres y sus abuelos, presumiblemente porque el mundo en que vivimos ahora es bastante más ruidoso que el suyo. Algunos expertos están particularmente preocupados por reproductores portátiles de MP3 como el iPod, que pueden generar música a un volumen muy elevado durante horas sin ser recargados.

No es sólo el rock, naturalmente. La pérdida de audición es causada por cualquier ruido fuerte —una cortadora de césped, una moto, un avión, la sirena de una ambulancia o una de esas fiestas populares en las que de pronto todo el mundo se pone a tirar petardos— que persista en el tiempo. Incluso una breve exposición a un sonido muy fuerte puede dañar la audición. En dichas situaciones, en que el ruido no es el objetivo de la experiencia, puedes protegerte a ti mismo llevando tapones en las orejas para reducir el nivel de sonido. Un concierto de rock alcanza los mismos decibelios que una sierra mecánica en funcionamiento, y los expertos recomiendan limitar la exposición a esa clase de sonidos de forma que no exceda el minuto. Si no quieres dejar de asistir a los conciertos, deberías tener presente que el daño producido por el ruido es acumulativo; por lo que, cuanto mayor sea el nivel de ruido que experimentes en el curso de tu existencia, más pronto empezarás a perder la audición.

El ruido causa la pérdida de audición al dañar las células pilosas, que detectan sonidos en el oído interno. Como su nombre indica, las células pilosas poseen un haz de finísimas fibras llamado «mechón», que se mueve en respuesta a las vibraciones sonoras. Si el mechón se mueve demasiado, las fibras pueden romperse, y entonces esa célula pilosa ya nunca volverá a ser capaz de detectar el sonido. Las células pilosas que responden a sonidos agudos (como los de un silbato) son más vulnerables, y tienden a perderse antes que las que responden a sonidos graves (como los de una sirena de niebla). Ésa es la razón por la que la pérdida de audición relacionada con los ruidos tiende a iniciarse con dificultades para oír los sonidos agudos. Los sonidos correspondientes a esa frecuencia son particularmente importantes a la hora de entender el habla.

Otra causa habitual de pérdida de audición son las infecciones de oído, por eso es tan importante diagnosticarlas y tratarlas lo antes posible. Las infecciones de oído afectan a tres de cada cuatro niños, y los padres deberían mantenerse alerta para detectar los síntomas, entre los que figuran tirarse de las orejas, problemas de equilibrio o audición, dificultades para dormir o supuración en los oídos.

ro (una nota de flauta sería el ejemplo más aproximado en el mundo real) mientras se desplazan a través del aire, éstas se parecerían a las ondulaciones producidas por una piedra arrojada a un estanque. La distancia entre las ondulaciones (llamada «frecuencia») determina el timbre del tono —las distancias más cortas entre las ondas crean sonidos agudos, en tanto que las más largas crean sonidos graves— y la altura que alcanzan determina la intensidad del sonido. Los sonidos más complejos, como el habla, contienen múltiples frecuencias con distintas intensidades combinadas.

El oído externo transmite estas ondas sonoras a un órgano situado en el oído interno llamado «cóclea» (latín para «caracol» porque tiene exactamente esa forma). La cóclea contiene las células del oído que perciben el sonido, las cuales se encuentran repartidas en hileras a lo largo de una membrana interior curvada sobre sí misma. La presión del sonido desplaza el fluido en el interior del oído, haciendo que la membrana vibre de distintas maneras según las frecuencias del sonido. Dicha vibración activa los sensores del oído, llamados «células pilosas», porque el haz de finísimas fibras que sobresalen del extremo superior de la célula recuerda a un peinado punk. El movimiento de estas fibras transforma la señal vibratoria en una señal eléctrica susceptible de ser entendida por otras neuronas. Las células pilosas pueden percibir movimientos del tamaño de un átomo y responden muy rápidamente (más de cincuenta mil veces por segundo).

Las células pilosas situadas en la base de la membrana coclear perciben las frecuencias más altas. Al avanzar por la curvatura hacia el otro extremo, las células pilosas se van volviendo sensibles a frecuencias cada vez más bajas; imagínate la secuencia de las teclas en un piano. Dicha organización forma un mapa de frecuencia del sonido que es mantenido en muchas de las áreas del cerebro para responder al sonido.

La información relacionada con el sonido procedente de los dos oídos se reúne en las neuronas del tronco del encéfalo. Los médicos lo saben y se sirven de ese conocimiento para diagnosticar las causas de una pérdida de audición, basándose en si ésta afecta sólo a un oído o a ambos. Como las neuronas que hay en el cerebro reciben información acerca del sonido de ambos oídos, cualquier daño en las partes del cerebro encargadas de procesar el sonido puede causar problemas de audición en los dos oídos. Por esa razón, si tienes problemas de audición con un solo oído, el problema tiene que deberse a un daño sufrido en el mismo oído o en el nervio auditivo. La pérdida de audición también puede ser causada por problemas mecánicos que interfieren en la transmisión de sonidos desde el exterior del oído hasta la cóclea. Este tipo de pérdida de audición puede ser tratado mediante un audífono, que amplifica los sonidos entrantes; la pérdida de audición causada por daños en las células pilosas sólo puede ser mitigada mediante un implante coclear (*véase* recuadro).

El cerebro tiene dos objetivos principales para la información referente al sonido: localizar un sonido dentro del entorno espacial, lo que te permitirá volver la mirada hacia el origen del sonido, e identificar qué hay en el sonido. Ninguno de esos problemas es fácil de resolver. Cada uno de esos objetivos es alcanzado en distintas partes del cerebro. Por consiguiente, algunos pacientes con lesiones cerebrales experimentan dificultades para localizar los sonidos pero no para identificarlos, y viceversa.

Las diferencias en la sincronización y la intensidad de los sonidos que llegan a tu oído derecho y a tu oído izquierdo ayudan al cerebro a determinar de dónde procede un sonido determinado. Los

Mejorar la audición con oídos artificiales

 Los audífonos, que intensifican los sonidos cuando éstos entran en el oído, no ayudan a los pacientes cuya sordera es debida a daños en las células pilosas que perciben el sonido dentro de la cóclea. Sin embargo, muchos de estos pacientes se pueden beneficiar de un implante coclear, un dispositivo electrónico que se implanta quirúrgicamente dentro del oído. El implante capta los sonidos mediante un micrófono colocado en el oído externo y estimula el nervio auditivo, que envía al cerebro la información sonora captada en el oído. Alrededor de 60.000 personas en el mundo llevan implante coclear.

En comparación con la audición normal, que utiliza 15.000 células pilosas para percibir la información sonora, los implantes cocleares son unos aparatos muy toscos: sólo pueden producir un pequeño número de señales distintas. Esto significa que los pacientes que llevan dichos implantes al principio oyen «sonidos» raros que no se parecen en nada a los generados en la audición normal.

Afortunadamente, el cerebro es muy listo a la hora de aprender a interpretar la estimulación eléctrica correctamente. Puede que necesite meses para llegar a entender lo que significan esas señales, pero alrededor de la mitad de los pacientes acaba aprendiendo a discriminar el habla sin necesidad de leer los labios, e incluso puede mantener una conversación telefónica. Muchos otros descubren que su capacidad para leer los labios se ve mejorada por la información proporcionada por los implantes cocleares, si bien unos pocos pacientes nunca aprenden a interpretar las nuevas señales y no encuentran ninguna utilidad a los implantes. Los niños de más de dos años también pueden recibir implantes (si padecen el tipo de pérdida de audición adecuado para beneficiarse del aparato); parecen tener menos problemas para aprender el uso de esta nueva fuente de información que los adultos, probablemente porque la capacidad de aprendizaje del cerebro es mayor en la infancia (*véase* Capítulo 11).

sonidos cuya fuente está situada justo frente a ti (o justo detrás de ti) llegan al oído izquierdo y al oído derecho exactamente al mismo tiempo. Los sonidos procedentes de la derecha llegan al oído derecho antes de llegar al izquierdo, etc. De modo parecido, los sonidos (al menos, los agudos) procedentes de la derecha tienden a sonar un poco más alto en el oído derecho; su intensidad queda reducida en el oído izquierdo porque la cabeza queda en medio. Esto tiende a ocurrir con los sonidos agudos, ya que los graves pueden viajar a través de la cabeza. La gente usa las diferencias de sincronización entre los oídos para localizar los sonidos graves y medios, y las diferencias de intensidad entre los oídos, para localizar los sonidos agudos.

Cuando trabaja con el fin de identificar el contenido de un sonido, el cerebro se encuentra especialmente calibrado para detectar las señales importantes para la conducta. Muchas áreas superiores del cerebro responden mejor a sonidos complejos, que van desde determinadas combinaciones de frecuencias hasta el orden de los sonidos en el tiempo para especificar señales de comunicación. Casi todos los animales tienen neuronas especializadas en detectar señales sonoras importantes para ellos, como el canto en el caso de los pájaros o los ecos en el de los murciélagos. (Estos últimos se orientan mediante un tipo de sónar que hace rebotar sonidos en los objetos y evalúa la rapidez con la que regresa el eco.) En los humanos, un rasgo particularmente importante de la interpretación del sonido es el reconocimiento del habla, y varias áreas del cerebro están consagradas a este proceso.

La hora del cóctel: una reunión social pensada para que cuarenta personas puedan hablar de sí mismas a un tiempo. El que se queda cuando se ha acabado la bebida es el que ha organizado la reunión.

Fred Allen

Tu cerebro cambia su capacidad para reconocer ciertos sonidos basándose en tus experiencias con la audición. Por ejemplo, los niños pequeños pueden reconocer los sonidos de todas las lenguas del mundo, pero alrededor de los 18 meses empiezan a perder la capacidad de distinguir los sonidos que no se utilizan en su propia

Cómo oír mejor por el móvil en una habitación ruidosa

 Hablar por tu móvil en un sitio ruidoso suele ser una lata. Si eres como nosotros, probablemente habrás tratado de mejorar tu capacidad de escuchar poniéndote un dedo en el otro oído y habrás descubierto que no sirve de mucho. No arrojes la toalla: hay una forma de usar las capacidades de tu cerebro para oír mejor. Aunque la intuición te diga lo contrario, lo que debes hacer es «cubrir el micrófono». Oirás la misma cantidad de ruido a tu alrededor, pero podrás oír mejor a la persona con la que estés hablando. Pruébalo: ¡funciona!

¿Cómo es posible? La razón por la que este truco funciona (y lo hará, en la mayoría de los teléfonos normales, móviles incluidos) es que saca provecho de la habilidad de tu cerebro para separar las distintas señales. Es una habilidad que utilizas a menudo en situaciones donde hay mucha gente y reina la confusión; lleva el nombre de «efecto cóctel».

En una fiesta, a menudo tienes que distinguir una voz y separarla de las demás. Pero las voces provienen de distintas direcciones y no suenan igual: las hay graves, agudas, nasales, de barítono, etc. El caso es que, en esta situación, tu cerebro no tiene rival. El esquema más sencillo de lo que hace el cerebro tendría este aspecto:

voz >> oído izquierdo >>> CEREBRO <<< oído derecho
<<ruido ambiental

Puede haber situaciones todavía más complicadas, como múltiples voces procedentes de distintas direcciones. Lo importante, en este caso, es que los cerebros son muy hábiles a la hora de resolver lo que los científicos denominan el problema de separación de las fuentes. Eso plantea serias dificultades a la mayor parte de los circuitos electrónicos. Distinguir voces unas de otras es una proeza que la tecnología de las comunicaciones no puede reproducir. En cambio, tu cerebro lo hace sin ningún esfuerzo.

Entra tu teléfono en escena. El teléfono le complica el trabajo al cerebro transmitiéndole sonidos procedentes de la habitación en la que estás a través de sus circuitos y mezclándolos con la señal que recibe del otro teléfono. Como consecuencia de ello, te ves en una situación como la que sigue:

voz más ruido distorsionado de la habitación >> oído izquierdo >>> CEREBRO <<< oído derecho << ruido de la habitación

Este problema es más difícil de resolver para tu cerebro, porque ahora la voz transmitida de la persona con la que estás hablando y el ruido de la habitación se han vuelto metálicos, y están mezclados en una sola fuente. Separarlos es difícil. Cubriendo el micrófono, puedes crear una situación que impide que esa mezcla llegue a tener lugar, y recrea la situación de la fiesta en directo.

Naturalmente, eso plantea una nueva pregunta: ¿por qué los teléfonos hacen esto? La razón es que, hace décadas, los ingenieros descubrieron que mezclar la voz de la persona que llama con la señal recibida da una mayor sensación de estar hablando «en directo». La mezcla de ambas voces —que los obsesos de la tecnología telefónica llaman «dúplex completo»— surte ese efecto, pero en los casos en que la persona que llama está en una habitación ruidosa, también hace que la señal cueste más de oír. Hasta que las señales telefónicas sean tan claras como la conversación en directo, tendremos que apechugar con este problema; que ahora puedes eliminar usando el poder de tu cerebro. Como dice ese anuncio de la compañía telefónica: «¿Me oyes ahora?»

lengua. Ésa es la razón por la que la «r» y la «l» inglesas les suenan igual a los hablantes de japonés, por ejemplo; en japonés, no existe distinción entre dichos sonidos.

Se podría pensar que la gente simplemente olvida las distinciones entre los sonidos que no ha practicado, pero no es así. Grabaciones eléctricas de los cerebros de bebés (hechas simplemente poniéndoles electrodos en la piel) muestran que sus cerebros van cambiando mientras aprenden los sonidos de su lengua materna. Cuando los bebés empiezan a gatear, las respuestas a los sonidos de la lengua materna van aumentando, y las respuestas a otros sonidos van disminuyendo.

Una vez completado este proceso, el cerebro coloca automáticamente todos los sonidos que oye del habla dentro de las categorías con las que se ha familiarizado. Por ejemplo, tu cerebro tiene un modelo de sonido perfecto de la vocal «o»; y todos los sonidos lo bastante aproximados a éste se escuchan como si fueran el mismo, pese a que pueden estar formados por toda una serie de frecuencias e intensidades diferenciadas. Los monos no muestran este efecto, presumiblemente porque carecen de lenguaje; pero juzgan si los sonidos son distintos los unos de los otros basándose únicamente en la frecuencia y la intensidad.

Siempre y cuando no estés intentando aprender un nuevo idioma, esta especialización para tu lengua materna resulta muy útil, ya que te permite entender el habla a través de una variedad de hablantes y condiciones de ruido. La misma palabra producida por dos hablantes distintos puede contener frecuencias e intensidades muy distintas, pero tu cerebro oye los sonidos como si fuesen más parecidos de lo que en realidad son; lo que hace que el mundo sea más fácil de reconocer. Los programas de reconocimiento del habla, en cambio, requieren un entorno libre de ruidos y tienen dificultades para entender el habla producida por más de una persona, porque confían en las simples propiedades físicas de los sonidos del habla.

Ésta es otra de las cosas que el cerebro hace mejor que el ordenador, porque puede entender sin ninguna dificultad palabras de muchos hablantes distintos, pese a las diferencias físicas entre los sonidos. Personalmente, no nos sentiremos impresionados por los ordenadores hasta que empiecen a crear sus propios lenguajes y culturas.

8

Cuestión de gusto (y olfato)

Los animales se cuentan entre las máquinas de detección de sustancias químicas más sofisticadas que hay en el mundo. Somos capaces de distinguir miles de olores, entre ellos (por nombrar unos cuantos) el pan fresco, el pelo recién lavado, las pieles de naranja, los armarios de madera de cedro, la sopa de pollo y un área de servicio de la autopista en verano.

Somos capaces de detectar todos esos olores porque nuestra nariz contiene un vasto repertorio de moléculas que se unen a la sustancia química que produce los olores. Cada una de esas moléculas, llamadas «receptores», tiene sus propias preferencias por las sustancias químicas con las que puede interactuar. Los receptores están hechos de proteínas y residen en tu epitelio olfativo, una membrana en la superficie interior de tu nariz. Hay miles de receptores olfativos, y cualquier olor puede activar hasta varios centenares de tipos de receptores a la vez. Una vez activados, estos receptores transmiten información olfativa a lo largo de las fibras nerviosas en forma de impulsos eléctricos. Cada fibra nerviosa está exactamente asociada con un tipo de receptor y, en con-

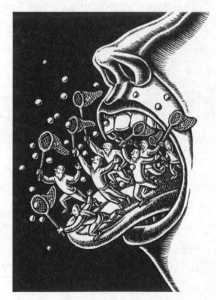

Por qué a los ratones no les gusta la Coca-Cola *light*

 El ingrediente que hace que la Coca-Cola *light* sepa dulce es el aspartamo (NutraSweet), que se une a los receptores de lo dulce en tu lengua. En los humanos, dichos receptores se emparejan no sólo con el azúcar, sino también con el aspartamo, la sacarina y la sucralosa (Splenda). En los ratones, los receptores de lo dulce se emparejan con el azúcar y la sacarina, pero no con el aspartamo. No prefieren el agua con NutraSweet al agua tal cual; lo cual sugiere que, a un ratón, la Coca-Cola *light* no le sabría dulce. (Algo similar ocurre con las hormigas, que no se sienten atraídas por los refrescos bajos en calorías.)

Los científicos han usado la tecnología genética para sustituir el receptor de lo dulce del ratón por el receptor de lo dulce en los humanos. A estos ratones «transgénicos» les gusta el aspartamo y, presumiblemente, la Coca-Cola *light*. Esto confirma que emplean los mismos senderos cerebrales que nosotros para sentir el sabor de las cosas dulces, sólo que con otros receptores.

Si tienes mascotas, hay un experimento que puedes hacer en casa. Descubre hasta qué punto les gustan distintas clases de bebidas dulces: zumo de fruta, refresco azucarado y refresco bajo en calorías. Pon un plato de cada una y fíjate hacia cuál se dirige tu mascota. ¡Puede que te sorprendan los resultados!

secuencia, la información olfativa es transportada por miles de «líneas etiquetadas» que penetran en el interior de tu cerebro. Y éste saca una conclusión a partir de esas líneas etiquetadas, examinando cuáles son las activas.

El sentido del gusto trabaja de la misma manera, con la diferencia de que esos receptores se encuentran en tu lengua. Este sentido es más simple, porque sólo existen cinco sabores básicos: salado, dulce, agrio, amargo y *umami*. («¿Que qué es eso del *umami*?», preguntarás. Es el sabor «completo» que se encuentra en los fiambres o en las setas o en el aditivo alimentario monoglutamato de sodio, MGS. Nuestro idioma no tiene ninguna palabra para designarlo, razón por la cual usamos el término japonés.) Cada uno de esos sabores básicos tiene al menos un receptor, y a veces incluso más. El amargo, por ejemplo, es percibido por docenas de receptores. A medida que iban evolucionando, los animales necesitaron detectar la presencia de sustancias químicas tóxicas en sus entornos. Como los compuestos tóxicos se pueden presentar de muchas formas, era preciso disponer de receptores que pudieran detectarlos todos. Ésa es la razón por la que sentimos una repugnancia natural hacia los sabores amargos. (Sin embargo, este rechazo puede ser anulado por la experiencia: fíjate en la cantidad de gente a la que le encantan la tónica y el café.)

Los olores y los sabores suelen tener fuertes asociaciones emocionales: el pastel de manzana de tu abuela, las hojas quemadas, la camiseta de la persona querida, el café recién hecho por la mañana. También pueden tener asociaciones negativas. El 11 de septiembre de 2001 y los días siguientes, Manhattan quedó impregnado por un olor acre y amargo que nadie que haya estado allí podrá olvidar ja-

---

Platos calientes

¿Por qué cuando una comida está picante decimos que te hace echar fuego por la boca? La sustancia química que confiere esa sazón a los chiles y el tabasco es la capsaicina. Tu cuerpo también utiliza los receptores de capsaicina para detectar las temperaturas elevadas. Ésa es la razón por la que sudas cuando comes algo picante: los receptores disponen de lo que podrías llamar una «línea caliente» con tu cerebro para activar las respuestas que te harán desprender calor. Tienes receptores de capsaicina no sólo en la lengua, sino por todo el cuerpo. Una forma de descubrirlo es cocinar pimientos picantes y luego ponerte las lentillas (¡ay!).

Los alimentos que contienen menta saben a fresco por una razón similar. Recientemente, ha sido identificado un receptor que se une al mentol. Las plantas pueden producir mentol por la misma razón por la que producen capsaicina: para saber mal a los animales.

Convulsión nasal o estornudar al sol

 Hasta una de cada cuatro personas en Estados Unidos estornuda cuando mira una luz brillante. Dicho estornudo por reflejo fótico, que parece no servir absolutamente a ningún propósito biológico, incluso es transmitido de padres a hijos. ¿Por qué tenemos semejante reflejo, y cómo opera?

La función básica del estornudo no puede ser más obvia: expulsa sustancias u objetos que te causan irritación en las vías respiratorias. A diferencia de las toses, los estornudos son acciones estereotipadas; lo cual significa que cada estornudo de una persona individual sigue el mismo curso a lo largo del tiempo, sin ninguna variación. El explosivo inicio de un estornudo expulsa aire a velocidades realmente notables, que pueden llegar a alcanzar los 150 kilómetros por hora. Un acontecimiento sincronizado reproducible tan potente como éste sólo puede ser generado por una respuesta positiva dentro de algún circuito en algún lugar del cerebro, uno que desencadena un súbito pico de actividad, similar a la aparición de los ataques epilépticos. Sin embargo, los estornudos se diferencian en que cuentan con un mecanismo preajustado para finalizar y no se propagan de manera incontrolada a otros movimientos o actividades corporales.

El centro que controla el acto de estornudar está situado en el tronco del encéfalo, en una región llamada «médula lateral»; las lesiones en esta región hacen que nosotros y otros mamíferos perdamos la capacidad de estornudar. Normalmente, el estornudo es provocado por la noticia de que se ha detectado la presencia de un irritante, una vez que ésta llega a la médula lateral a través de los circuitos neuronales. Dicha información viaja desde la nariz hasta el cerebro a través de varios nervios, incluido el trigémino, que transporta una gran variedad de señales procedentes de la cara al interior del tronco del encéfalo. Los nervios trigéminos (tenemos uno a cada lado) son nervios craneales que desempeñan múltiples cometidos: procesan los estímulos nocivos y táctiles originados en la cara y una gran parte del cuero cabelludo, así como en la conjuntiva y la córnea del ojo, e incluso transportan señales motoras en la dirección opuesta fuera del cerebro, entre las que figuran las órdenes de morder, masticar y tragar. Se trata de un nervio realmente concurrido.

Esta acumulación de funciones podría explicar por qué una luz intensa puede inducir erróneamente un estornudo. Una luz intensa, de la que normalmente se esperaría que causase la contracción de la pupila, podría filtrarse también a áreas vecinas, como las fibras nerviosas o las neuronas que transportan las sensaciones que acompañan al cosquilleo en la nariz. La luz intensa no es la única sensación inesperada que se sabe provoca estornudos; el orgasmo masculino también puede desencadenarlos (en el varón que está teniendo el orgasmo).

Fundamentalmente, un fenómeno de cruzamiento de cables como el estornudo por reflejo fótico es posible porque el esquema de circuitos del cerebro es un auténtico amasijo. El tronco del encéfalo contiene circuitos vitales para toda una serie de reflejos y acciones, que incluyen básicamente todo lo que hacen nuestros cuerpos. La disposición básica del tronco del encéfalo quedó establecida en los albores de la historia de los vertebrados. Nuestros trece pares de nervios craneales están presentes en prácticamente todos los demás vertebrados (si bien los peces tienen tres pares adicionales que transportan señales como las procedentes de la línea lateral de receptores a lo largo de sus costados). Los nervios craneales llevan a una compleja red de grupos específicos de neuronas, o núcleos, que básicamente están dispuestos de la misma forma y sirven a funciones similares en prácticamente todos los vertebrados. De hecho, estudiar el sistema nervioso en animales no humanos nos ayuda muchísimo a imaginar cómo funcionan esas estructuras en nuestro cerebro.

La razón por la que las estructuras del tronco del encéfalo son tan similares en todas las especies es que el sistema está estructurado de forma muy intrincada. Desde un punto de vista evolutivo, sería desastroso cambiar algo de sitio en una base tan bien conjuntada. Como sucesores de los primeros vertebrados, que eran mucho más simples, todos nosotros (y al decir «nosotros» nos referimos a los peces, los pájaros, los lagartos y los mamíferos) estamos condenados a utilizar un cableado que puede ser sometido a pequeñas modificaciones, pero nunca alterado esencialmente. Recuerda un poco al sistema de metro de Nueva York: lo que existe hoy pudo ser simple en un momento dado, pero luego se le ha ido añadiendo capa sobre capa de complejidad, y algunas cosas ya no se utilizan; ahora, el núcleo original está lleno de remiendos y añadidos, y no se lo puede sustituir por miedo a que eso haga que todo el sistema se colapse. Francamente, el tronco del encéfalo es el mejor argumento contra el diseño inteligente que uno puede esperar encontrar en la naturaleza.

más. (Algunos olores pueden ser negativos para ciertas personas y positivos para otras. Piensa en cuál era el olor favorito de Kilgore en *Apocalypse Now:* «Adoro el olor del napalm por la mañana. Me recuerda la victoria.») La razón para dichas asociaciones es que la información olfativa dispone de una conexión directa con tu sistema límbico, las estructuras cerebrales que actúan como mediadoras en las respuestas emocionales. Dichas estructuras son capaces de aprender, lo que te permite asociar olores con acontecimientos agradables o peligrosos.

9

Recorrer todas las bases: los sentidos de tu piel

Los carteristas seguramente no dedicarán mucho tiempo a hablar de cómo funciona el cerebro, pero su profesión requiere cierto conocimiento práctico del tema. Una de sus técnicas más comunes requiere dos socios en el delito. Un ladrón choca con la víctima por un lado para distraerla de la mano del otro ladrón, que se lleva algo por el otro lado. Este enfoque funciona porque dirige la atención de la víctima hacia el lado equivocado de su cuerpo, lo que distrae su cerebro de los acontecimientos en el lado donde se lleva a cabo la acción importante.

Las expectativas no sólo influyen sobre nuestras respuestas, sino también sobre lo que sentimos. Tu percepción de las sensaciones corporales surge de la interacción entre dos procesos: las señales procedentes de los receptores que hay en tu cuerpo y la actividad en los senderos cerebrales que controlan tu respuesta a esas señales; incluyendo, en algunos casos, si han llegado a ser transmitidas al cerebro. Esta interacción es evidente no sólo en el robo de carteras, sino también en fenómenos tan diversos como el dolor y las cosquillas.

Naturalmente, los estímulos físicos sobre tu cuerpo también afectan a lo que sientes. Tu piel contiene multitud de receptores distintos; terminaciones nerviosas especializadas que perciben cosas como el contacto, la vibración, la presión, la tensión de la piel, el dolor y la temperatura. El cerebro sabe cuál es la clase de sensor que ha sido activado y si está en el cuerpo, porque cada uno de ellos tiene una «línea privada» que usa picos para transportar únicamente una clase de información hasta el cerebro. Ciertas partes de tu

¿Por qué nadie se puede hacer cosquillas a sí mismo?

 Cuando los médicos examinan a un paciente propenso a sentir cosquillas, ponen la mano de éste sobre las suyas durante el examen para evitar la sensación de cosquilleo. ¿Por qué funciona esto? Porque, por muy cosquilloso que puedas llegar a ser, no puedes hacerte cosquillas a ti mismo. Adelante. Inténtalo. La razón es que, en cada movimiento que haces, una parte de tu cerebro se pone a trabajar a marchas forzadas para predecir cuáles serán las consecuencias sensoriales de ese movimiento. Este sistema mantiene tus sentidos centrados en lo que sucede en el mundo, para que las señales importantes no queden ahogadas por el incesante zumbido de sensaciones causadas por tus propias acciones.

Por ejemplo, mientras escribimos, no somos conscientes de la sensación del asiento y la textura de nuestros calcetines. Pero nos enteraríamos inmediatamente de que nos han tocado el hombro. Si la única información que recibiera tu cerebro fuese pura sensación de contacto, no podrías decir si alguien te ha tocado el hombro o si acabas de tropezar con una pared. Como querrás reaccionar de manera muy distinta a cada una de esas situaciones, es importante que tu cerebro sea capaz de distinguirlas sin esfuerzo.

¿Cómo alcanza ese objetivo tu cerebro? Para estudiarlo, unos científicos londinenses desarrollaron nada menos que una máquina de hacer cosquillas. Cuando una persona aprieta un botón, un brazo robot pasa un trozo de gomaespuma por la mano de esa persona. Si el brazo robot roza la mano tan pronto como la persona aprieta el botón para activarlo, ésta nota la sensación sin sentir cosquillas. Sin embargo, el efecto puede ser realizado introduciendo un retraso entre el acto de apretar el botón y el contacto. Un retraso de cinco décimas de segundo basta para engañar al cerebro haciendo que piense que el contacto del brazo robot ha sido llevado a cabo por otro... y entonces siente cosquillas.

Cinco décimas de segundo no es tiempo suficiente para que percibas ningún lapso de tiempo entre lo que hace tu mano derecha y lo que percibe tu mano izquierda y, sin embargo, es lo bastante largo para provocar una sensación de cosquilleo. Todavía mejor, si el contacto del brazo robot es administrado en una dirección distinta de aquella en la que la persona aprieta el botón, un breve retraso de una décima de segundo ya basta para generar una sensación de cosquilleo. Este experimento demuestra que, al menos cuando de cosquillas se trata, a tu cerebro se le da mejor predecir la consecuencia sensorial de un movimiento en la escala temporal de una fracción de segundo.

Entonces, ¿qué ocurre en el cerebro cuando tratas de hacerte cosquillas a ti mismo? Los mismos científicos recurrieron a las imágenes funcionales del cerebro, una técnica que les permitió observar cómo distintas partes del cerebro responden a distintos tipos de contacto. Escogieron regiones del cerebro que, normalmente, responden a un contacto en el brazo. Dichas regiones reaccionaban cuando los experimentadores administraban el contacto. Sin embargo, si alguien administraba el contacto a su propio cuerpo, la respuesta era mucho más reducida; pero seguía estando ahí. Cuando el lapso de tiempo se incrementaba, lo cual inducía a que el contacto fuera percibido como un cosquilleo, las respuestas del cerebro volvían a crecer. Es como si tu cerebro pudiera bajar el volumen de las sensaciones causadas por tus propios movimientos.

Esto significa que tiene que haber alguna región cerebral capaz de generar una señal que distinga tu propio contacto del de otra persona. Los experimentadores encontraron una: el cerebelo. Esta parte, cuyo nombre significa «cerebro pequeño», ocupa aproximadamente una octava parte del tamaño total de tu cerebro —poco menos que tu puño— y pesa alrededor de ciento cincuenta gramos. También es la mejor candidata de los científicos a la parte que predice las consecuencias sensoriales de tus propias acciones.

El cerebelo es un emplazamiento ideal para distinguir las sensaciones esperadas de las inesperadas. Recibe información sensorial de prácticamente todo tipo, incluidos el tacto, la vista, el oído y el gusto. Además, recibe una copia de todas las órdenes de movimiento enviadas por los centros motores del cerebro. Por esta razón, se ha sugerido que el cerebelo utiliza las órdenes de movimiento para formular una predicción de las consecuencias esperadas de cada movimiento. Si esta predicción se corresponde con la información sensorial disponible, el cerebro sabe que no supone ningún riesgo ignorar la sensación porque ésta carece de importancia. Pero, si la realidad no se corresponde con la predicción, es que algo extraño ha sucedido... y quizá deberías prestarle atención.

cuerpo son más sensibles que otras. La densidad más elevada de receptores del contacto se encuentra en las yemas de los dedos y en la cara, que ocupa el segundo puesto con escasa diferencia. Por ejemplo, tus dedos contienen muchos más receptores que tus codos, razón por la cual no exploras las cosas con el codo cuando intentas determinar qué son.

Otro juego de receptores en tus músculos y tus articulaciones te suministra información acerca del posicionamiento espacial de tu cuerpo y la tensión en tus músculos. Este sistema es lo que te permite ser consciente de la posición de tu brazo con los ojos cerrados. Cuando estos sensores quedan dañados, la gente descubre que todas las clases de movimiento se vuelven muy difíciles, y tiene que moverse con mucho cuidado para hacer las cosas sin cometer errores.

Como en otros sistemas sensoriales, las áreas del cerebro que analizan las informaciones proporcionadas por el contacto se encuentran organizadas en mapas, en este caso, mapas de la superficie del cuerpo. El tamaño de una determinada área cerebral depende del número de receptores en cada parte del cuerpo, más que del tamaño de esa parte del cuerpo; por lo que la parte del mapa cerebral que recibe información de la cara es más grande que el área que recibe información de torso y piernas. Asimismo, en el cerebro de

¿La acupuntura funciona?

 Que te claven agujas en la piel no suena demasiado divertido, pero mucha gente jura que a ellos les va de maravilla. El uso terapéutico de agujas, llamado «acupuntura», es rutinario en países asiáticos y se ha ido haciendo cada vez más común en Occidente durante las tres últimas décadas. Alrededor de un 3% de la población de Estados Unidos y el 21% de los franceses la han probado, y alrededor del 25% de los médicos en Estados Unidos y el Reino Unido aprueban el uso de la acupuntura para ciertos trastornos.

Todavía no disponemos de evidencias científicas irrebatibles de que la acupuntura sea beneficiosa médicamente, y el tema ha generado gran polémica. Muchos de los estudios existentes han sido realizados y evaluados por personas con intereses encontrados, lo que dificulta saber a quién hacer caso. A juzgar por la literatura científica sobre el tema que hemos leído, todo apunta a que la acupuntura es más efectiva que la ausencia de tratamiento con ciertos trastornos, especialmente el dolor crónico y las náuseas. Para la mayoría de la gente, la acupuntura parece resultar aproximadamente igual de efectiva que los tratamientos convencionales para dichos trastornos, pero hay poca o nula evidencia de que resulte efectiva para otros, como los dolores de cabeza o la adicción a las drogas.

Los practicantes tradicionales creen que la acupuntura mejora el flujo del *qi* —una palabra china cuya traducción aproximada sería «energía»— que discurre a través de ciertos senderos dentro del cuerpo. Para desbloquear el flujo de energía, se insertan agujas en ellos; si bien distintos autores discrepan sobre los lugares exactos, el número de senderos y los puntos de acupuntura. Los intentos de identificar dichos senderos en términos de electricidad corporal y otras propiedades físicas del cuerpo tampoco han tenido éxito.

Sin embargo, no cabe duda de que la acupuntura surte cierto efecto sobre el cerebro. Las imágenes funcionales de la actividad cerebral muestran que la acupuntura tiene efectos específicos sobre determinadas áreas del cerebro. Por ejemplo, se dice que un punto de acupuntura en el pie tradicionalmente relacionado con la visión activa el córtex visual del cerebro, mientras que la estimulación en otras áreas cercanas no lo hace. Pero un estudio complementario comunicó un resultado distinto, lo cual creó una considerable incertidumbre en lo tocante a dicha conclusión. Las áreas del cerebro que controlan el dolor son activadas por la acupuntura, pero también por la expectativa del alivio del dolor o por la falsa acupuntura practicada en zonas incorrectas.

Esto crea un serio problema a la hora de evaluar cualquier tratamiento médico (y, en especial, la acupuntura): muchos pacientes se sienten mejor sólo porque alguien presta atención a su problema. Ésa es la razón por la que, en numerosos estudios, más de la mitad de los pacientes mejoran cuando se les administran píldoras con azúcar. Los científicos resuelven este problema llevando a cabo los llamados «estudios doble ciego», en los que ni pacientes ni facultativo saben quién recibe el tratamiento real y quién el falso.

Naturalmente, cuesta mucho mantener en la incertidumbre a los pacientes cuando el tratamiento consiste en que les claven agujas. Ciertos estudios han recurrido a la «falsa acupuntura», insertando las agujas en lugares incorrectos. La falsa acupuntura suele resultar tan efectiva como la real, pero no es difícil suponer que esta clase de acupuntura fingida podría tener algún efecto terapeútico por sí sola. Algunos estudios han empleado una sonda telescópica que se retrae a medida que se acerca a la piel, lo que produce una sensación similar a la causada por una aguja en las personas que no han experimentado la auténtica acupuntura. Esto resuelve la mitad del problema, pero los practicantes de la acupuntura siguen sin saber si están administrando tratamientos reales o falsos, lo cual puede inducirlos a comportarse de manera distinta con cada grupo de pacientes y, sin duda, influir sobre sus respuestas. Los estudios con sonda telescópica han dado resultados confusos: la mayoría de ellos muestran que la acupuntura real y la falsa resultan igual de efectivas, aunque una considerable minoría de los pacientes encuentra más efectiva la acupuntura real.

En última instancia, a ti probablemente te dé igual cuál sea la razón por la que te encuentras mejor, con tal de que estés mejor, y no hay ninguna razón por la que no debas probar la acupuntura si estás interesado. En manos de un practicante cualificado, es muy segura y sólo causa problemas serios en menos de 1 de cada 2.000 pacientes. Y, aun cuando muchos de los detalles del proceso acaben resultando ser mera fantasía, como esperamos que se acabará confirmando, la acupuntura parece tener un innegable valor práctico para muchas personas; siempre que se la utilice para los trastornos con los que resulta efectiva.

un gato, una gran área está ocupada por neuronas que responden a los bigotes.

Las respuestas a los estímulos dolorosos son transportadas por distintos receptores y analizadas por áreas del cerebro distintas de las que se encargan de gestionar la información concerniente al contacto regular. Una familia de receptores del dolor detecta el calor y el frío, mientras que otra detecta el contacto doloroso.

Si alguna vez has tocado una estufa caliente, sabrás que muchos receptores del dolor pueden activar senderos reflejos en la médula espinal que te permiten dar una respuesta muy rápida a sensaciones que indican la posibilidad de un peligro inmediato para tu cuerpo. Sin embargo, esos reflejos —y todas las respuestas al dolor— están muy influenciados por la interpretación de la situación dolorosa que haga la persona. De hecho, hay todo un conjunto de áreas del cerebro que influyen sobre la actividad en las partes de tu cuerpo que perciben directamente el dolor, basándose en el contexto y las expectativas. Este efecto puede llegar a ser lo bastante poderoso para que un soldado herido de gravedad en el campo de batalla no sienta prácticamente dolor alguno. Más habitualmente, todos hemos visto el efecto contrario; la súbita intensificación del dolor en un niño pequeño cuando se le acerca su madre.

La predicción es difícil, sobre todo la del futuro.

John von Neumann

Dolor reflejo

 ¿Has tenido alguna vez una indigestión que te hacía sentir como si te doliera el pecho? Esta clase de confusión ocurre porque todos los nervios que perciben dolor en los órganos internos también transportan información procedente de la piel, lo que hace que el cerebro no tenga muy claro qué es lo que va mal. El fenómeno del dolor percibido en un punto distinto a su verdadero origen se conoce con el nombre de dolor reflejo.

Por esta razón, los médicos saben que, cuando los pacientes se quejan de dolor en el brazo izquierdo, puede ser indicador de un infarto, porque las sensaciones procedentes del corazón y del brazo izquierdo son transportadas por el mismo nervio. De modo semejante, el dolor causado por una piedra en el riñón puede hacer que sientas como si te doliera el estómago, el dolor de la vesícula biliar puede sentirse cerca del esternón, y el dolor de la apendicitis puede dolerte cerca del ombligo. Si sientes dolor persistente sin causa aparente en cualquiera de esas áreas (y, especialmente, el brazo izquierdo), deberías acudir a un médico lo antes posible.

A estas respuestas se las suele llamar psicológicas, aunque eso no significa que no sean reales: las expectativas y las creencias de la gente generan cambios físicos en el cerebro. Si a una persona se le da una píldora o se le pone una inyección que no contiene ningún medicamento activo, y al mismo tiempo se le dice que aliviará el dolor que siente, la actividad aumentará en aquellas partes del cerebro que tienen que ver con la modulación del dolor. Cuando a una persona se le dice que una pomada reducirá el dolor de la descarga eléctrica o el estímulo calórico que está a punto de recibir, su cerebro no sólo muestra un incremento de actividad en las regiones que controlan el dolor: también muestra una reducción de la actividad en las partes que reciben las señales de dolor. Además, el alivio del dolor provocado por una sustancia inactiva descrita como un medicamento efectivo puede ser evitado por un auténtico medicamento que bloquea la acción de la morfina en su receptor. A partir de estos resultados, podemos concluir que, cuando a los pacientes se les dice que su dolor se verá reducido, el cerebro responde liberando sustancias químicas naturales que reducen el dolor, a las que llamamos endorfinas. Incluso una inyección de agua con sal, el tratamiento más inocuo, puede desencadenar el alivio del dolor y, también, la liberación de endorfinas.

Las endorfinas actúan sobre los mismos receptores que responden a la morfina y la heroína. La existencia de endorfinas es la razón por la que tu cuerpo tiene receptores que responden a esas drogas. Las endorfinas pueden permitir que se experimente un alivio del dolor cuando el cerebro decide que es más importante para el cuerpo ser capaz de permanecer activo (tal vez para escapar de un peligro continuado) que proteger la afección de la posibilidad de que se produzcan nuevos daños.

Científicos en Stanford han tratado de usar las imágenes funcionales del cerebro para enseñar a la gente a activar las áreas de sus cerebros que controlan el dolor. Si funciona, esta técnica podría permitir a las personas que sufren dolores crónicos reducir voluntariamente su malestar sin necesidad de falsas píldoras, cremas o inyecciones. Los científicos utilizan las imágenes funcionales para detectar la actividad cerebral en la región del cerebro elegida como objetivo. La confirmación de que la actividad cerebral deseada ha sido alcanzada la proporciona un ordenador. Mediante esta técnica, los sujetos son capaces de adquirir control voluntario sobre la actividad en un área de sus cerebros; aunque todavía está por ver si este enfoque conducirá al alivio del dolor en pacientes.

10

Desarrollar grandes cerebros: la infancia

Cuando éramos pequeños, nuestros padres trataban de evitar que nos hiciéramos daño y no nos dejaban jugar con las tijeras. Por lo que podemos recordar, ya sólo eso les daba bastante trabajo. Hoy en día, la vida de una familia de clase media se ha vuelto mucho más complicada. Las actividades cotidianas son un torbellino de tarjetas que visualizar y aerobic para bebés. Las revistas te aseguran que puedes incrementar la inteligencia de tus hijos haciendo que oigan música de Mozart cuando son pequeños, o incluso antes de que nazcan. A los padres les preocupa que, si su hijita no va a la guardería adecuada, luego nunca podrá acceder a la universidad. Cada pocos años, otro experto les crea nuevos motivos de ansiedad explicando cómo las experiencias infantiles en los primeros años de vida determinan la inteligencia y el éxito más adelante.

Nuestros padres tenían una filosofía muy distinta sobre cómo había que criar a los hijos. Sam se tiraba un montón de horas al día viendo la televisión, y todavía puede recitarte de memoria el argumento de prácticamente cada episodio de *Star Trek* y *La tribu de los Brady*. Sandra ya había cumplido los cinco cuando sus amistades escolares la hicieron partícipe del secreto de que existían otros canales en la tele aparte del PBS, donde sólo se emitían programas considerados de interés público. Como sus padres nunca veían ningún otro canal, Sara pasó los primeros años de su existencia en compañía de *Barrio Sésamo* y otros programas concebidos por expertos con el objetivo de que fuesen lo más educativos posible. Sin embargo, Sam parece haber sabido compensar cualquier posible daño

Mito: Escuchar música de Mozart vuelve más inteligentes a los bebés

 Uno de los mitos del cerebro más persistentes es que ponerles música clásica a los bebés y a los niños pequeños hace que se vuelvan más inteligentes. No hay ninguna evidencia científica para esta idea, pero ha demostrado ser asombrosamente difícil de erradicar, probablemente porque ofrece a los padres una manera muy simple de vérselas con la ansiedad que les inspira el desarrollo intelectual de sus hijos; y, naturalmente, porque quienes venden música clásica para niños la fomentan siempre que se les presenta la ocasión.

Este mito se inició en 1993 con el informe publicado en la revista científica *Nature* en el que se afirmaba que escuchar una sonata de Mozart mejoraba el rendimiento de los universitarios en una compleja labor de razonamiento espacial. Los investigadores presentaban el efecto como equivalente a un aumento de entre 8 y 9 puntos en la escala del coeficiente intelectual Stanford-Binet. Dicho resultado tardó lo suyo en fascinar a los periodistas, quienes lo mencionaron como cualquier otro trabajo científico publicado en la misma revista ese año.

La idea cobró alas en la imaginación popular después de la publicación, en 1997, de *El efecto Mozart* de Don Campbell, quien combinó el misticismo con unos resultados científicos interpretados muy libremente para producir un gran éxito de ventas que influiría en la política. Al año siguiente, el gobernador de Georgia, Zell Miller, le puso el *Himno a la alegría* a la legislatura estatal y pidió que se aprobara una partida presupuestaria adicional de 105.000 dólares para remitir cedés con música clásica a quienes acabaran de ser padres en todo el estado. (La pieza clásica elegida por Miller es de Beethoven, no de Mozart, pero ése fue el menor de sus errores.) Aparentemente, la música no volvió más inteligentes a los legisladores, porque aprobaron la petición del gobernador. Se les pasó por alto el hecho de que no tenía ningún sentido argumentar que la música incrementaría la inteligencia de los bebés para el resto de sus vidas basándose en un efecto que dura menos de 15 minutos en los adultos. Los legisladores de Florida no tardaron en seguir el ejemplo dado por Georgia, y pidieron a las guarderías subvencionadas por el estado que pusieran música clásica cada día.

A estas alturas, la idea de que la música clásica vuelve más inteligentes a los bebés ha sido repetida incontables veces en periódicos, revistas y libros. La idea se ha difundido en docenas de países de todo el mundo. Al volver a contarlas, las historias sobre el efecto Mozart han reemplazado sucesivamente a los universitarios por niños o bebés. Algunos periodistas dan por sentado que el trabajo llevado a cabo con universitarios también puede ser aplicado a los bebés, mientras que otros sencillamente desconocen los hechos que condicionaron la investigación original.

En 1999, otro grupo de científicos repitió el experimento original con universitarios y se encontró con que no podían repetir los resultados. Carece de importancia, sin embargo, que el primer informe hubiera sido incorrecto. Lo importante es que nadie ha puesto a prueba la idea con bebés. Nunca.

Si bien ponerles música clásica a tus críos no es probable que vaya a mejorar el desarrollo de su cerebro, hay otra cosa que sí lo hará: hacer que toquen música para ti. Los niños que aprenden a tocar un instrumento musical tienen mejores habilidades de razonamiento espacial que los que no reciben clases de música, quizá porque la música y el razonamiento espacial son procesados por sistemas cerebrales similares. Llenar de música tu casa puede mejorar la inteligencia de tus hijos, con tal de que no sean meros consumidores pasivos de la música, sino productores activos de ella.

cerebral y, de hecho, en su calidad de profesor de universidad, ahora incluso es responsable de educar mentes juveniles.

Es cierto que el entorno de los primeros años de su existencia influye mucho sobre la manera en que se desarrolla el cerebro de un niño, pero hoy en día rara vez tendrás que preocuparte por que tu hijo no esté recibiendo suficiente estimulación. No cabe duda de que las privaciones padecidas durante la infancia pueden interferir en el desarrollo cerebral. Para empezar con un ejemplo extremo, los niños que pasaron sus primeros años de vida en orfanatos rumanos suelen tener problemas el resto de su existencia. Pero a esos pobres críos se los dejaba abandonados durante años en una cuna, donde eran visitados únicamente por un cuidador que se pasaba por allí de vez en cuando para cambiarles los pañales. A menos que tengas a tu hijo encerrado en un armario (en cuyo caso, deberías dejar de hacerlo inmediatamente), no hace falta que te preocupes por cómo esa clase de privación aguda afectará a su desarrollo cerebral.

Probablemente estás más interesado en cómo crece el cerebro bajo circunstancias normales. Las primeras etapas del desarrollo cerebral no requieren ninguna clase de experiencia; lo cual es una suerte, dado que tienen lugar principalmente dentro del útero materno, donde tampoco es que haya mucha estimulación disponible que digamos. Ése es el momento en que se forman las distintas áreas del cerebro, cuando las neuronas nacen y emigran a sus posiciones definitivas y cuando los axones van creciendo hacia sus objetivos prefijados. Si dicha parte del proceso acaba saliendo mal, debido a la presencia de drogas o toxinas en el cuerpo de la madre o a mutaciones genéticas en el feto, suelen darse graves defectos de nacimiento. El desarrollo cerebral prenatal basta para permitir muchas conductas básicas, como la de retirarte de un objeto que se te está aproximando rápidamente.

Nada más nacer, la experiencia sensorial empieza a cobrar importancia para algunos aspectos del desarrollo cerebral en el bebé. En cualquier entorno normal, sin embargo, lo más probable es que la mayor parte de la experiencia necesaria sea accesible fácilmente. Por ejemplo, como vimos en la historia de Mike May (*véase* Capítulo 6), el sistema visual no se puede desarrollar correctamente sin una visión normal; pero dicha experiencia tiene lugar sin ninguna dificultad en cualquier persona que pueda ver. No tenemos que enviar a nuestros hijos a clases de enriquecimiento visual para asegurar que esas partes del cerebro lleguen a desarrollarse correctamente. Los científicos llaman a este tipo de dependencia del entorno «desarrollo de expectativa y experiencia», y es con mucho la manera más habitual de que nuestras experiencias influyan sobre cómo crecen nuestros cerebros. Asimismo, la experiencia sensorial disponible fácilmente es necesaria para el correcto desarrollo de la localización de los sonidos y para que surja el vínculo entre madre e hijo.

La experiencia sensorial opera influyendo sobre qué neuronas reciben sinapsis de los axones en proceso de crecimiento. Se podría pensar que los patrones de actividad en los axones que están creciendo determinarían dónde se forman nuevas sinapsis, pero el cerebro no sigue este enfoque. Lo que hace es producir un número inmenso de conexiones relativamente no-selectivas entre neuronas en las áreas del cerebro adecuadas durante los primeros momentos del desarrollo, y luego elimina las que no están siendo lo bastante usadas durante los dos primeros años de la existencia (en las personas). Si el cerebro fuera un rosal, la experiencia de las primeras etapas de la vida sería el sistema de poda, no el fertilizante.

El patrón de expectativa y experiencia también es importante para el desarrollo de la inteligencia de un niño, como sabemos por las consecuencias que causa un entorno seriamente privado de estímulos. Hay evidencias de que la capacidad de aprender o razonar también puede ser incrementada por la exposición a actividades intelectualmente estimulantes (lo que solemos llamar «enriquecimiento»), pero cuesta responder hasta qué punto exactamente. Un elemento clave puede ser la diferencia entre aprender una habilidad activa como tocar un instrumento musical, y mantener una actitud pasiva como escuchar música (*véase* recuadro).

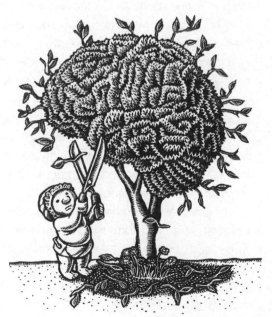

A lo largo de las últimas décadas, el coeficiente intelectual medio (CI) en muchos países se ha incrementado, como expondremos con más detalle en el Capítulo 15, lo que sugiere que algo en la vida mo-

Estrés infantil y vulnerabilidad adulta

 Algunas personas simplemente parecen tener más aguante mental que otras. Parte de la explicación podría ser que las primeras experiencias pueden incrementar la receptividad del sistema de la hormona del estrés en la edad adulta. Esto es cierto para las ratas y, probablemente, también para las personas.

En los roedores, el estrés durante el embarazo incrementa la liberación de hormonas glucocorticoides en la madre. La exposición a esta hormona puede hacer que luego sus crías padezcan toda una serie de problemas. Lo habitual es que nazcan siendo más pequeñas de lo normal y que, cuando alcancen la edad adulta, sean más vulnerables a la hipertensión y al exceso de glucosa en la sangre. Durante la edad adulta, los animales que han sufrido estrés prenatal también muestran más conductas de ansiedad y capacidad reducida para aprender en las pruebas de laboratorio.

La buena noticia es que recibir una gran cantidad de cuidados maternos en las primeras semanas de vida puede hacer que las ratas sean menos vulnerables al estrés de adultas. Ser limpiadas por la madre incrementa permanentemente la expresión de los genes que codifican los receptores de la hormona del estrés en el hipocampo. Como la activación de esos receptores reduce la liberación de las hormonas del estrés, tener una buena madre hace que las crías de rata sean menos asustadizas una vez han crecido, porque reduce la receptividad de su sistema de la hormona del estrés. La falta de cuidados maternos causa los efectos contrarios. En la edad adulta, incrementar la expresión de estos genes invierte los efectos hormonales de la falta de cuidados maternos. El que la madre asee a sus crías también influye tanto sobre los neurotransmisores del sistema excitatorio como sobre los del sistema inhibitorio en la edad adulta.

El estrés a temprana edad también puede incrementar la vulnerabilidad en los humanos. El maltrato, la falta de atenciones o una disciplina severa pero mal concebida durante los primeros años de la existencia incrementan el riesgo de sufrir depresión, ansiedad, obesidad, diabetes, hipertensión y enfermedades cardiovasculares. También refuerzan la receptividad del sistema de la hormona del estrés en la edad adulta. Sin embargo, los científicos no saben si el estrés causa en los cerebros de las personas cambios similares a los descubiertos en los de las ratas, y tampoco saben si dichos efectos podrían ser revertidos mediante tratamientos farmacológicos en la edad adulta.

derna está produciendo niños que obtienen mejores resultados en estas pruebas que sus padres. Este efecto es más marcado entre los niños con un CI inferior a la media. No sabemos qué parte de estos incrementos en el CI de los niños es atribuible a cambios en su entorno intelectual antes que a la mejora en la atención prenatal y la nutrición durante los primeros años de vida; aunque apostaríamos a que todos estos factores son importantes.

La evidencia de que el «enriquecimiento del entorno» ayuda al cerebro procede, principalmente, de la investigación con animales de laboratorio. Por ejemplo, muchas de las características del cerebro se ven afectadas si a los ratones se los mantiene en compañía de otros congéneres y rodeados de una serie de juguetes que se cambian regularmente. Esos ratones de «entorno enriquecido» tienen los cerebros y las neuronas más grandes, más células gliales y más sinapsis que aquellos a los que se mantiene solos dentro de jaulas estándar. Los animales enriquecidos también aprenden más fácilmente en una serie de tareas. Dichos cambios aparecen no sólo en los ratones jóvenes, sino también en los adultos y los ancianos.

Desgraciadamente, es ambiguo cómo aplicar este trabajo a las personas; no sabemos hasta qué punto estamos enriquecidos en comparación con los animales de laboratorio. Los animales de laboratorio viven en un entorno muy simplificado: rara vez tienen que desplazarse por lugares complicados en busca de comida o para encontrar a alguien con quien aparearse, y ciertamente no tienen que escribir trabajos universitarios. En la práctica, entonces, esta investigación no es tanto acerca de los efectos positivos del enriquecimiento en el cerebro como de los efectos negativos de la privación en el típico entorno de laboratorio. Toda esta información, tomada en conjunto, sugiere que la sociedad debería obtener unos beneficios muy considerables de su inversión si centrase sus esfuerzos en enriquecer las vidas de los niños relativamente privados de estímulos. Nuevas mejoras para niños que ya son afortunados seguramente harán poco o ningún bien.

Como veremos en el capítulo siguiente, algunos aspectos del desarrollo cerebral requieren tipos de experiencia muy concretos. El cerebro no es una página en blanco, sino que en ciertos momentos está predispuesto a aprender determinados tipos de información, como el lenguaje. Por ejemplo, si bien la lengua que hablas de adulto dependerá de si las personas que hay a tu alrededor se comunican en swahili o en sueco, tu cerebro está preparado para aprender el lenguaje a una edad temprana. Por otro lado, la lengua que te venga a la mente con más facilidad dependerá de cuándo aprendiste las lenguas que conoces. Tus genes determinan cómo interactúas con tu entorno, e incluso lo que aprendes de él.

11

Crecimiento: los períodos sensibles y el lenguaje

Los bebés son máquinas de aprender increíbles. Probablemente ya sabrás que hay algo único en los cerebros jóvenes cuando se trata de aprender. Pero lo que quizá no sepas es que sus habilidades son muy concretas. Los bebés no son esponjas a la espera de empaparse de todo lo que les ocurra. Vienen al mundo con cerebros que están preparados para buscar ciertas experiencias en determinadas fases del desarrollo.

Esos primeros años de la existencia en que la experiencia (o la privación de ella) tiene un efecto marcado o permanente sobre el cerebro son conocidos como «períodos sensibles» en el desarrollo. Son la razón por la que las personas que aprenden un idioma cuando ya son adultos tienen más probabilidades de hablarlo con acento. Las personas todavía pueden aprender cuando se han desarrollado, naturalmente, pero aprenden algunas cosas más despacio, no tan a fondo, o de manera distinta. Por otra parte, muchos tipos de aprendizaje son igual de fáciles a lo largo de la existencia. No hay ninguna ventaja especial en el hecho de ser joven si quieres estudiar Derecho o aprender a hacer punto, pero, si quieres llegar a esquiar realmente bien o hablar un idioma igual que un nativo, es mejor aprender de niño.

En ciertos aspectos, los períodos sensibles pueden ser vistos como análogos a la construcción de una casa. Cuando construyes una casa, decides cómo vas a disponer los dormitorios. Una vez que la casa está construida, los cambios resultan mucho más difíciles. Puedes cambiar los muebles de sitio o sustituirlos por otros,

¿El lenguaje es innato?

 No podemos negar que el aprendizaje es importante para el desarrollo del lenguaje —después de todo, los bebés chinos adoptados por padres estadounidenses crecen hablando inglés, no mandarín—, pero una importante teoría sugiere que el cerebro no es infinitamente flexible respecto a los tipos de lenguaje que puede aprender. En lugar de ello, parecemos estar limitados por un conjunto de reglas básicas para construir frases que el cerebro lleva incorporado.

La idea de la «gramática universal» fue propuesta en su día por el lingüista Noam Chomsky, quien dijo que las lenguas del mundo no son tan diferentes como parece a primera vista. El vocabulario puede variar enormemente de una lengua a otra, pero existe un número relativamente limitado de posibilidades respecto a cómo pueden construirse las frases. En esta teoría, se piensa que la gramática de una lengua determinada viene definida por unas cuantas docenas de parámetros; por ejemplo si los adjetivos se anteponen al sustantivo, que es lo que se hace en el inglés, o se posponen, como en español. Parece que los bebés aprendan a accionar interruptores para distintos parámetros en sus cerebros, con lo que obtienen toda la complejidad gramatical de una lengua a partir de un reducido número de instrucciones sencillas.

Los lingüistas han buscado entre las lenguas del mundo, catalogando diferencias y similitudes en un intento de definir dichos parámetros. Es un trabajo lento, en parte porque muchas lenguas están emparentadas entre sí. Por ejemplo, el francés, el español y el italiano son lenguas románicas, y sus vocabularios suenan de modo parecido porque las tres descienden de la misma lengua. Por esta razón, los mejores ejemplos para comprobar la hipótesis de la gramática universal son las lenguas menos corrientes, que no están tan emparentadas con las grandes lenguas del mundo y que, precisamente por ello, a los científicos les cuesta más identificar y aprender.

Un argumento bastante más solvente en favor de esta idea lo proporcionan los intentos de enseñar lenguajes artificiales que no siguen las reglas de la gramática universal. Por ejemplo, varios educadores de niños sordos han tratado de inventar nuevos lenguajes de signos más próximos al habla local. La mayoría de dichos lenguajes no siguen las reglas de la gramática universal, y los niños a los que se intenta enseñar no los aprenden bien. Lo que sucede habitualmente en estos casos es que los niños aprenden el lenguaje «incorrectamente», cambiándolo para adaptarlo a la gramática universal en lugar de aceptar el lenguaje artificial tal como les es presentado por el profesor.

pero a menos que estés dispuesto a invertir una tremenda cantidad de trabajo en ello, la disposición general ya está fijada.

De la misma manera, los mecanismos de acuerdo con los cuales están construidos los cerebros permiten que ciertos cambios resulten mucho más fáciles de llevar a cabo durante las primeras fases de la existencia. Aunque cuesta menos aprender en los períodos sensibles, muchas veces también se puede hacer más adelante. Algunas personas llegan a dominar un segundo lenguaje hasta tal punto que no se los puede distinguir de los hablantes nativos. Sin embargo, aun cuando un lenguaje aprendido en la edad adulta es hablado con absoluta fluidez, las imágenes funcionales del cerebro muestran que, cuando esa persona oye sus dos lenguas, el cerebro mantiene activas otras áreas cercanas. Así que los niños no sólo son más eficientes que los adultos a la hora de aprender un lenguaje, sino que además también pueden utilizar una sola área de sus cerebros para acomodar en ella varios lenguajes. Es como si, para dar cabida a la adquisición de un nuevo lenguaje, los adultos necesitaran recurrir al cuarto de los trastos.

¿Cuándo finaliza el período sensible para aprender una lengua materna? Esta pregunta no tiene fácil respuesta, porque casi todos los niños se ven expuestos al lenguaje a muy temprana edad; si no ha sido así, lo habitual es que tampoco hayan recibido el trato adecuado en otros aspectos. Sin embargo, un grupo —el de los niños sordos— suele aprender el lenguaje bastante tarde en el contexto de una existencia normal, y por esa razón ha sido muy estudiado.

Los niños sordos suelen tener padres oyentes, y algunos de esos niños no empiezan a aprender el lenguaje de signos hasta que

¿La música es como un lenguaje?

 Tanto la música como el lenguaje llevan aparejados elementos dispuestos en secuencias que siguen ciertas reglas, pese a ser variables. Dicha similitud indujo a los científicos a preguntarse si no sería posible que el cerebro procesara de la misma manera esos dos tipos de información. De momento, todavía no se ha llegado a ningún veredicto. Las imágenes funcionales del cerebro demuestran que todo aquello en lo que esté presente la armonía musical activa el área de Broca, necesaria para el habla, y un área correspondiente en el hemisferio derecho del cerebro importante para la prosodia (la entonación, que indica a un oyente cuándo estás siendo sarcástico, por ejemplo, o cuándo formulas una pregunta). Además, tanto la música como el lenguaje activan áreas cerebrales relacionadas con la sincronización de la información auditiva, lo cual tiene bastante sentido. Sin embargo, quienes han padecido daños en el cerebro pueden perder sus capacidades lingüísticas sin que por ello pierdan las capacidades musicales, y viceversa, lo que significa que esas dos funciones se encuentran al menos parcialmente separadas dentro del cerebro. Naturalmente, no hay razón para que esta pregunta deba tener una respuesta afirmativa o negativa: es probable que acabemos descubriendo que las áreas del cerebro encargadas de procesar el lenguaje se superponen parcial y no completamente con las encargadas de procesar la música.

Si este punto de vista es correcto, podría proporcionar una base científica para la muy extendida creencia de que llegar a adquirir grandes capacidades musicales requiere empezar a aprenderlas en la infancia. Ciertos aspectos del desarrollo auditivo se ven beneficiados por la experiencia. En los animales de laboratorio, el mapa de la frecuencia de sonido en el área de la corteza cerebral que se encarga de la audición no podrá llegar a desarrollarse adecuadamente si no ha habido una experiencia normal con el sonido durante un período sensible. Los registros del potencial eléctrico del encéfalo en los seres humanos indican que las respuestas a los tonos no llegan a ser las propias de una persona adulta hasta los 12 años. En los sordos, incluso cuando disponen de un implante coclear (*véase* Capítulo 7), dichas respuestas continúan siendo anormales en la edad adulta. La percepción del timbre depende de la experiencia auditiva y se aprende más fácilmente durante la infancia. El desarrollo del timbre absoluto (la capacidad de reconocer los distintos tonos de manera aislada, en lugar de por la relación que guardan con otras notas) parece requerir tanto una predisposición genética como haber tenido una experiencia auditiva relevante antes de los 6 años.

¿Existe un período sensible para el aprendizaje musical en particular? Los cerebros de los músicos profesionales adultos difieren anatómicamente de los de los adultos que no son músicos, pero esto podría deberse a diferencias genéticas. Los cerebros de los músicos también muestran distintas respuestas eléctricas, que son propias de las notas producidas por los instrumentos que tocan y que, por lo tanto, seguramente resultan de la experiencia. Algunos de dichos efectos son más pronunciados en músicos que empezaron a aprender pronto en la infancia, antes de los 10 años, y se piensa que la estructura armónica se aprende con más facilidad antes de los 8 años. A la vista de todo esto, se diría que podemos estar seguros de que aprender música a temprana edad resulta más efectivo; pero está claro que hacerlo más tarde también surte cierto efecto. Stravinski, por ejemplo, estudió Derecho y no empezó a componer hasta los veinte.

van a la escuela. A unos pocos incluso se les diagnostica algún tipo de retraso mental y no llegan a conocer a nadie que sepa utilizar el lenguaje de signos hasta la adolescencia o pasada ésta. Cuando aprenden el lenguaje de signos, utilizan más a menudo los gestos que los sonidos. Pese a la frecuencia con que recurre a los gestos, el lenguaje de signos es muy comparable al lenguaje hablado. Cuenta con una gramática; por ejemplo, el lenguaje de signos americano dispone de una gramática similar no a la del inglés hablado, sino a la del navajo. Al igual que el lenguaje hablado, el «lenguaje de signos» no es un solo lenguaje, sino un grupo de ellos muy distintos entre sí. Una persona sorda del Reino Unido lo tendrá bastante difácil a la hora de comunicarse con una persona sorda de Estados Unidos, a menos que una de las dos haya aprendido previamente el lenguaje de signos que utiliza la otra, pese a que ambos países comparten el mismo lenguaje hablado.

Los lenguajes de signos y los lenguajes hablados utilizan mecanismos cerebrales similares. Ambos emplean las mismas áreas del lenguaje en el hemisferio izquierdo (en el 97% de las personas): el área de Broca en el lóbulo frontal del córtex, para la producción del lenguaje, y el área de Wernicke en el lóbulo temporal, para la comprensión del lenguaje. Los lenguajes de signos también tienen un tono emocional, que en el habla se llama prosodia. La prosodia es generada en regiones del hemisferio cerebral derecho que se corresponden con las áreas de Broca y Wernicke. Ambos tipos de lenguaje siguen reglas gramaticales similares (*véase* recuadro), e incluso existe un lenguaje de signos equivalente a un «acento» en el que los hablantes que carecen de fluidez nunca consiguen hacer del todo bien las formas que se trazan con los dedos y con la mano. Así pues, los lenguajes de signos y los lenguajes hablados presentan profundas similitudes, lo cual sugiere que los estudios con personas que han aprendido el lenguaje de signos bastante tarde en la vida pueden proporcionarnos información válida sobre los límites del aprendizaje del lenguaje hablado.

Elissa Newport, de la Universidad de Rochester, y su marido Ted Supalla, que es sordo, han estudiado el desarrollo del lenguaje de signos en estos hablantes tardíos. Newport tiene una audición normal, pero habla con fluidez el lenguaje de signos, al igual que los dos hijos con audición normal del matrimonio. (En casa, emplean el lenguaje de signos, como dijo su hija en una ocasión «para que papá pueda oírnos hablar».) Como era de esperar, los niños que aprenden el lenguaje de signos cuando son más pequeños lo hablan con más fluidez que los niños que lo aprenden de mayores. Hasta los 7 u 8 años, los niños son capaces de aprender lenguajes adicionales, tanto hablados como de signos, sin problemas perceptibles. Los niños que aprenden una vez cumplidos los 12 años casi nunca acaban usando el lenguaje de signos con fluidez; lo habitual es que no dominen la gramática y tengan acento (*véase* más arriba). Entre estas edades, existe mucha variación individual en lo bien que aprenden el lenguaje de signos.

Algunos de los niños que lo aprenden a edades intermedias hablan un lenguaje de signos acentuado, pero gramaticalmente correcto. De modo similar, los niños con una audición normal conservan la habilidad de pronunciar sonidos igual que un hablante nativo hasta algún momento dado dentro de la escuela primaria. La capacidad de aprender reglas gramaticales parece prolongarse todavía más, quizás hasta los primeros cursos de secundaria. En cierto momento, sin embargo, casi todos alcanzan una edad a partir de la cual cualquier nuevo lenguaje será aprendido como una segunda lengua.

La disparidad de edades en que las distintas capacidades lingüísticas se vuelven menos plásticas ilustra otro punto importante acerca de los períodos sensibles: su duración difiere para distintos tipos de aprendizaje. La ventana temporal para aprender los sonidos de un lenguaje aparece antes que la ventana para aprender la gramática. De la misma manera, la capacidad de ver el movimiento parece desarrollarse antes que la capacidad de ver los objetos (*véase* Capítulo 6). Eso significa que no es que haya un solo gran período sensible, sino únicamente períodos sensibles específicos para determinados tipos de aprendizaje.

Por suerte para los padres, la sociedad pone ciertos límites a los experimentos que se pueden llevar a cabo con bebés; por lo que los científicos han tenido que recurrir a otras especies para saber algo más sobre la biología de los períodos sensibles. Pájaros cantores como los pinzones cebra, por ejemplo, tienen que aprender sus melodías individuales de otros pájaros, normalmente sus padres. Si un macho joven no tiene nadie de quien aprender, acabará teniendo un canto bastante raro que no le ayudará a atraer a una pareja cuando alcance la edad adulta.

Al igual que los bebés, los pájaros cantores no son infinitamente flexibles respecto a lo que pueden aprender. Los pinzones cebra criados por una especie estrechamente emparentada con ellos, el pinzón bengalí, no aprenden correctamente el canto bengalí. En algunos casos, un pinzón cebra copiará unos cuantos sonidos del canto de su padre adoptivo, pero esos sonidos serán incorporados a una secuencia estereotipada de notas de pinzón cebra, algo que parece ser innato.

Tal vez pienses que padeces una sobrecarga de información en tu vida cotidiana, pero imagínate lo que supone ser un recién nacido. Si no tuviesen manera de separar los estímulos relevantes de los irrelevantes, los bebés podrían invertir sus energías en aprender a imitar los sonidos de los pájaros, o de la lavadora y la secadora, lo que los llevaría a tener una vida social muy rara cuando crecieran. Por suerte para todos nosotros, el cerebro no viene al mundo como una página en blanco, sino ya dotado de unas ideas muy claras acerca de lo que debería aprender.

12

Rebeldes y sus causas: infancia y adolescencia

A los autores de este libro nos gusta pensar que somos unos adultos sensatos y responsables: trabajamos para ganarnos el sustento, hemos sentado la cabeza y todas esas cosas que se suelen decir. Pero no siempre fuimos unos ciudadanos intachables. Entre los 13 y los 23 años, tuvimos nada menos que cinco accidentes de coche y tres visitas a urgencias entre los dos. Todos esos acontecimientos probablemente se podían haber evitado, dado que nuestras vidas han sido mucho menos movidas una vez finalizado ese período. Afortunadamente, ambos llegamos a la edad adulta razonablemente intactos... y en condiciones de escribir acerca de lo que habían hecho nuestros cerebros durante esa época tan tempestuosa.

En la adolescencia, los cerebros y los cuerpos pasan por grandes cambios que acompañan la transición a la edad adulta. Dicha transición puede incluir alcanzar una mayor independencia de los padres, asumir responsabilidades como un trabajo y una familia y pasar por períodos de considerable agitación emocional. Este último tipo de transición probablemente venga inducido por ciertos cambios en el cerebro, ya que los adultos jóvenes de muchas especies de mamíferos, la humana incluida, no controlan demasiado bien los impulsos y es más probable que asuman riesgos, en comparación con los niños pequeños o los adultos. Hacia la pubertad, muchos mamíferos también prestan mayor atención a la interacción social y valoran más la novedad que en fases anteriores o posteriores de su desarrollo.

Estos cambios pueden ser consecuencia de la tardía formación de ciertos sistemas cerebrales en la juventud. A lo largo de la adolescencia, los adultos jóvenes muestran claros progresos en planificación y

Mejorar tu cerebro con los videojuegos

 Los mensajes instantáneos, los móviles, el correo electrónico, la televisión, los videojuegos, las vallas publicitarias dotadas de movimiento: el mundo moderno está en continua acción, y todo parece estar ocurriendo a la vez. Si ya has cumplido los 30, probablemente te habrás preguntado por qué quienes son más jovenes que tú no se sienten abrumados por toda esta estimulación.

La razón es que sus cerebros han aprendido a manejarla. La práctica sostenida en el desempeño simultáneo de múltiples tareas incrementa la capacidad para prestar atención a muchas cosas al mismo tiempo. Una de las maneras más habituales de adquirir práctica es jugar a videojuegos de acción; ya sabes, esos que tanto odian los padres, en los que se trata de matar al mayor número de enemigos posible antes de que éstos te maten a ti. Dichos juegos requieren que los jugadores distribuyan la atención a través de la pantalla y detecten y reaccionen rápidamente a todo lo que va sucediendo en ella. Desgraciadamente, jugar al Tetris no tiene el mismo efecto sobre el cerebro, quizá porque el Tetris requiere que los jugadores se concentren únicamente en un objeto a la vez, más que en llevar a cabo múltiples tareas al mismo tiempo.

En un estudio, los universitarios que jugaban regularmente a videojuegos de acción podían contar el 50% más de objetos en un estímulo visual muy breve que los estudiantes que no lo hacían. Los jugadores también procesaban más deprisa la información, podían tener presentes más objetos al mismo tiempo y eran más eficientes a la hora de cambiar de tarea. Lo lógico sería imaginar que las personas que ya son bastante capaces por naturaleza obtendrán mejores resulta-

dos en los juegos, y por eso eligen jugarlos más a menudo. Pero un grupo de no-jugadores pudo mejorar su capacidad de atención después de una hora diaria de práctica en un juego de acción, lo que sugiere que esas habilidades se desarrollan como resultado directo de la práctica.

¿Significa esto que los padres deberían animar a sus hijos a que jueguen a los videojuegos de acción? Nosotros pensamos que es mejor no exponer a los niños a imágenes violentas, pero al menos a los padres siempre les quedará el consuelo de saber que los videojuegos tienen efectos positivos. Ya puestos a pedir, nos encantaría ver cómo alguien gana un montón de dinero diseñando videojuegos de acción que motiven a los niños a hacer muchas cosas a la vez y mejoren su capacidad de atención sin usar la violencia como motivación. Algo así como un Sim City... ¡a bordo de un autobús sin frenos!

organización, respuesta a las inhibiciones, capacidad de atención, memoria y autocontrol emocional, lo cual sugiere que dichos sistemas todavía se están desarrollando. Aunque el cerebro ya ha alcanzado el 90% de su tamaño adulto a los seis años, durante el último 10% del crecimiento de la red neuronal suceden muchas cosas. Las conexiones se forman rápidamente, pero distintas regiones del cerebro se desarrollan a ritmos distintos. Las conexiones que se forman en último lugar están situadas en el córtex prefrontal, una región del cerebro importante en el razonamiento moral y a la hora de hacer planes para el futuro. Podría ser que los adolescentes se encontraran en mitad de un camino que lleva a disponer de un esquema de conexiones prefrontales al máximo de su funcionalidad.

Otra posible explicación para el comportamiento adolescente deriva de trabajos llevados a cabo sobre roedores, por lo que todavía no sabemos si es aplicable a los humanos. Las neuronas que contienen el neurotransmisor llamado «dopamina», así como la sensibilidad de sus receptores, pueden ayudar a establecer los niveles individuales de aceptación de riesgos y la receptividad a las recompensas, incluidas las experiencias sociales, la novedad y las drogas psicoactivas.

Desarrollo del cerebro e inteligencia

 Cualquiera podría imaginar que un cerebro más grande iría asociado a una mayor inteligencia, pero la relación entre tamaño del cerebro e inteligencia es tenue en los adultos, y no existe ninguna relación mesurable en los niños. Sin embargo, algunas investigaciones sugieren que la inteligencia y la estructura cerebral podrían estar relacionadas de una manera más sutil durante el desarrollo del cerebro.

Un componente clave de la inteligencia podría depender de en qué momento del desarrollo las sinapsis son formadas, y eliminadas. Un estudio halló evidencias de que la inteligencia guarda cierta correlación con los patrones de crecimiento y disminución durante la infancia y la adolescencia. Los científicos llevaron a cabo un estudio con más de 300 niños en el que emplearon las imágenes funcionales del cerebro para seguir los cambios producidos en su estructura cerebral a lo largo de más de una década, desde los 7 hasta los 19 años. Dividieron a los niños en tres grupos de acuerdo con los resultados obtenidos en un test estandarizado para medir el coeficiente intelectual.

La inteligencia más elevada estaba relacionada con el ritmo al que se iba produciendo el engrosamiento de la lámina cortical; cuanto más elevada era la inteligencia de un niño, más tarde llegaba su córtex al grosor máximo. El grosor de la lámina cortical acababa siendo el mismo en los tres grupos a los 19 años. Por término medio, el grosor alcanzaba más temprano su apogeo en los niños de inteligencia media, y más tarde en los niños que tenían un CI superior a 120. El momento álgido del grosor, después del cual tenía lugar la disminución hasta niveles adultos, empezaba típicamente entre los 7 y los 9 años en niños normales o por encima de la media, pero se retrasaba hasta los 11 en los que tenían el CI más alto.

¿Qué ocurre en el cerebro durante esos cambios? El nacimiento de nuevas neuronas, no, desde luego. El cerebro ya ha alcanzado aproximadamente el 90% de su tamaño adulto a los 6 años, cuando casi todas las neuronas del cerebro han nacido ya. El incremento restante en el tamaño del cerebro tiene que ser causado por otras formas de crecimiento. Por ejemplo, las dendritas y los axones pasan a través del córtex, lo que sugiere que podrían ir volviéndose más largas o más frondosas a un ritmo regular y prolongado en los niños más dotados. Por consiguiente, los incrementos y las disminuciones en el grosor cortical podrían estar relacionados con la formación y la pérdida de conexiones sinápticas.

El crecimiento y la disminución de las conexiones sinápticas son interesantes, porque sugieren que la formación y la poda posterior de las conexiones entre neuronas podrían ser un aspecto crítico del desarrollo intelectual en los niños y los adolescentes. Pero, si bien estas diferencias empiezan a ser percibidas entre grupos de niños, aún no ha llegado el momento de que envíes a tus hijos a que les hagan un escáner cerebral. Todos los patrones descritos hasta ahora sólo pudieron ser detectados promediando los resultados correspondientes a docenas de niños. Los efectos son demasiado pequeños para predecir cómo le irá a tu hijo en la escuela.

Dichas neuronas están conectadas tanto con el córtex prefrontal como con el cuerpo estriado y ciertas áreas importantes para el procesamiento de las emociones, como el *nucleus accumbens* y la amígdala. El equilibrio entre dichas conexiones parece alterarse a lo largo de la adolescencia. Durante las primeras etapas, predominan las conexiones corticales mientras que las otras son más débiles, lo que parece favorecer la búsqueda de novedades; dicha situación se invierte al final de la adolescencia. Durante la adolescencia, se piensa que el sistema cortical de la dopamina es particularmente sensible al estrés, lo que hace que los animales —tanto los roedores como los humanos— presenten una mayor vulnerabilidad a los factores estresantes.

El proceso de maduración del cerebro también parece volver vulnerables por primera vez a los adolescentes a toda una serie de trastornos psiquiátricos. La adolescencia viene marcada por un incremento gradual del riesgo de padecer desórdenes anímicos y psicosis, así como por la aparición de fenómenos relacionados con el género en dichos trastornos. Las personas a las que se diagnostica esquizofrenia a los veintitantos suelen haber mostrado sus primeros síntomas durante la adolescencia. De modo parecido, los índices de depresión y trastornos de ansiedad empiezan a aumentar a los 13 o 14 años y alcanzan niveles adultos a los 18. Dos veces más mujeres que hombres padecen dichos trastornos anímicos, y dicha diferencia aparece en la pubertad. La razón por la que la pubertad incrementa el riesgo de padecer dichas disfunciones cerebrales todavía es desconocida.

Actualmente, sólo contamos con una comprensión preliminar de cómo las estructuras cerebrales generan la conducta. Aunque las estructuras prefontales del cerebro todavía se están desarrollando en ciertas etapas de la existencia durante las que los niveles de impulsividad y aceptación del riesgo son elevados, no está claro cuándo o cómo empieza a funcionar un cerebro parcialmente maduro. Por ejemplo, el desarrollo de la parte prefrontal del cerebro no parece ser demasiado distinto en los hombres que en las mujeres, pese a lo cual los hombres siempre tienden a adoptar conductas más arriesgadas. (Nuestra experiencia al respecto es la siguiente: de todos los percances que llegamos a tener, sólo un accidente de coche y un viaje a urgencias fueron obra de Sandra, mientras que todos los demás corrieron a cargo de Sam.) La base de esta diferencia de género aún no está clara, si bien podría guardar alguna relación con las diferencias existentes en los sistemas dopaminérgicos, ya que las ratas macho muestran una disminución mucho más marcada que las hembras en los receptores de dopamina dentro del cuerpo estriado durante la adolescencia.

La idea de que la maduración retardada del cerebro explica el comportamiento adolescente es atractiva, y los periodistas han hablado mucho de ella. Como lo que habitualmente caracteriza la adolescencia es la rebelión, el correr riesgos y la tendencia a ignorar las consecuencias, no es de extrañar que los padres se interesen en cualquier investigación que sugiera que los cerebros adolescentes todavía no están del todo formados. Consuela pensar que el portarse mal es resultado de la maduración retardada del cerebro porque eso significa que la culpa no es de los padres, la culpa no es de los chicos y, lo más importante, se trata de un problema que se resolverá por sí solo a medida que vayan creciendo.

Aunque la evidencia de que la maduración retardada del cerebro es la responsable del comportamiento adolescente sea básicamente especulativa, la idea cuenta con cierto respaldo. Un aspecto de la estructura cerebral continúa desarrollándose hasta alrededor de los 21 años: las conexiones de larga distancia. Si bien la mayoría de las neuronas ya se hallan presentes a los 2 años, las conexiones entre ellas tardan mucho más en madurar. Los axones, los cables que transportan señales eléctricas de una neurona a otra, están recubiertos por una vaina aislante llamada «mielina» que permite que las señales eléctricas se desplacen más deprisa y de manera más eficiente. El proceso de mielinización es la última fase del desarrollo cerebral, y no se completa hasta el inicio de la edad adulta. La última área cerebral que termina la mielinización es el córtex prefrontal, el cual desempeña un importante papel en la inhibición de la conducta y la selección de conductas apropiadas para alcanzar las metas fijadas; dos capacidades de las que muchos adolescentes parecen carecer. Al mismo tiempo, las áreas emocionales ya se hallan completamente desarrolladas. Esta discontinuidad en el proceso de desarrollo podría significar que las emociones no están todo lo bien reguladas que deberían.

Aunque las áreas prefrontales todavía están creciendo en esa etapa, otras regiones del cerebro ya han alcanzado los niveles adultos de tamaño y mielinización. Como resultado de ello, los adolescentes son maduros en sus reflejos. De hecho, comparados con los adultos, los adolescentes aprenden —y olvidan— los hechos nuevos con mayor rapidez, y muestran una mayor plasticidad en ciertas tareas, como la de aprender un nuevo lenguaje.

Todas estas señales de madurez y aptitud pueden hacer que los jóvenes sean enormemente funcionales. De hecho, muchas culturas rurales de todo el mundo empiezan a tratar a los jóvenes como adultos cuando tienen 12 o 13 años. A un lector moderno esto puede resultarle extraño, pero la adolescencia es una invención relativamente reciente, en gran parte restringida a las sociedades urbanas dentro del siglo pasado. Esto podría ser debido a la creciente complejidad que ha ido adquiriendo la vida en los siglos XX y XXI, la cual exige que la educación dure más tiempo. O quizás, ahora que vivimos más tiempo, crecer, como otras tantas obligaciones, se ha expandido para llenar el tiempo disponible.

13

Recorrido educativo: el aprendizaje

Imagínate un perro que se pasa la vida en el jardín y persigue a todos los coches que ve llegar por la calle. Un día, un Corvette rojo conducido por un adolescente del barrio atropella al perro y le fractura la pata. Al dueño del perro le gustaría que esta experiencia enseñara a su mascota la lección de que perseguir a los coches no es una buena idea. Pero ésa no es la única posibilidad. El perro puede aprender que no debería perseguir a los coches rojos, o que debería ir a otra calle a perseguir a los coches, o que debería temer a los adolescentes. Ahora, imagínate otro perro cuyo primer dueño solía pegarle y siempre se asusta en cuanto ve gente, sin importar lo buena que ésta pueda ser con él. El primer perro no ha generalizado lo suficiente a partir de su experiencia, mientras que el segundo ha generalizado demasiado.

Todos aprendemos de la experiencia, pero determinar exactamente qué es lo que deberíamos aprender puede resultar muy complicado. Todos conocemos a personas que cometen el mismo error una y otra vez, pese a que lo pagan muy caro, o que meramente porque una relación acabó mal deciden que nunca más podrán confiar en ninguna posible pareja. ¿Por qué ocurre esto?

Lo que aprendemos está influenciado por muchos factores: las características biológicas propias de nuestra especie, los factores genéticos individuales y las experiencias personales. No es sólo que distintos animales tengan ciertas conductas naturales, sino que también están especializados en aprender determinadas conductas con más facilidad que otras. Los entrenadores de animales saben que es fácil enseñar trucos que vayan acordes con dichas tendencias natu-

¿Hay que empollar para un examen?

 Todos hemos pasado por eso. Casi todo el mundo se ha encontrado en alguna ocasión con que no había prestado bastante atención en las clases y no hay tiempo para ponerse al día antes del examen. Estudiar intensivamente en el último momento puede permitirte superar el examen, lo que ciertamente tiene algún valor, pero no es la mejor manera de emplear tu tiempo. ¿Por qué? Los psicólogos saben, desde hace más de un siglo, que tu cerebro retiene muchas clases de información durante más tiempo si se le da oportunidad de procesar lo que has aprendido a intervalos entre las sesiones de aprendizaje.

La ventaja de haber aprendido algo a lo largo de un período de tiempo es el efecto prolongado y duradero que tiene esa forma de aprendizaje. Dos sesiones de estudio con tiempo entre ellas pueden hacer que aprendas el doble que en una sola sesión de estudio de la misma duración. El aprendizaje espaciado funciona con estudiantes de todas las edades y todos los niveles de capacidad, prácticamente en todas las materias y todos los procedimientos de enseñanza. Como era de esperar, también funciona con otros animales, así que harías bien en recordar este principio cuando estés intentando adiestrar a tu perro.

rales, pero que también resulta muy difícil ir contra ellas. En estado salvaje, los cerdos encuentran el alimento desenterrando raíces con sus anchos hocicos planos. No sólo sus cuerpos han sido modelados por la evolución para adecuarlos a dicha actividad, sino también sus cerebros. Por esta razón, cuesta muchísimo enseñar a los cerdos a que mantengan en equilibrio una moneda sobre el hocico; en lugar de eso tienden a enterrar la moneda y desenterrarla repetidamente, incluso si dicha actividad no se ve recompensada de ninguna manera y aun cuando es castigada. Del mismo modo, las gallinas siempre tienden a picotear las cosas, por lo que es fácil entrenarlas a que picoteen una llave para obtener una recompensa, pero difícil enseñarles a que se estén quietecitas encima de una plataforma sin arañarla o picotearla. Ciertas conductas no pueden ser condicionadas. Por ejemplo, recompensar a un hámster porque se ha rascado a sí mismo es perder el tiempo; los hámsteres sólo se rascarán cuando a ellos les apetezca rascarse, por mucho que te empeñes en tratar de persuadirlos de que modifiquen sus hábitos.

El aprendizaje también varía entre individuos de la misma especie. Las diferencias de conducta entre individuos son debidas, en su mayor parte, a diferencias en la anatomía de sus cerebros, particularmente en las conexiones entre neuronas. ¿Eres una persona impulsiva que reacciona rápidamente a los acontecimientos, o te tomas las cosas con mucha parsimonia? ¿Eres un esquiador de talento? ¿Te sabes todas las capitales del mundo? ¿Se te da bien resolver problemas mecánicos? Todas esas habilidades se basan en la manera en que tus neuronas hablan entre sí, una combinación de cómo fue estructurado tu cerebro cuando eras un bebé y las conexiones que se han ido formando o rompiendo desde entonces a través del aprendizaje.

Como primera aproximación al tema, podríamos decir que las conexiones neuronales siguen una regla que el entrenador de tu instituto siempre tenía muy presente: úsalo o piérdelo. Las neuronas refuerzan las sinapsis que son efectivas, y debilitan o eliminan las sinapsis que permanecen calladas mientras otras están siendo utilizadas. Dicho proceso tiene lugar con más facilidad en los bebés, pero continúa a lo largo de la existencia adulta. Cada día, tus hijos vuelven a casa de la escuela —o de haberse entrenado en el polideportivo— con unos cerebros cuyas neuronas están conectadas de forma ligeramente distinta a como lo estaban cuando se despertaron por la mañana.

Acuérdate de lo que decíamos en el Capítulo 3 cuando hablábamos de que en el momento en que una señal eléctrica llega al final del axón activa la liberación de un neuotransmisor químico, el cual se une a receptores en la neurona al otro lado de la sinapsis. En la mayoría de los casos, es necesario que múltiples sinapsis sean activadas al unísono para suscitar un potencial de acción en la siguiente neurona del tramo. Cuando esto ocurre, todas las sinapsis activas quedan reforzadas de forma que tendrán más influencia sobre la neurona receptora la próxima vez, ya sea liberando más neurotransmisor o teniendo más receptores disponibles para recibir la señal. Este proceso de refuerzo es conocido como «potenciación a largo plazo» o

¿Por qué algunas cosas son más fáciles de aprender que otras?

 Tarde o temprano, la mayoría de la gente descubre que una sola experiencia puede llevar a respuestas aprendidas intensas y permanentes. Para nosotros, es el zumo de naranja, que no volvió a sabernos bien durante años después de esa aciaga fiesta en la universidad en que fue mezclado con cantidades excesivas de vodka. Para ti, podrían ser esos moluscos que ya no eres capaz de comer, desde aquella vez en que te tropezaste con un par de mejillones que no se encontraban en buen estado. La aversión a ciertos sabores es un vívido ejemplo de «aprendizaje preparado». Es fácil desarrollar una intensa repugnancia hacia lo que comiste antes de que te vinieran las náuseas, incluso si sólo sucedió una vez; pero nunca le oirás decir a nadie: «No aguanto ver la ropa que llevaba mi pareja la noche en que me sentó mal la cena.» Esto tiene sentido, lógicamente, porque es improbable que la ropa que alguien lleva puesta te haga vomitar (aunque los fanáticos de la moda quizá podrían hacer unas cuantas excepciones a esta regla).

Muchos tipos de enfermedades son causados por el alimento. ¿Cómo sabe el cerebro que el alimento guarda una relación especial con la enfermedad? Dijimos en el Capítulo 10 que los cerebros de los bebés no son esponjas a la espera de empaparse de lo primero que les suceda. Probablemente no te sorprenderá, entonces, saber que los adultos también tienen predisposiciones muy definidas para el aprendizaje. Muchas de esas tendencias —para aprender algunas cosas fácilmente y otras no aprenderlas en absoluto— parecen venir ya «incorporadas» en el cerebro cuando se nace, tanto en los humanos como en otros animales. Como la evolución selecciona en busca de consecuencias, este enfoque puede ser una manera eficiente de asegurar que un animal esté lo más adaptado posible a su entorno, especialmente cuando los detalles de lo que lo rodeará no pueden ser predichos por adelantado.

PLP. En la mayoría de las sinapsis, la regla para inducir la PLP es similar a una de las reglas generales para la conducta de aprendizaje: los estímulos serán asociados si se dan al mismo tiempo. En las neuronas, por analogía, las sinapsis quedarán reforzadas si están activas al mismo tiempo, lo que suele resultar de tener dos estímulos en el entorno presentados simultáneamente.

Naturalmente, las sinapsis no pueden ser reforzadas de manera indefinida, o llegaría un momento en que todas estarían funcionando tan a fondo que el cerebro perdería su capacidad de aprender nueva información. Hay unos cuantos trucos que el cerebro utiliza para evitar este problema, pero el que va más directo al grano es un debilitamiento dependiente del uso de las conexiones sinápticas conocido como depresión a largo plazo o DAL. Las sinapsis se debilitan si se activan en un momento en que la neurona receptora no está recibiendo estimulación suficiente para lanzar un potencial de acción. Otro truco que surte efecto a largo plazo es que nuevas sinapsis pueden formarse y sinapsis antiguas pueden desaparecer, lo que permite que las conexiones sean redistribuidas.

Dichos cambios, conocidos colectivamente como «plasticidad sináptica», se dan con más facilidad en ciertos momentos, como la infancia. En los adultos, la plasticidad sináptica se presenta más fácilmente en partes del cerebro como el hipocampo, del que hablaremos más adelante, en el Capítulo 23. Tu cerebro tiene una docena de maneras distintas de aprender información, cada una de las cuales utiliza una combinación relativamente distinta de regiones cerebrales. Por ejemplo, aprender hechos y lugares nuevos causa cambios en tu hipocampo y tu córtex, mientras que aprender un nuevo paso de baile cambia tu cerebelo.

Los investigadores han descubierto muchas cosas sobre los senderos señalizadores y las moléculas que participan en la plasticidad sináptica. Los científicos han podido usar este conocimiento para producir ratones a los que les resulta más fácil o más difícil aprender simplemente porque les falta un solo gen de su ADN. Dicho trabajo sugiere que modificar las sinapsis es una de las tareas más importantes que lleva a cabo el cerebro. Hay literalmente centenares de genes que afectan al aprendizaje y docenas que afectan a la inteligencia en conjunto. Muchos senderos neuronales llevan a cabo tareas similares y pueden sustituirse los unos a los otros en caso de que llegue a surgir la necesidad, lo cual proporciona una cierta medida de protección contra el fallo completo del sistema de aprendizaje, que podría resultar devastador para un animal.

Un tipo de aprendizaje especialmente bien entendido e importante es el condicionamiento al miedo, proceso que consiste en aprender a temer los estímulos ambientales que predicen que algo malo está a punto de suceder. Un tipo habitual de experimento de condicionamiento al miedo se desarrolla de la siguiente manera: una rata es encerrada en una jaula con la que no está familiarizada, suena un tono musical, y entonces el animal recibe una tenue descarga eléctrica. Tras unas cuantas experiencias similares, la rata aprende a anticipar la descarga quedándose completamente inmóvil (típica respuesta al miedo en los roedores) cada vez que oye el tono musical.

Científicos de la Universidad de Nueva York descubrieron que las señales auditivas viajan directamente desde el tálamo hasta la amígdala, una pequeña región a ambos lados del cerebro importante en las respuestas emocionales, particularmente el miedo. Las neuronas de una región particular de la amígdala disparan más potenciales de acción en respuesta al tono musical tras el acondicionamiento de lo que hacían antes de que el animal hubiera aprendido a temer ese tono. Estos cambios en las respuestas eléctricas de las neuronas aparecen en el momento en que los animales empiezan a mostrar una conducta de miedo, lo que sugiere que pueden causar el aprender a quedarse inmóviles como resultado del miedo inducido. Asimismo, las ratas o las personas que han sufrido daños en la amígdala no forman recuerdos de miedo normales.

El condicionamiento al miedo puede verse contrarrestado por un proceso llamado «extinción», desencadenado exponiendo repetida-

Sácatelo de la cabeza

 La perfección se alcanza con la práctica, o eso se dice. Muchos actores o atletas aprenden a empezar su sesión de entrenamiento ensayando mentalmente los resultados que les gustaría conseguir. La visualización repetida de una experiencia deseada puede ser una forma muy efectiva de crear una nítida imagen mental en tu cerebro.

Por desgracia, mucha gente termina utilizando esencialmente esta misma estrategia de ensayo cuando recuerda experiencias desagradables. No es intencionado, claro está, pero el efecto del ensayar mentalmente una experiencia una y otra vez es el mismo, tanto si se trata de un intento deliberado de incrementar la intensidad del recuerdo como si lo haces por accidente porque tienes una inclinación natural a pensar en las cosas malas que te ocurren. Algunos médicos piensan que el trastorno por estrés postraumático, del que hablaremos en el Capítulo 17, es causado en parte por esta especie de ensayo mental.

La mejor estrategia es fácil de resumir: para desarrollar una nítida imagen mental de algo que quieras lograr, visualízalo con el mayor detalle que puedas, repetidamente. Si algo te está haciendo desgraciado y quieres quitártelo de la cabeza, intenta no pensar demasiado en ello. Esto es especialmente efectivo con las cosas que temes.

No obstante, dicha estrategia puede ser difícil de aplicar en la práctica. La clave para hacer que funcione es distraerte. El enfoque puede ser directo: algunos psicólogos recomiendan llevar una banda de goma alrededor de la muñeca y tirar de ella para hacerla chasquear cada vez que el pensamiento persistente te viene a la cabeza. O simplemente puede ser hacer algo que te atraiga, tanto si es practicar algún deporte en equipo como escuchar música o ir a las carreras. Probablemente te ayudará contar a tus amigos o a tu familia que has decidido dejar de darle vueltas al problema, y pedirles que te recuerden esa decisión si vuelves a sacar el tema. Luego ve a hacer algo productivo o divertido, con tal de que suponga un reto para ti.

mente a un animal condicionado al tono musical sin la descarga eléctrica. Si esto ocurre lo bastante a menudo, el animal aprenderá a dejar de quedarse inmóvil cuando oiga el tono musical, y las neuronas de la amígdala también dejarán de disparar señales tan intensas en respuesta al tono. No obstante, la extinción es una segunda forma de aprendizaje superpuesta al condicionamiento al miedo original; no hace que el cerebro vuelva a su estado original. La extinción parece utilizar el aprendizaje en el córtex prefrontal, una región del cerebro que selecciona las conductas adecuadas según el contexto. Las neuronas del córtex prefrontal se vuelven más activas tras el adiestramiento de extinción, cuando suprimen la actividad de las neuronas de la amígdala en respuesta al tono musical. Las ratas que han sufrido lesiones en el córtex prefrontal pueden aprender a temer un tono musical; pero, aunque la extinción reduce sus respuestas temporalmente, el aprendizaje no perdura, por lo que al día siguiente, dichas ratas se comportan como si el adiestramiento de extinción nunca hubiera tenido lugar. Como ocurre con otros tipos de aprendizaje, la extinción es influenciada por las tendencias naturales del animal. Es mucho más difícil extinguir el miedo a los estímulos, como las arañas o las serpientes, que fueron importantes fuentes de peligro en la historia evolutiva de nuestra especie.

La amígdala también ejerce una función mediadora en los efectos de las emociones sobre otros tipos de aprendizaje. La excitación emocional centra la atención sobre los detalles más importantes de una experiencia. Por ejemplo, quienes han sido víctimas de un robo a mano armada siempre recuerdan el aspecto del arma. Los pacientes con daños en la amígdala, por otra parte, pueden concentrarse en detalles irrelevantes incluso en los momentos estresantes. En las ratas y en los humanos, el estrés transitorio intensifica el aprendizaje de dos formas distintas: a través de la liberación de adrenalina y liberando glucocorticoides. Ambas hormonas actúan como receptores sobre la amígdala y el hipocampo para reforzar la plasticidad sináptica. Sin embargo, estas mismas hormonas del estrés dificultan la rememoración de los recuerdos almacenados previamente, y el estrés crónico puede reducir considerablemente la capacidad de aprendizaje. Éste es otro hecho que vale la pena recordar cuando intentes adiestrar a tu perro.

Cada uno de los sistemas de aprendizaje del cerebro tiene sus propias propiedades especiales. En el caso del condicionamiento al miedo, el sistema de la amígdala te permite aprender de sucesos que sólo han tenido lugar una vez si el nivel de miedo inducido por ellos es lo bastante grande. En el extremo opuesto, piensa en el número de repeticiones que se precisa para que la mayoría de las personas recuerden largas listas de hechos, una labor que emplea un sistema distinto, el hipocampo, y es increíblemente aburrida.

La mayoría de los trucos para aprender hechos aprovechan las formas de aprendizaje naturales en los seres humanos. De la misma manera que los cerdos tienden a enterrar cosas, y las gallinas, a picotearlas, nosotros tenemos formas de aprender en el mundo natural a las que nos resulta más fácil recurrir. Como hemos explicado en el Capítulo 6, los humanos somos animales excepcionalmente visuales, y al menos una tercera parte de nuestro córtex trabaja con información visual en una forma u otra. Además, las secuencias de acontecimientos y la proximidad física de los objetos entre sí son agrupamientos naturales para nosotros, dado que éstas son las formas en que experimentamos el mundo. El hipocampo se ocupa tanto del aprendizaje de hechos como del de acontecimientos y secuencias. Una estrategia efectiva combina varios de estos trucos: imagínate que vas por una casa, y cada hecho que quieres recordar queda asociado con un lugar determinado de la casa. Aunque eso te parezca tedioso, sería lo más parecido a experimentar el proceso de aprendizaje que sigue el sistema de la amígdala. Desgraciadamente, requeriría que experimentases un miedo muy intenso con cada hecho que aprendieras. Y no merece la pena.

14

En la cima de la montaña: envejecer

No hemos prestado mucha atención a la investigación sobre el envejecimiento y cómo incrementar las probabilidades de mantener sanos nuestros cerebros durante el mayor tiempo posible. Ahora nos alegra haber escrito este libro, porque va siendo hora de que introduzcamos algunos cambios en nuestro estilo de vida que deberían ayudarnos a ser más felices cuando nos hayamos jubilado.

Empecemos por las malas noticias. Incluso dejando a un lado enfermedades del envejecimiento como la demencia senil, lo más probable es que el rendimiento de tu cerebro vaya empeorando conforme te haces mayor. Los problemas aparecen principalmente en dos áreas. La que le suena a todo el mundo es la memoria. Puede que te cueste más acordarte de dónde has dejado las llaves del coche; esta capacidad empieza a deteriorarse en la treintena y continúa declinando con la edad. Orientarse en el espacio depende de una parte del cerebro que tiene mucho que ver con la memoria, el hipocampo, y esta capacidad también se deteriora con la edad en muchos animales, los humanos incluidos.

La otra área problemática es la que los neurocientíficos llaman «función ejecutiva»: el conjunto de habilidades que te permiten seleccionar la conducta adecuada a cada situación, inhibir la inadecuada y concentrarte en lo que tengas entre manos, pese a las distracciones que pueda haber en ese momento. Los problemas con la función ejecutiva empiezan más tarde, para la mayoría de la gente cumplidos los setenta, e incluyen el deterioro de funciones básicas como la velocidad de procesamiento, la rapidez de respuesta y la memoria operativa, que nos permite recordar los números de telé-

¿Cómo proteger tu cerebro con la edad?

 La manera más efectiva de mantener sano tu cerebro con la edad resulta ser algo que probablemente no esperabas: el ejercicio físico.

Las neuronas necesitan mucho apoyo para hacer su trabajo correctamente, y los problemas causados por un sistema circulatorio que envejece pueden reducir la afluencia de sangre que lleva oxígeno y glucosa a tu cerebro. El ejercicio regular, del tipo que hace que tu corazón lata más deprisa, es la cosa más útil que puedes hacer para mantener tus habilidades cognitivas a una edad avanzada.

Las personas mayores que siempre han sido atléticas mantienen mucho mejor la función ejecutiva que las personas sedentarias de la misma edad. Esta relación podría deberse a que las personas que están más sanas tienden a ser más activas, pero no es así. Cuando las personas inactivas hacen más ejercicio, incluso después de los setenta, su función ejecutiva mejora en cuestión de meses. Para que resulte efectivo, el ejercicio debe durar más de 30 minutos por sesión, varias veces a la semana, sin ser necesariamente intenso. (Caminar a buen ritmo da excelentes resultados.) Los beneficios del ejercicio parecen ser más pronunciados en las mujeres, aunque los hombres también muestran mejoras significativas.

¿Cómo ayuda al cerebro el ejercicio? Hay varias posibilidades, y todas ellas pueden contribuir al mismo efecto. En las personas, mantenerse en forma hace que el declive en el volumen cortical que se da con la edad no sea tan rápido. En los animales de laboratorio, el ejercicio incrementa el número de pequeños vasos sanguíneos llamados «capilares» en el cerebro, lo que mejoraría la disponibilidad de oxígeno y glucosa en las neuronas. El ejercicio también libera «factores de crecimiento», proteínas que contribuyen al crecimiento de las dendritas y las sinapsis, e incrementa la plasticidad sináptica y el nacimiento de nuevas neuronas en el hipocampo. Cualquiera de dichos efectos podría mejorar la capacidad cognitiva, aunque no sabemos cuáles son más importantes.

Más allá del envejecimiento normal, el ejercicio también guarda una estrecha relación con la disminución del riesgo de padecer demencia senil en las últimas fases de la existencia. Las personas que se ejercitan regularmente durante la mediana edad sólo tienen una tercera parte de las probabilidades de desarrollar la enfermedad de Alzheimer después de los setenta que aquellas que no hacen ejercicio. Incluso las personas que empiezan a hacer ejercicio después de los sesenta pueden reducir su riesgo hasta la mitad. ¡Nos vemos en el gimnasio!

fono el tiempo suficiente para marcarlos. Las dificultades con la función ejecutiva, junto con los problemas de orientación espacial, explican por qué ahora tu abuelo ya no conduce tan bien como antes. (Con lo que, probablemente, sea una suerte que ya no pueda acordarse de dónde ha dejado las llaves del coche.) Algunas de las informaciones proporcionadas por los sentidos experimentan cierto declive con la edad, como los problemas de audición que examinamos anteriormente en el Capítulo 7. También te cuesta más controlar los músculos, aunque no está claro si dicho problema tiene que ver con el cerebro o con el envejecimiento general del cuerpo.

Los déficits en la memoria y la función ejecutiva que aparecen al envejecer van acompañados de ciertos cambios específicos en la estructura y la función del cerebro. El hipocampo se hace más pequeño con la edad, y este declive en tamaño acompaña la pérdida de memoria. Del mismo modo, el córtex prefrontal es importante para la memoria operativa y la función ejecutiva, y también se hace más pequeño con la edad.

En contra de lo que se podría imaginar, la disminución de tamaño del cerebro con la edad no se debe a que las neuronas vayan muriendo. A medida que envejeces, no pierdes neuronas. Lo que sucede es que las neuronas individuales encogen. Las dendritas se retraen en varias regiones del cerebro, especialmente en ciertas partes del hipocampo y del córtex prefrontal. El número de conexiones sinápticas entre neuronas en dichas áreas decrece con la edad en la mayoría de los animales a los que se ha examinado. Los animales más viejos también presentan déficits específicos en plasticidad si-

Pierdo la memoria. ¿Tengo Alzheimer?

 Si olvidas dónde has dejado las gafas, eso es envejecimiento normal. Si olvidas que llevas gafas, entonces probablemente padeces demencia. Trastornos como la enfermedad de Alzheimer, que causa dos terceras partes de los casos de demencia, no son un ejemplo extremo del envejecimiento regular, sino que llevan implícito un deterioro de determinadas regiones del cerebro junto con síntomas que nunca se presentan en el envejecimiento normal. Las personas con demencia avanzada no pueden recordar incidentes importantes de sus propias vidas, e incluso puede que no reconozcan a sus propios cónyuges o sus hijos.

El primer factor de riesgo para la enfermedad de Alzheimer es, simplemente, la edad. La incidencia de la enfermedad se dobla cada cinco años después de los 60, afectando a casi la mitad de la población a los 90 años. Las estimaciones estadísticas sugieren que alrededor del 75% de los estadounidenses desarrollarían la enfermedad de Alzheimer si vivieran todas hasta los 100 años. La población mundial envejece cada vez más, y la demencia senil se está convirtiendo en un serio problema; su incidencia actual es de 24 millones de personas en todo el mundo, y se espera que el número de afectados alcance los 81 millones para el año 2040.

Los factores genéticos tienen una considerable influencia sobre la susceptibilidad a la demencia senil, particularmente sobre la edad en que aparece. Alrededor de una docena de genes han sido identificados como factores de riesgo o protectores; pero uno de ellos, el gen ApoE, tiene un efecto más intenso que todos los demás juntos. La edad media de la aparición de la demencia senil es 15 años inferior para las personas con dos copias de la forma peligrosa del gen ApoE comparadas con las personas que poseen la forma protectora del gen. Un análisis sugiere que hasta un 80% de las incidencias de la enfermedad de Alzheimer puede ser atribuible a la genética.

Muchos de los factores del estilo de vida que influyen sobre la función cerebral durante el envejecimiento normal son relevantes también para la enfermedad de Alzheimer. Como hemos explicado antes, el ejercicio físico posee una fuerte acción protectora. Otros factores relacionados con la disminución de la posibilidad de padecer demencia senil son la educación, el consumo regular de vino tinto (que no de cerveza o alcoholes de alta graduación) y el uso de analgésicos para los que no se requiere prescripción facultativa como la aspirina y el ibuprofeno. En general, parece como si mejorar la capacidad para funcionar de tu cerebro tendiera a mejorar también su resistencia a toda una serie de problemas, incluida la demencia senil, en la tercera edad.

náptica, el proceso que impulsa el aprendizaje (*véase* Capítulo 13), pero sólo en ciertas partes del cerebro.

Por otra parte, algunas funciones del cerebro apenas se ven influenciadas por el envejecimiento. El conocimiento y la comprensión verbales se mantienen, e incluso pueden mejorar, a medida que nos hacemos mayores. El vocabulario es otra área que tiende a no verse afectada por el envejecimiento. Lo habitual es que las habilidades profesionales tampoco se vean afectadas, sobre todo si continúas practicándolas. Del mismo modo, las personas que practican habilidades físicas regularmente tienen más probabilidades de conservarlas; en este caso, hay evidencia de que los expertos desarrollan nuevas estrategias para sus cometidos habituales con el fin de compensar el declive cognitivo a medida que envejecen. En general, cualquier cosa que hayas aprendido a conciencia cuando eras más joven probablemente se verá muy poco afectada por el envejecimiento.

Las personas mayores tienen una ventaja importante sobre los jóvenes: una mejor capacidad para regular sus emociones. La frecuencia de las emociones negativas decrece con la edad hasta estabilizarse alrededor de los 60, mientras que las emociones positivas se mantienen prácticamente al mismo nivel. Conforme una persona se va haciendo mayor, es menos probable que perciba los acontecimientos negativos o recuerde las experiencias negativas de su pasado en la vida cotidiana. Los estados de ánimo negativos se disipan antes en los adultos de edad avanzada y es menos probable que se pongan a insultar o adopten otras formas de conducta destructiva cuando se sientan alterados por algo.

El envejecimiento también trae consigo ciertos cambios más generales en la actividad cerebral. Las personas mayores tienden a activar más áreas del cerebro distintas que los adultos jóvenes durante la misma tarea. Comparadas con los adultos jóvenes, las personas mayores también tienden a mostrar una menor actividad cerebral general y utilizan áreas situadas a ambos lados del cerebro en lugar de sólo en uno de ellos. Estos descubrimientos sugieren que la gente usa sus cerebros de otra manera a medida que envejece, aunque pueda llevar a cabo una tarea igual de bien. Ésta podría ser la razón por la que las personas mayores aprenden a usar nuevas partes de su cerebro para compensar los problemas que van apareciendo en otras regiones.

El declive cognitivo a cierta edad no es inevitable. Tu estilo de vida influye mucho sobre las capacidades que vayas a tener duran-

---

¿Has nacido con todas las neuronas que llegarás a tener?

Muchos de nosotros aprendimos en la escuela que el cerebro es único porque, a diferencia de otros órganos del cuerpo, no va adquiriendo nuevas células a lo largo de tu existencia. Los científicos creyeron esto durante muchas décadas, pero nuevos descubrimientos indican que no es así. Estudios llevados a cabo tanto sobre animales como sobre humanos muestran que algunas partes del cerebro producen nuevas neuronas durante la edad adulta, si bien dicha capacidad experimenta un declive con la edad. En particular, nuevas neuronas nacen en los bulbos olfativos, que procesan la información concerniente a los olores, y en el hipocampo. Muchas de estas nuevas neuronas sobreviven y llegan a convertirse en partes funcionales de los circuitos cerebrales en animales que están aprendiendo o que hacen mucho ejercicio físico. Por el momento, no disponemos de demasiados datos sobre cuáles son las condiciones ambientales que favorecen este proceso.

te la tercera edad. Ya hemos explicado que la gente tiende a retener las habilidades y el conocimiento que aprendió a conciencia cuando era más joven. Por esta razón, las personas instruidas muestran una mayor capacidad cognitiva con la edad que aquellas que no han recibido una educación tan completa. Otra forma de mantener tu nivel cognitivo es tener aficiones que te planteen un reto intelectual. Este efecto es más pronunciado en los obreros que en las personas con educación superior, quizá porque éstas tienden a trabajar en cosas que llevan aparejada una considerable estimulación intelectual.

Los intentos de mejorar la capacidad cognitiva educando a las personas mayores han dado resultados desiguales. Aunque la mayoría de estos programas funcionan hasta cierto punto, la mejoría obtenida tiende a limitarse a aquello para lo que se preparan, antes que a mejorar la capacidad general del cerebro para hacer frente a distintas tareas. Lo que sí tienen de bueno, sin embargo, es que en algunos casos dicha mejoría puede perdurar durante muchos años. Una manera de eludir el problema que representa el aprendizaje específico para una tarea es practicar toda una serie de habilidades, ya sea formalmente o bien dedicando algo de tiempo a distintas aficiones o proyectos de voluntariado durante la jubilación. Lo que sí que te sugerimos, no obstante, es que hagas ejercicio regularmente (*véase* recuadro), ya que mantener en forma el corazón tiene efec-

tos positivos generales sobre el cerebro, particularmente sobre la función ejecutiva, que contribuye a toda una serie de actividades mentales.

Parece que los griegos no andaban desencaminados cuando recomendaban aquello de «mente sana en cuerpo sano». Mantener alguna actividad de ambas clases a lo largo de tu existencia es lo mejor que puedes hacer para mantener sano tu cerebro. Si tienes un trabajo físico, búscate una afición intelectual como leer novelas o resolver Sudokus. Si tienes un trabajo intelectual, búscate una afición física como jugar al tenis o correr. En general, tener intereses tanto físicos como intelectuales es la mejor protección contra la pérdida de funciones cerebrales con la vejez.

15

¿El cerebro sigue evolucionando?

Las nuevas tecnologías en transportes, medicina, comunicaciones, electrónica y armamento han llevado a tremendos cambios en nuestras vidas y nuestros hábitos a lo largo de los cien últimos años. Las diversas iniciativas sobre salud pública, vacunación y atención sanitaria han incrementado la esperanza de vida en unas cuantas décadas. Las telecomunicaciones e Internet han hecho que cantidades de información sin precedentes se encuentren disponibles para cualquiera, casi en cualquier parte. Los medios de entretenimiento de masas, con su continua estimulación, se han convertido en una parte muy importante de la vida cotidiana. Estos avances han cambiado la forma en que experimentamos el mundo. ¿Acaso el cerebro humano cambia también para mantenerse a la altura?

Los cerebros pueden cambiar a lo largo del tiempo de dos maneras. En primer lugar, el entorno puede influir sobre el desarrollo del cerebro, sometiéndolo a cambios muy rápidos hasta en el curso de una generación. En segundo lugar, existe una evolución biológica, que requiere muchas generaciones para llegar a provocar cambios.

Los cambios rápidos pueden ser impulsados por los efectos biológicos derivados de un nuevo entorno. Por ejemplo, los niños que crecían en la Inglaterra preindustrial tenían que hacer frente a retos como la enfermedad, las deficiencias nutricionales y lo duro que era trabajar los campos. Después de la Revolución Industrial, todos esos problemas fueron reemplazados por otros como las condiciones de trabajo imperantes en las fábricas, la vida en las grandes urbes y la contaminación. Las condiciones de vida fueron cambiando

Entender la oposición naturaleza *versus* ambiente

 ¿Qué determina la inteligencia: los genes o tu entorno? La respuesta es que ambos, pero examinémosla detenidamente. Los genes no tienen ningún efecto sin un entorno, y viceversa: ambos tienen que interactuar durante el desarrollo de un niño. La pregunta más interesante es cómo interactúan.

Para muchas características, tus genes básicamente fijan un límite por exceso a tu desarrollo. Pongamos por caso la estatura. Si imaginamos a dos niños con los mismos genes (como un par de gemelos idénticos), aquel al que no se le dan de comer suficientes proteínas mientras está creciendo (llamémoslo Tom) terminará siendo más bajo que el que recibe una buena nutrición (Mike). Por otra parte, una vez que las necesidades nutricionales básicas de Mike hayan sido satisfechas, atiborrarlo de cantidades extra de pescado y carne no hará que crezca más alto, porque ya ha alcanzado su límite genético. En lugar de eso, lo único que hará será engordar. Un tercer niño, Jeff, cuyos padres le han transmitido unos genes de estatura dotados de mayor potencial pero no lo alimentan tan bien, puede acabar midiendo lo mismo que Mike. Los inmigrantes que se marchan de países más pobres a otros más ricos suelen ver cómo sus hijos terminan siendo mucho más altos que ellos y, por la misma regla de tres, el desarrollo económico puede incrementar la estatura media de una población.

Sam ha tenido ocasión de ver este efecto en su propia familia. Mide metro ochenta y cinco, por lo que es unos dos o tres palmos más alto que nadie en la generación de sus padres, criada en la China prerrevolucionaria. Su hermano Ed, con metro noventa y cinco, los deja pequeños a todos; su altura es algo inaudito en la generación anterior. Habiendo nacido en Estados Unidos, ambos son buenos ejemplos de los beneficios en cuestión de estatura que aporta vivir en un país desarrollado.

La inteligencia funciona de modo similar, sólo que las influencias ambientales sobre su desarrollo son más complicadas y no están tan bien entendidas. La nutrición básica es importante para cualquier clase de crecimiento, pero el desarrollo del cerebro probablemente también esté influenciado por otros factores, como la experiencia social y la estimulación intelectual. De la misma manera, sin embargo, una vez que el entorno satisface unos niveles de calidad elevados —aunque esto no esté bien planteado para el desarrollo del cerebro— ningún esfuerzo adicional incrementará la inteligencia de un niño por encima del límite natural impuesto por los genes.

una y otra vez a lo largo de la era eduardiana, la Primera Guerra Mundial y la guerra fría. Ahora, los niños de los países desarrollados crecen con una educación estandarizada, mejor nutrición y con medios de entretenimientos de masas, ordenadores y tecnología de la información.

Algunos de estos cambios en el entorno podrían esconderse detrás del efecto Flynn, un fenómeno que fue percibido por primera vez por el científico y político neozelandés James R. Flynn. Utilizando datos de veinte países repartidos por el mundo, Flynn examinó los resultados obtenidos en los tests estándares de CI a lo largo del tiempo. Descubrió que, dentro de cada país, las puntuaciones medias eran consistentemente más altas en las personas nacidas los últimos años, incrementándose hasta en tres puntos por década. En algunas naciones, como Dinamarca e Israel, las puntuaciones del CI crecían aun más rápido, alrededor de 20 puntos en el transcurso de treinta años, poco más de una sola generación. Por ejemplo, en el CI verbal y de rendimiento, el danés medio de doce años de 1982 superaba las puntuaciones medias de un niño de catorce años de la generación de sus padres en 1952.

Los cambios en el CI a lo largo del tiempo implican que las pruebas de inteligencia no miden únicamente cierta capacidad pura innata, sino que también muestran los efectos del entorno en el que madura una persona. Una mejor nutrición y mejores cuidados sanitarios pueden llevar a un mejor crecimiento del cerebro, y un entorno más estimulante también puede contribuir de manera positiva al desarrollo y el funcionamiento del cerebro. De hecho, como los humanos somos animales altamente sociales, dichos factores pueden verse intensificados por la interacción social con otros individuos que también han experimentado una aceleración en el desarrollo, lo que lleva a un efecto de realimentación positiva y a un rendimiento todavía mejor. Debido a los progresos en la nutrición y la presencia de un entorno más estimulante, es muy posible que los cerebros de las personas actuales sean, por término medio, más grandes y más sofisticados de lo que eran hace un centenar de años.

Algunas evidencias indican que este efecto empieza a mostrar señales de estabilizarse. En Dinamarca, la nación que más había mejorado en el pasado, las puntuaciones en las pruebas del CI han dejado de aumentar durante los últimos años. Una posibilidad es que los efectos ambientales puedan limitar el desarrollo del cerebro, pero sólo cuando los recursos son escasos (*véase* recuadro). En otras palabras, a medida que el número de personas pobres o que padecen privación de recursos disminuye, el CI medio aumenta.

La supervivencia del más apto: lo que sea, como sea

Una cosa que es importante entender sobre la controversia «naturaleza *versus* ambiente» es que la selección natural trabaja guiándose por consecuencias prácticas. Da igual si un animal sabe cómo encontrar comida porque tiene un programa automático para la localización de la comida tatuado en el cerebro al nacer, o si aprende de experiencias anteriores para ser más hábil a la hora de buscar comida. De cualquiera de las dos formas, si ese animal come lo suficiente, sobrevivirá y habrá más probabilidades de que se reproduzca. Por esa razón, la selección natural ha producido cerebros que permiten a sus dueños sobrevivir en el entorno que los rodea. Distintas personas, y distintos animales, pueden ser muy hábiles a la hora de interactuar socialmente, o a la hora de aprender a sobrevivir en distintos entornos. Así que «naturaleza *versus* ambiente» es la pregunta equivocada; la selección promueve los genes que son especialmente hábiles a la hora de llevarse bien con sus entornos. Naturaleza «y» ambiente sería una forma mucho más correcta de expresarlo.

Esta idea es corroborada por un estudio reciente llevado a cabo sobre los niños españoles, que examinaba el aumento del nivel medio de inteligencia en la población a lo largo de un período de 30 años. Los progresos crecían gradualmente desde el CI bajo hasta el alto, sin que hubiera prácticamente ningún incremento en la mitad superior. Otro respaldo a esta idea puede encontrarse en estudios llevados a cabo en Estados Unidos que muestran que, en los niveles más pobres de la sociedad, los logros educativos guardan relación con los recursos disponibles en las escuelas; mientras que, en niveles más altos, los logros educativos están más relacionados con la herencia y el entorno familiar.

Aun así, todo este progreso no significa que nuestros cerebros sigan evolucionando. De hecho, como el efecto Flynn ha estado teniendo lugar continuamente a lo largo de sólo unas cuantas décadas, no puede tratarse de una auténtica evolución. Normalmente la evolución remite un cambio a través de muchas generaciones: cambios en los genes que son transmitidos a la progenie. Esto llevaría a cambios hereditarios, de forma que una persona nacida con los genes que otorgan ventaja acabaría siendo más eficiente que otras personas criadas en el mismo entorno.

Cuando la gente pregunta si el cerebro sigue evolucionando, lo que en realidad suele querer preguntar es si los mecanismos genéticos que determinan el tamaño o la estructura del cerebro están cambiando. Esta pregunta es más difícil de responder porque la evolución biológica opera mucho más despacio que las respuestas al cambio ambiental dentro de una existencia. Puede que tengan que transcurrir muchas generaciones hasta que llegue a hacerse visible ningún cambio en lo evolutivo.

La evolución por selección natural es difícil de observar dentro de la existencia de una persona, pero es posible estudiarla en animales dotados de un ciclo vital corto, lo que permite que muchas generaciones quepan dentro de la existencia de un solo observador humano. Por ejemplo, en las islas Galápagos, donde la disponibilidad de alimento y el clima varían considerablemente de una estación a otra, los pinzones con distintos tipos de pico sobreviven independientemente del tipo y la ubicación del alimento disponible. Los pinzones crecen hasta la edad adulta y se reproducen en sólo unos cuantos años. En el curso de muchas generaciones, el abanico

Inteligencia maquiavélica: ¿la carrera armamentística del cerebro?

 Los primates son sociales... y bastante mezquinos. Eso es cierto para los monos, y también para los humanos. Vivimos en grupos, competimos entre nosotros para hacernos con el alimento y las parejas, y no dejamos de formar y romper alianzas. El razonamiento que hay detrás de todas estas relaciones sociales puede llegar a ser bastante retorcido, empezando por un «Te gusto; me gustas» y acabando con un «Finges que te gusto cuando está ella delante» e incluso «Tú y ella os podríais llevar mi plátano cuando no estoy mirando». Ahí fuera hay una jungla.

La competición social constante ha sido señalada como uno de los principales factores que impulsaron la evolución del cerebro en los primates. Dentro de la historia de una especie, las estratagemas sociales pueden favorecer la selección, a lo largo de muchas generaciones, de los individuos que disponen de más potencia de fuego mental. Eso conduciría a una «carrera armamentística» cerebral, en la que el crecimiento del tamaño del cerebro en ciertos animales crearía presión sobre otros miembros de la especie para no quedarse rezagados. De hecho, nuestra especie tiene una parte más grande de su cerebro adjudicada al córtex cerebral que ninguna otra especie, alrededor del 76%. Los chimpancés ocupan el segundo puesto con un 72%, y los gorilas, el tercero con un 68%. Los delfines, si bien tienen unos cerebros grandes en términos absolutos, se quedan muy atrás, con sólo un 60%. En nues-

tro caso, todo ese volumen cortical extra puede ser empleado para muchas cosas, como fabricar herramientas.

Un cerebro más grande también podría abrir nuevos nichos en el entorno dentro de los que una nueva especie podría prosperar. Por ejemplo, aunque los chimpancés y los gorilas se encuentran restringidos a ciertas partes de África, los humanos fueron capaces de encontrar un camino a través del cuello de botella que lleva de África a otras partes del mundo, para luego adaptarse a toda una variedad de condiciones.

de las distintas clases de pico puede cambiar, desplazándose hacia el largo y estrecho o hacia el corto y ancho, dependiendo de cuál resulte más adecuado para obtener alimento. Estos cambios han sido observados en períodos de tiempo tan cortos como una sola década.

Para que la selección natural tenga lugar, individuos dotados de cierta característica tienen que producir una mayor descendencia que los individuos que carecen de dicha característica; la selección según diferencias en la función del cerebro es probable que sea gradual, y puede que deban transcurrir varios milenios antes de que llegue a hacerse evidente ningún cambio en la inteligencia. Influir sobre el efecto Flynn, que actúa mucho más deprisa, es una apuesta más acertada para mejorar nuestra especie, o, al menos, una apuesta con un rendimiento más inmediato.

Dicho esto, si el cambio evolutivo termina sucediendo, será una continuación de procesos ya operativos en la historia de nuestra especie. Dos genes que participan en el desarrollo del cerebro, llamados *Microcefalina* y *ASPM*, han sido estudiados en individuos de todo el mundo. Estos genes fueron descubiertos originalmente porque su ausencia, o el hecho de que estén dañados, causa graves deficiencias en el tamaño o la estructura del cerebro. Las personas con *Microcefalina* o *ASPM* defectuosos son físicamente normales salvo por sus cerebros, que son minúsculos; en consecuencia, padecen un retraso mental agudo. Este defecto sugiere que, de algún modo, las proteínas codificadas en dichos genes son necesarias para el desarrollo normal. Esto llevó a la especulación de que la funcionalidad de dichas proteínas también podría variar dentro de la población en general, y luego llevaría a la existencia de variaciones en el tamaño del cerebro entre un individuo y otro.

Un equipo de investigadores que trabajaba con ADN de más de mil personas de todos los rincones del planeta descubrió que versiones particulares de esos dos genes son heredadas mucho más a menudo de lo que cabría esperar si sólo interviniera el azar, lo que probablemente significa que la selección natural está actuando. Las comparaciones llevadas a cabo con el ritmo del cambio en el resto del genoma a lo largo del tiempo indican que las versiones más nuevas de los genes aparecieron por primera vez en la población humana hace entre 6.000 y 37.000 años. El momento no se conoce con mayor precisión porque no se ha analizado ningún ADN de hace tanto tiempo. Como los períodos generacionales típicos van de los 15 a los 20 años, estos cambios representan el resultado acumulativo de cientos de miles de generaciones de selección.

Tampoco se sabe cómo afectan las versiones preferidas de dichos genes a las personas. Hasta la fecha, no se ha descubierto ninguna correspondencia entre la versión del gen y el tamaño del cerebro en humanos normales, lo que sugiere que el tamaño del cerebro es determinado por muchos factores adicionales. Es posible que dichos genes otorguen alguna otra ventaja, como una menor probabilidad de llegar a desarrollar un defecto cerebral. Al igual que en el efecto Flynn, los defectos en estos genes pueden ser una forma de privación. En cualquier caso, los mecanismos causantes de que el cerebro normal aumente de tamaño todavía están por determinar. Afecten como afecten, esos genes forman parte de un proceso a gran escala en el que el cambio genético evolutivo en el desarrollo del cerebro necesita ir acumulándose poco a poco durante miles de años antes de manifestarse. ¡Así que respira tranquilo!

16

El tiempo que hace en tu cerebro: emociones

La mayoría de la gente da por sentado que las emociones interfieren en nuestra capacidad para tomar decisiones sensatas, pero no es así. Las emociones (a diferencia de los estados de ánimo) aparecen en respuesta a lo que ocurre en el mundo y sirven para que nuestros cerebros centren su atención en la información fundamental, desde la amenaza de sufrir un daño físico hasta las oportunidades sociales. Las emociones nos motivan a adaptar nuestra conducta para conseguir aquello que deseamos y evitar aquello que tememos.

La mayor parte de las decisiones que tomamos en la vida real no pueden estar basadas enteramente en la lógica porque, normalmente, la información de que disponemos es incompleta o ambigua. Cambiar de profesión sería lo más fácil del mundo si supieras de antemano hasta qué punto podrás rendir en tu nuevo trabajo y lo satisfactorio que te parecerá. En la mayoría de los casos, sin embargo, sólo dispones de lo que te dice tu intuición. Eso está muy bien siempre que tu córtex orbitofrontal, clave en el sistema emocional del cerebro, funcione como es debido.

Las personas que han sufrido daños en esa región del cerebro enseguida descubren que no saben organizarse la vida. Un famoso paciente conocido como E.V.R. era asesor financiero en una pequeña empresa, estaba felizmente casado y tenía dos hijos cuando se le diagnosticó un tumor en la parte frontal del cerebro a los 35 años. La intervención quirúrgica a la que hubo que someterlo para extirpar el tumor también se llevó consigo una considerable porción de su córtex orbitofrontal. Después de aquello, E.V.R. aún podía con-

Emociones y memoria

 Probablemente recuerdes más de tus últimas vacaciones que de la última vez que fuiste a la estafeta de correos. Los psicólogos saben, desde hace tiempo, que los acontecimientos emocionalmente intensos producen recuerdos muy vívidos. La excitación emocional parece ser particularmente beneficiosa para el almacenamiento a largo plazo de los detalles importantes de una experiencia, a veces a expensas de recordar detalles periféricos. Las personas que han sufrido daños en la amígdala no centran su atención en los detalles cruciales de una experiencia emocional, lo cual sugiere que esta región del cerebro es importante para la influencia de la emoción sobre la memoria. La amígdala parece participar en la memoria sólo en situaciones intensas, tanto si las emociones son positivas como si son negativas.

La excitación emocional desencadena la liberación de adrenalina, la cual activa el nervio vago, parte del sistema nervioso simpático (que controla el reflejo de pelear o darse a la fuga). El nervio vago proyecta su mensaje al tronco del encéfalo, y entonces éste envía información a la amígdala y al hipocampo, área importante para la memoria. El efecto que tiene esta actividad sobre dichas regiones del cerebro incrementa la plasticidad sináptica, un proceso que supuestamente subyace en el aprendizaje (*véase* Capítulo 13). Bloquear los receptores para esta información en la amígdala impide que la adrenalina estimule la memoria, mientras que activarlos mejora la memoria.

Las situaciones de estrés también causan la liberación de las «hormonas del estrés» o glucocorticoides. Dichas hormonas actúan directamente sobre el hipocampo y la amígdala para aumentar la memoria. Los daños en la amígdala impiden el incremento de la memoria por los glucocorticoides en el hipocampo, lo cual indica que la actividad de la amígdala es necesaria para este proceso.

El estrés también puede dañar la memoria bajo ciertas circunstancias. Las hormonas glucocorticoides interfieren en el funcionamiento de la memoria con efectos que la amígdala surte sobre el córtex prefrontal. Finalmente, el estrés crónico puede dañar el hipocampo (*véase* Capítulo 10) y acabar causando déficits permanentes de memoria, para todos los tipos de información, no solamente los recuerdos emocionales.

versar de economía, política exterior o temas de actualidad, y resolver complicados problemas financieros o éticos mediante el razonamiento. Su memoria y su inteligencia no habían cambiado, pero ya no era el hombre de antes. Le costaba muchísimo tomar decisiones, por insignificantes que fueran, y cada mañana pasaba un buen rato comparando distintas camisas antes de coger una al azar. Las decisiones más importantes también se le resistían. En poco tiempo, perdió su trabajo y se divorció de su esposa y, tras haberse embarcado en una serie de negocios descabellados que lo llevaron a la bancarrota, acabó yéndose a vivir con sus padres. Se casó con una prostituta y seis meses después volvía a estar divorciado.

Tan desastrosas consecuencias son habituales entre las personas que han sufrido daños en dicha región del cerebro. Esos pacientes siguen siendo capaces de planear y ejecutar una compleja serie de conductas, pero no parecen tener en consideración las consecuencias que pueden acarrear sus decisiones. No muestran ninguna ansiedad antes de asumir un gran riesgo, como tampoco sienten ningún apuro a la hora de adoptar conductas socialmente inadecuadas que harían que a la mayoría de nosotros se nos cayera la cara de vergüenza. De hecho, parece como si no fueran capaces de experimentar ninguna de las emociones sociales bajo las circunstancias adecuadas. Esto puede deberse a que les cuesta mucho ser conscientes de su propia conducta para determinar hasta qué punto pueden infringir las reglas que regulan la interacción social. Cuando el daño ha sido sufrido en la edad adulta, los pacientes pueden explicar dichas reglas correctamente, pero tienden a no aplicarlas a su propia conducta. Si el daño ha tenido lugar durante la infancia, el paciente ni siquiera es capaz de describir las reglas de la interacción social, y ya no hablemos de aplicarlas en la vida real.

Ahora que hemos explicado por qué tu cerebro emocional es importante, examinemos sus otras partes. La amígdala es conocida, sobre todo, por producir las respuestas relacionadas con el miedo (*véase* Capítulo 13), pero también responde rápidamente a los estímulos emocionales positivos. En términos generales, la amígdala parece ser importante para centrar la atención en los acontecimientos emocionales más destacados. Las neuronas de la amígdala responden a la visión, el sonido o el tacto y, en ocasiones, a los tres a la vez. Muchas neuronas tienen preferencias por ciertos objetos, especialmente los gratificantes, como el alimento o los rostros. Dichas preferencias son modificadas por los estados motivacionales del animal, de manera que una neurona que responde al zumo de fruta cuando el animal está sediento dejará de responder en cuanto el animal haya saciado su sed con el zumo.

La extirpación de la amígdala reduce algunos tipos de miedo tanto en animales como en personas. En concreto, dicha lesión reduce las señales físicas de ansiedad. Cuando personas que han sufrido daños en la amígdala juegan a las cartas, por ejemplo, no responden a los riesgos con una aceleración en el ritmo de los latidos y sudor en las palmas de las manos. (Quizás estés imaginando que esto les permitiría ganarse muy bien la vida en Las Vegas, pero no es así. Resulta que esta reacción emocional es necesaria para que la gente pueda tomar buenas decisiones bajo determinadas circunstancias.) De la misma manera, los animales que tienen la amígdala dañada no responden tan bien a las situaciones que provocan ansiedad, mostrándose menos vigilantes y menos dispuestos a quedarse inmóviles o huir.

Los animales que han sufrido daños en una parte determinada de la amígdala tienen dificultades con las tareas que requieren revisar el valor gratificante de un objeto o una situación, como puede ocurrir cuando descubres que la pastilla de chocolate que te acabas de meter en la boca es, en realidad, un trozo de regaliz (da igual cuál de los dos prefieres). Dichos animales conservan las preferencias normales por los alimentos que mejor saben y trabajan para obtener recompensas; pero carecen de la capacidad de ajustar sus preferencias basándose en la experiencia, y no pueden aprender a evitar los alimentos que les sientan mal.

La mayoría de las emociones son generadas por el mismo conjunto de regiones del cerebro; excepto dos emociones que son especialmente importantes para la supervivencia: el asco y el miedo. Estas emociones dependen de algunas regiones cerebrales especializadas, como sabemos, porque ciertos tipos de lesiones en el cerebro pueden dañar la experiencia del asco o del miedo sin afectar a otras reacciones emocionales. Examinaremos con mayor detalle el papel que la amígdala juega en el miedo en el Capítulo 17.

El asco es evolutivamente muy antiguo, pues se remonta a la necesidad que los humanos recolectores tenían de determinar si un

alimento era comestible. Las
regiones cerebrales clave
a la hora de generar sen-
timientos de asco s o n
los ganglios basales y la
ínsula. La estimulación
eléctrica de la ínsula en
los humanos produce
sensaciones de náusea
y sabores desagrada-
bles. Las ratas con al-
guna de esas áreas
dañadas tienen difi-
cultades para apren-
der a evitar los ali-
mentos que no les
sientan bien; en las
personas, el papel de

esas regiones se ha expandido para incluir el reconocer sentimientos similares en los demás. Los pacientes que han sufrido daños en
esas regiones tienen dificultad para reconocer las expresiones faciales de asco, como ocurre también a quienes padecen la corea de
Huntington, un trastorno primariamente motor causado por la de-
generación de las neuronas en el cuerpo estriado (parte de los ganglios basales).

Sorprendentemente, esas mismas regiones cerebrales parecen
ser las causantes de que arruguemos la nariz no sólo ante la comida
que se ha echado a perder, sino también ante las violaciones de la
decencia moral. Por ejemplo, la ínsula está activa cuando la gente
piensa en experiencias que la hacen sentirse culpable, una emoción
que ha sido descrita como asco dirigido hacia el yo.

Más generalmente, la tarea de la ínsula parece ser percibir el estado de tu cuerpo y desencadenar emociones que te motivarán a
hacer lo que éste necesita. No siempre te puedes fiar de lo que tu
cuerpo piensa que necesita, naturalmente, y la ínsula también se ha
visto implicada en las ansias de nicotina y otras drogas. Envía información a ciertas áreas relacionadas con la toma de decisiones,
como el cingulate anterior y el córtex prefrontal. Por otra parte, la

ínsula también es importante en la conducta social: nos ayuda a inferir estados emocionales (como el bochorno) a partir de los físicos (como el rubor). La ínsula es uno de los varios sistemas cerebrales que responden de manera similar tanto a la acción o el estado de ánimo de uno mismo como a los de otra persona; otro es el sistema espejo (*véase* Capítulo 24).

Compartimos emociones —y los sistemas cerebrales que las producen— con otros animales. Sin embargo, en los humanos, las emociones son particularmente complejas, en parte debido a que tenemos un córtex frontal grande. Por ejemplo, si bien un ratón puede estar asustado, cuesta imaginárselo avergonzado. Las emociones controlan muchas de nuestras conductas sociales, por lo que no debería suponer ninguna sorpresa que las regiones cerebrales importantes para las emociones también lo sean a la hora de procesar las señales sociales. Las denominadas «emociones sociales» —como el bochorno, la culpabilidad, la vergüenza, los celos y el orgullo— aparecen en una etapa más tardía del desarrollo que las emociones básicas de la felicidad, el miedo, la angustia, el asco y la ira. Dichas emociones guían nuestra compleja conducta social, incluidos el deseo de ayudar a otras personas y el impulso de castigar a los que mienten, incluso si ello va a suponer cierto coste para nosotros. Las imágenes funcionales del cerebro tomadas en ciertos experimentos demuestran que las personas que presentan una mayor actividad en las áreas emocionales del cerebro en respuesta a tales situaciones es más probable que estén dispuestas a pagar el precio del altruismo o hacer respetar las normas sociales.

La manera en que vemos una situación suele influenciar nuestra respuesta emocional a ella. Por ejemplo, si la persona con la que habías quedado para cenar no llega al restaurante a la hora acordada, podrías enfadarte ante su falta de consideración o podrías temer que haya tenido un accidente de coche. Si luego te enteras de que ha llegado con retraso porque se detuvo a ayudar a alguien que había tenido un infarto, podrías sentirte contento y orgulloso.

Estas situaciones ponen de manifiesto cómo nuestros cerebros pueden modificar nuestra experiencia de las emociones basándose en nuestras intenciones y la manera en que percibimos los acontecimientos. Varias áreas del córtex envían información al núcleo del sistema emocional para modificar nuestra percepción de una respuesta emocional. La forma más simple de regulación de las emociones es la distracción, que desvía tu atención hacia alguna otra cosa, habitualmente sólo durante un tiempo. Cuando la distracción surte efecto, los estudios con imágenes funcionales muestran que la actividad en las áreas emocionales del cerebro decrece. La distracción puede atenuar las emociones negativas asociadas al dolor físico, en parte reduciendo la actividad en algunas áreas que responden al dolor como la ínsula, al mismo tiempo que incrementando la actividad en áreas asociadas con el control cognitivo de las emociones, principalmente en el córtex prefrontal y el cingulate anterior. Del mismo modo, muchas veces la expectativa de una experiencia capaz de producir emociones positivas o negativas puede activar las mismas regiones cerebrales que normalmente responderían durante dicha experiencia.

Un efecto parecido al de la distracción también puede ser puesto bajo control consciente. Por ejemplo, algunos maestros del yoga aseguran que no pueden sentir dolor durante la meditación. Cuando a uno de esos maestros se lo introdujo en el escáner cerebral y se le pidió que meditara, un estímulo con haz láser que normalmente habría sido extremadamente doloroso no causó en él ninguna sensación, y apenas suscitó respuesta en la ínsula.

Una forma más duradera de regular tus emociones es lo que llamamos «revaluación». La revaluación se da cuando reconsideras el significado de un acontecimiento con vistas a modificar los sentimientos que te ha inspirado en un primer momento. Por ejemplo, si tu hija pequeña ha tocado una estufa caliente y se ha quemado la mano, al principio puedes sentir enfado porque te ha desobedecido y culpabilidad porque no estabas lo bastante pendiente de ella para evitar que se hiciera daño. Si te paras a reflexionar, sin embargo, podrías darte cuenta de que la quemadura no ha sido gran cosa y curará rápidamente, y que tu hija ha aprendido una lección valiosa sobre lo importante que es hacer caso de tus instrucciones. Ambas interpretaciones podrían hacer que ya no te sintieras tan afectado por lo sucedido.

La revaluación parece depender del córtex prefrontal y el cingulate. En estudios con imágenes funcionales, las personas que intentan reinterpretar estímulos emocionales muestran activación de dichas regiones. Una revaluación llevada a cabo con éxito da como

¿Cómo sabe tu cerebro si un chiste tiene gracia?

 El humor es difícil de definir, pero lo reconocemos en cuanto lo vemos. Una teoría sugiere que el humor consiste en una sorpresa —no acabamos donde creíamos que estábamos yendo— seguida por una reinterpretación de lo que ha venido antes para hacerlo encajar dentro de la nueva perspectiva. Para que sea un chiste en lugar de un acertijo lógico, el resultado necesita ser una historia coherente sin ser estrictamente razonable en términos cotidianos. Algunos pacientes con daños en el lóbulo frontal del cerebro, particularmente en el lado derecho, no captan los chistes. Esto es típicamente debido a que tienen problemas con la etapa de reinterpretación del proceso. Por ejemplo, si se les cuenta un chiste con una serie de finales entre los que elegir, no saben decir cuál de ellos resultaría gracioso. La risa o el sentimiento de diversión han sido evocados en pacientes epilépticos mediante la estimulación del córtex prefrontal o la parte inferior del córtex temporal. Estudios llevados a cabo con imágenes funcionales del cerebro muestran que el córtex prefrontal orbital y el medio están activos cuando la gente entiende un chiste. Como el humor incluye componentes tanto emocionales como cognitivos, parece lógico que esas regiones prefrontales que integran ambas funciones deban estar presentes.

El humor también hace que la gente se sienta bien, aparentemente activando las mismas áreas cerebrales implicadas en el mecanismo de motivación y recompensa que responden a otros placeres como la comida o el sexo, como explicamos en el capítulo 18. Particularmente cuando va unida a la sorpresa, una sensación de placer puede provocar la risa. De hecho, la risa podría ser una señal ancestral utilizada por los animales para indicar que una situación aparentemente peligrosa en realidad no presenta ninguna clase de riesgo. Múltiples tipos de humor activan áreas que responden a los estímulos emocionales, como la amígdala, el cerebro medio, el cingulate y el córtex insular. Estas dos últimas regiones también se activan en situaciones de incertidumbre o incongruencia, por lo que es posible que participen en la etapa de reinterpretación para entender un chiste. Cuanto más gracioso le parece un chiste a una persona, más activas se encuentran esas áreas, así como las regiones implicadas en el mecanismo de motivación y recompensa.

No obstante, las recompensas del humor van más allá del simple sentirse bien. Tener talento para hacer reír a los demás puede mejorar toda clase de interacciones sociales, ayudándote a encontrar pareja o a comunicar tus ideas de manera efectiva. Además, el humor reduce los efectos del estrés sobre el corazón, el sistema inmunitario y las hormonas. Así que, si eres la clase de persona que tiende a encontrar graciosas cosas que no se lo parecen a los demás, recuerda que probablemente tú reirás el último.

resultado cambios en otras áreas del cerebro relacionadas con la emoción que se corresponden con los cambios emocionales exteriores, como una disminución en la actividad de la amígdala cuando alguien revalúa un estímulo para hacer que parezca menos aterrador. Estos cambios cerebrales son sorprendentemente similares a los patrones de actividad que aparecen en respuesta a la administración de un placebo, otro ejemplo de cómo las personas pueden experimentar una situación idéntica de maneras distintas dependiendo de cuáles sean sus creencias individuales.

Quienes saben revaluar tienden a ser emocionalmente estables y mostrar una gran capacidad de recuperación. Muchos de los beneficios que la gente obtiene de la psicoterapia pueden ser atribuidos a mejoras en su capacidad para revaluar las situaciones de manera productiva. En general, como mamíferos dotados de un gran córtex frontal, estamos lo bastante capacitados para entrenar nuestras respuestas emocionales. A diferencia de la mayoría de las capacidades mentales, la revaluación mejora con la edad, quizá como consecuencia de la maduración del córtex prefrontal, o quizá sólo debido a la práctica. Esto podría explicar por qué los adultos maduros tienden a ser más felices y a experimentar menos emociones negativas que los adultos jóvenes.

Así que la próxima vez que alguien diga «no seas tan emotivo», haz como que no lo has oído. Tus emociones —tanto las agradables como las desagradables— son una buena guía a la hora de elegir cuál será la conducta más efectiva, porque te ayudan a predecir las consecuencias probables de tus actos cuando no dispones de la información suficiente para decidir lógicamente. Sé emotivo. Si tu sistema de regulación de las emociones funciona como es debido, lo más probable es que elijas correctamente.

El humor puede ser diseccionado como una rana, pero muere en el proceso, y las entrañas sólo le parecerán interesantes a quien tenga una mente científica.

E. B. White

17

¿Me dejo algo? La ansiedad

No es que intentemos ponerte nervioso, pero lo cierto es que un exceso de relajación puede matarte. En un mundo lleno de riesgos, preocuparse puede ofrecer grandes ventajas para la supervivencia. Claro que siempre es posible preocuparse demasiado, por ejemplo si eres un tejón que no se atreve a salir de su madriguera para encontrar alimento o una pareja, o preocuparse por las cosas equivocadas, como cuando una persona desarrolla una fobia que convierte el ir a cenar con unos amigos en una experiencia tan aterradora que le entran palpitaciones. En conjunto, sin embargo, la ansiedad sirve a muchos propósitos útiles, y no sólo porque nos induce a ser cautelosos ante el peligro. La ansiedad también motiva conductas positivas, desde terminar un trabajo pendiente antes de que se acabe el plazo hasta almacenar comida suficiente para aguantar el invierno. Irónicamente, emociones que nos hacen sentir mal suelen ser la causa de que nos comportemos de manera positiva para nosotros, razón por la que han llegado a estar tan extendidas.

Aunque todo el mundo experimenta ansiedad en su vida, las personas (y otros animales) muestran diferencias individuales en la facilidad con que se activa su ansiedad, lo intensa que es y el tiempo que dura. Algunas de esas diferencias individuales son debidas a nuestros genes. Tener un pariente con trastorno de ansiedad (como explicaremos a continuación) multiplica aproximadamente por cinco el riesgo de desarrollar dicho trastorno.

Los genes no sólo controlan los niveles básicos de ansiedad, sino que también pueden determinar nuestra sensibilidad a factores estresantes como el maltrato durante la infancia, la muerte de

El efecto accidente de coche

Después de un súbito acontecimiento peligroso como un accidente de tráfico, la gente suele contar que entonces el tiempo parecía ir más lento. Dicen que pudieron evaluar la situación, considerar las posibles alternativas y emprender la acción evasiva en cuestión de segundos. Es evidente que dicha capacidad conferiría una tremenda ventaja para la supervivencia.

En cierto sentido, el tiempo transcurre más despacio bajo el estrés; o, para ser más exactos, las personas procesan la información más deprisa. Para determinar la capacidad de reacción durante el miedo, los investigadores usaron un escenario muy emocionante pero inofensivo, un parque de atracciones. La atracción en cuestión es una experiencia de caída libre en la que los participantes se ponen un traje especial y un casco y luego son arrojados al vacío desde una altura de 30 metros a la red que los aguarda abajo.

Para medir la velocidad perceptiva durante la caída, los investigadores pusieron un pequeño monitor de vídeo en la muñeca de cada participante. En la pantalla había una secuencia de imágenes que cambiaban rápidamente de letra o número (por ejemplo una «I» negra sobre un fondo blanco), alternándose igual de rápido con una imagen neutralizadora (por ejemplo, una «I» blanca sobre un fondo negro). Los investigadores aceleraron las imágenes lo suficiente para que, bajo condiciones de no-caída, los participantes sólo vieran una pantalla uniformemente gris. Luego arrojaban a los participantes al vacío, tras haberles dado instrucciones de que no apartaran la vista del monitor.

En general, los participantes pudieron comunicar con un notable grado de precisión la letra o el número. Sin embargo, si subían a la atracción y pasaban por el experimento múltiples veces, no tardaban en hacerlo cada vez peor. Esto es lo contrario de lo que normalmente ocurre cuando la gente realiza una tarea; pero es de esperar, si el factor crítico de la situación es el factor miedo. Después de todo, las atracciones de un parque suelen perder emoción a medida que se repiten.

No sabemos qué es lo que hace el cerebro para acelerar el

procesamiento bajo tales condiciones. Ocurra lo que ocurra en esos momentos, el procedimiento nos ofrece una buena demostración de la clase de situación en la que una respuesta emocional proporciona una breve, pero decisiva ventaja. Una posibilidad es que los neurotransmisores que se liberan durante los acontecimientos emocionantes o peligrosos, como la adrenalina, afecten a las propiedades de las células nerviosas individuales para acelerar sus respuestas y aumentar sus capacidades de procesamiento. Ahora bien, la pregunta es cómo medir si el procesamiento mental se vuelve más rápido en momentos muy emocionantes. ¿Puenting y sudoku?

un familiar o el divorcio. Las personas que tienen la variante protectora de un gen determinado, por ejemplo, pueden afrontar muchos momentos difíciles con pocas probabilidades de desarrollar un trastorno de ansiedad (o depresión) en consecuencia. Dicho gen contiene el código del transportador de la serotonina, que elimina dicho neurotransmisor de la sinapsis una vez que ha realizado su trabajo. Las personas con la variante vulnerable del gen son más sensibles al estrés, pero no se verán afectadas si en sus vidas no sucede nada demasiado malo. Las personas con una copia de cada variante (porque todos tenemos dos copias de cada gen, como quizá recuerdes de las clases de ciencias naturales) se encuentran a medio camino entre esos dos extremos. Pueden hacer frente a un acontecimiento malo, pero ante un gran número de ellos puede que caigan en la depresión o desarrollen un trastorno de ansiedad.

Lo único a lo que debemos tener miedo es al mismo miedo.

Franklin D. Roosevelt

Los trastornos de ansiedad son el tipo de trastorno psiquiátrico más común en Estados Unidos, ya que afecta a unos 40 millones de personas. Hasta un 90% de las personas que padecen trastornos de

Trastorno por estrés postraumático

 Algunas víctimas de violación, veteranos de guerra y personas que han experimentado acontecimientos extremadamente traumáticos desarrollan el trastorno por estrés postraumático (TEPT). Quienes padecen este trastorno están constantemente en guardia, lo que les lleva a asustarse con facilidad y tener problemas para dormir. También reviven los acontecimientos traumáticos en pesadillas o en los pensamientos que acuden a sus mentes durante las horas de vigilia, y pueden pasar por fases de distanciamiento emocional y perder todo interés por las actividades cotidianas. Los síntomas del TEPT persisten a lo largo de toda la existencia en un 30% de las personas que lo padecen. El TEPT no es ningún invento moderno. Sus síntomas fueron descritos en la antigüedad; un famoso ejemplo de ello es la transformación que sufre Aquiles tras la guerra en la *Ilíada*. De hecho, el TEPT se ha dado en todas las guerras estudiadas.

La práctica totalidad de los adultos ha experimentado al menos un acontecimiento traumático del tipo que causa TEPT, aunque sólo algunas personas desarrollan el trastorno después de un trauma. El activador más potente es el trauma deliberadamente causado por otra persona, como la violación o el secuestro. Alrededor de la mitad de las víctimas de violación desarrollan TEPT, en tanto que las víctimas de catástrofes naturales corren un riesgo relativamente bajo de llegar a padecerlo (alrededor del 4%). Los mismos tratamientos son de tanta ayuda para el TEPT como para otros trastornos de ansiedad, pero los progresos pueden ser más lentos porque el TEPT recurrente tiene consecuencias negativas en la vida laboral y social del paciente que tienden a perdurar incluso después de que la ansiedad haya empezado a remitir.

Al igual que otros trastornos de ansiedad, el TEPT es el doble de frecuente en las mujeres (10% de probabilidades a lo largo de su existencia en Estados Unidos). Se han propuesto dos explicaciones para esta diferencia. Una es que las mujeres experimentan más acontecimientos traumáticos (o traumas más intensos), dado que la violación y el maltrato en el matrimonio son mucho más frecuentes entre las mujeres, aunque los hombres también viven más traumas relacionados con situaciones de conflicto bélico. La otra es que las mujeres son más sensibles al aprendizaje del miedo o el estrés, lo que puede hacerlas más vulnerables a los trastornos de ansiedad. La evidencia científica disponible al respecto dista mucho de ser concluyente, pero es cierto que más mujeres (20%) que hombres (8%) desarrollan TEPT tras un acontecimiento traumático. Naturalmente, es posible que ambas explicaciones contribuyan a la disparidad de género.

Por otra parte, las personas que padecen TEPT muestran reducciones en el tamaño del hipocampo en comparación con las que no padecen dicho trastorno. Al principio, los científicos pensaron que esto sucedía porque el TEPT provoca estrés, consabido enemigo del hipocampo. Sin embargo, resulta que, cuando los investigadores examinaron a gemelos idénticos, de los que sólo uno había combatido, un hipocampo más pequeño en el gemelo que no había ido al frente era un buen «predictor» de si el otro desarrollaría TEPT por haber combatido. Este descubrimiento sugiere que ciertas personas están predispuestas al TEPT, quizá porque sus cerebros son hiperreactivos al estrés.

ansiedad también sufren depresión clínica en algún momento de su existencia, y muchos de los mismos tratamientos son efectivos para ambos problemas. Por ejemplo, inhibidores selectivos de la reabsorción de serotonina como el Prozac, habitualmente utilizados para tratar la depresión, también proporcionan buenos resultados en los trastornos de ansiedad. Dicha simultaneidad sugiere que los mecanismos cerebrales que causan la depresión y la ansiedad podrían ser similares, si bien el origen de la ansiedad patológica es entendido mejor.

En el cerebro, la ansiedad empieza por la amígdala. Como hemos dicho ya (*véanse* Capítulos 13 y 16), dañarla interfiere en las respuestas del miedo y el aprendizaje del miedo, en humanos y otros animales. Estimular la amígdala produce respuestas de miedo en animales. No necesitas que te hagan un escáner cerebral para saber cuándo tu amígdala está activa: si el corazón te late más deprisa y te

sudan las palmas de las manos, es que tu amígdala está funcionando. Tu presión sanguínea también aumenta y, en casos extremos, notarás que te cuesta respirar. Estos síntomas aparecen porque la amígdala dispone de una conexión directa con el hipotálamo, que controla las respuestas corporales al estrés. La actividad amigdalar activa el sistema nervioso simpático (la respuesta de pelear o darse a la fuga) y la liberación de las hormonas glucocorticoides del estrés. Las personas que experimentan dichos síntomas repentinamente y de manera aguda se dice que tienen un ataque de pánico, un tipo de trastorno de ansiedad que puede producir síntomas tan abrumadores que quien los padece cree morir.

Probablemente, una amígdala hiperactiva causa algunos trastornos de ansiedad. Otros pacientes parecen presentar respuestas amigdalares normales. Lo que les sucede a esos pacientes aquejados de ansiedad es que tienen un problema en el córtex prefrontal, responsable de desactivar la ansiedad cuando no resulta apropiada para la situación. La amígdala recibe información directamente de los sentidos, por lo que sus respuestas están pensadas para ser rápidas, no precisas. A menudo, un análisis ulterior por una parte más meticulosa del cerebro lleva a descubrir que no hay nada que temer: creíste ver una serpiente, pero ha resultado ser una rama mecida por la brisa. Entonces el córtex prefrontal inhibe la amígdala, desactivando la ansiedad. Si este proceso no funciona correctamente, la persona en cuestión continuará sintiéndose ansiosa mucho después de que el peligro haya pasado. Algunos de los mejores tratamientos para los trastornos de ansiedad probablemente actúan incrementando la efectividad de este sendero inhibitorio.

La ansiedad leve no debería requerir tratamiento profesional.

Si quieres probar el enfoque de la autoayuda, empieza pensando en cómo disminuir el nivel de estrés en tu vida. Lo puedes hacer de dos maneras: reduciendo tu exposición a las situaciones estresantes o aprendiendo mejores maneras de afrontarlas. El enfoque que más útil te resulte dependerá de qué esté causando tu estrés. Una buena manera de evitar que el estrés te complique demasiado la vida es ejercitarse regularmente, preferiblemente al menos 30 minutos cada día. El ejercicio mejora tu estado de ánimo y, como vimos en el Capítulo 14, tiene el beneficio colateral de ayudar a preservar dicho estado de ánimo favorable y reducir el riesgo de padecer demencia senil conforme envejeces; así que, realmente, todo son ventajas. La meditación también puede reducir las respuestas al estrés. Algunas personas encuentran particularmente útil el yoga, porque combina el ejercicio con la calma mental. También deberías tratar de reducir tu ingesta de cafeína y dormir lo suficiente. Resiste la tentación de medicar la ansiedad con tranquilizantes o alcohol, que en última instancia sólo servirán para agravar tus problemas; muchas personas con ansiedad también sufren los efectos causados por el abuso de dichas sustancias. Si esas técnicas no reducen tu ansiedad o si la ansiedad te está complicando mucho la vida, quizá deberías acudir a un terapeuta profesional.

Dos tipos de psicoterapia, que suelen ser utilizados conjuntamente, han demostrado ser bastante efectivos para los trastornos de ansiedad en estudios clínicos. Ambos enfoques son intervenciones a corto plazo que se concentran en enseñar a los pacientes a controlar las situaciones que les provocan ansiedad, y ambos requieren una participación activa por parte de los pacientes. La terapia conductual se basa en el aprendizaje de extinción, que quizá recuerdes del Capítulo 13. La exposición repetida a un objeto o una situación que inspiran temor sin que dicha exposición acarree consecuencias negativas acaba produciendo extinción, en un proceso que enseña al animal o al paciente a no temer el estímulo. La terapia conductual se centra en ayudar a la gente a que deje de rehuir las situaciones que le provocan ansiedad, de manera que los pacientes puedan aprender que dichas situaciones no son realmente peligrosas (*véase* recuadro sobre las fobias). La terapia cognitiva se centra en ayudar a la gente a aprender cómo sus patrones mentales contribuyen a su malestar y a sustituirlos por maneras más productivas de pensar en el problema;

Cómo tratar una fobia

 Una fobia es un miedo muy intenso a algo que, en realidad, no es tan peligroso. La gente puede desarrollar miedos irracionales a cualquier cosa desde las arañas hasta las alturas, pasando por las interacciones sociales. Normalmente las fobias aparecen durante la infancia o la adolescencia, lo que sugiere que podrían ser aprendidas; pero la mayoría de los pacientes no recuerda ningún incidente concreto que desencadenara su miedo. La tendencia a adquirir fobias parece ser debida, en parte, a factores genéticos.

La buena noticia es que las fobias son uno de los trastornos psiquiátricos más fáciles de tratar. La terapia conductual a corto plazo centrada en desensibilizar el miedo del paciente resulta muy efectiva. A veces, dicho enfoque se complementa con fármacos para reducir temporalmente el miedo y hacer que sea más fácil afrontarlo, o con terapia conductual cognitiva para animar al paciente a que reflexione sobre su actitud hacia el estímulo que induce el miedo.

Lo primero que hace el terapeuta es ir exponiendo lentamente al paciente a la situación temida en pequeños pasos, consultando a menudo con él para asegurarse de que la ansiedad se mantiene dentro de unos límites tolerables. Por ejemplo, para una fobia a las alturas, el paciente podría mirar antes una foto tomada desde el segundo piso. Entonces podría imaginarse que está de pie en un balcón y, finalmente, que está en un sitio más alto. Conforme la ansiedad empezara a disiparse, el paciente sería expuesto de forma controlada a situaciones reales que producen ansiedad para demostrarle que, en realidad, no son peligrosas. Dicho enfoque, en manos de un terapeuta experimentado, acostumbra a hacer que las fobias queden bajo control.

por ejemplo, distinguiendo los pensamientos realistas de aquellos que no lo son. Antes de visitar a un terapeuta, deberías asegurarte de que sabes cuál es el tipo de terapia que practica y si da resultado con el problema que quieres sea tratado.

Los médicos están poniendo a prueba ciertas variantes bastante prometedoras de estos métodos para tratar los trastornos de ansiedad, aunque estos nuevos tratamientos todavía no están disponibles a gran escala. Como la demanda de terapia conductual es superior al número de terapeutas profesionales disponibles, algunos investigadores trabajan en programas informáticos que permiten a las personas controlar su propia exposición a las situaciones que producen ansiedad. Otro enfoque es exponer a los pacientes a una versión simulada de la situación. La terapia de realidad virtual ha sido utilizada para tratar fobias, ataques de pánico y TEPT, y la evidencia preliminar sugiere que puede ser tan efectiva como la exposición directa a los estímulos desencadenantes del miedo. En un nuevo enfoque particularmente interesante, los médicos pidieron a los pacientes que tomaran un medicamento llamado «D-cicloserina» antes de someterse a las sesiones de terapia de realidad virtual. Dicho medicamento activa los receptores de NMDA, importantes para el aprendizaje. Al mejorar la capacidad de aprender, el medicamento incrementa el ritmo de extinción del miedo durante la terapia conductual. Los pacientes de este estudio mostraron reducciones en la ansiedad después de tan sólo dos sesiones, y la mejora duró tres meses. Ahora este mismo grupo prueba el mismo enfoque para tratar el TEPT en veteranos de Iraq, con un 18% de riesgo de padecer el trastorno. Si estas ideas funcionan en futuras pruebas, tal vez sea posible reducir considerablemente el número de personas que padecen trastornos de ansiedad.

Naturalmente, no esperamos eliminar por completo la ansiedad utilizando ninguna de estas técnicas. Si eso ocurriera, entonces (al menos) nosotros jamás llegaríamos a hacer nada en la vida. No cabe duda de que existe un nivel óptimo de ansiedad —no tan bajo para que te pases el día tumbado en el sofá, pero tampoco tan alto para que te escondas bajo la cama—; y, por desgracia, el nivel más adecuado para la supervivencia no tiene por qué ser el que hace que nos sintamos más a gusto. No obstante, si la ansiedad interfiere en tu vida, deberías hacer algo al respecto. Los tratamientos para el trastorno de ansiedad pueden ser muy efectivos —además, de manera bastante rápida—, así que no dejes que un problema de ansiedad asuma el control de tu existencia.

18

La felicidad y cómo encontrarla

Timothy Leary se habría llevado una gran decepción si le hubiesen dicho que algunas de las personas más felices en Estados Unidos están casadas, votan a los republicanos, van regularmente a la iglesia y ganan más dinero que sus vecinos. Sin embargo, quizá se habría puesto un poco más contento de haber sabido que las personas felices también practican mucho el sexo y llevan una activa vida social.

La felicidad tiende a ser determinada por comparación con otras personas. El nivel medio de ingresos en Estados Unidos no ha dejado de crecer a lo largo de los últimos 50 años, pero el porcentaje de personas que se consideran muy felices apenas ha variado, presumiblemente porque el patrón de comparación ha crecido junto con los ingresos medios. Por lo tanto, el determinante de la felicidad que realmente importa no es la riqueza absoluta sino la riqueza relativa; con tal de que ganes lo suficiente para que tus necesidades básicas estén cubiertas, alrededor de 30.000 dólares al año. Esto significa que la ma-

La felicidad en el mundo

 En Estados Unidos, las diferencias entre individuos no dependen marcadamente de factores demográficos como los ingresos; pero las cosas cambian cuando empezamos a comparar con otros países. La explicación puede ser que, debido a la cantidad relativa de riqueza y estabilidad, las diferencias de felicidad entre estadounidenses basadas en circunstancias políticas y económicas no son significativas. En cambio, las naciones de la antigua Unión Soviética y de África contienen algunas de las personas más infelices del mundo, presumiblemente debido a la extensión de la pobreza, el pésimo nivel de salud y las continuas conmociones políticas. Investigadores de la Unidad de Inteligencia Económica han informado de que el 82% de las diferencias en el nivel medio de felicidad de un país a otro pueden ser predichas a partir de nueve características objetivas. Empezando por la más importante, dichas características son: la salud (esperanza de vida al nacer), la riqueza (producto doméstico bruto por persona), la estabilidad política, el índice de divorcios, la vida comunitaria, el clima (si es más cálido, mejor), el nivel de desempleo, la libertad política y la igualdad de género (cuanto más igualados están los ingresos medios de los hombres y los de las mujeres, más feliz es la gente).

La riqueza tiene un fuerte efecto sobre la felicidad en países donde muchas personas tienen dificultades para obtener comida y cobijo, pero mucho menos efecto en países más ricos. Los factores culturales también parecen afectar a la felicidad. Por ejemplo, la gente en Dinamarca comunica consistentemente niveles de felicidad más altos que la gente en Finlandia, aunque ambos países son similares en la mayoría de las variables demográficas. Un grupo danés de investigación proporcionó una explicación irónica para dicha diferencia: en el mismo estudio, los daneses comunican tener menos expectativas para el año siguiente que los finlandeses.

yoría de nosotros nos sentiríamos más felices si ganáramos 50.000 dólares al año haciendo el trabajo que hacemos actualmente allí donde el sueldo medio es de 40.000 dólares que si ganáramos 60.000 al año allí donde el sueldo medio es de 70.000 dólares. Las cosas que podríamos comprar con esos 10.000 dólares más al año estarían muy lejos de poder compensarnos por la felicidad que sentiríamos al ver que estábamos mejor pagados que nuestros compañeros de trabajo.

Como dice un investigador: «La clave de la felicidad es no tener demasiadas expectativas.» (Cuando estás a punto de hacer una compra importante, vale la pena recordar que luego no compararás tu nueva adquisición con las otras posibilidades que te ofrece el establecimiento, sino con lo que ya tienes... o con lo que tienen tus amistades. De hecho, la gente tiende a sentirse menos satisfecha con sus decisiones cuando se ve obligada a elegir entre muchas opciones que cuando sólo dispone de unas cuantas, lo cual sugiere que establecer más comparaciones puede reducir la felicidad haciendo que lamentemos las opciones que no nos fue posible elegir.

Incluso los grandes acontecimientos de la existencia tienen una influencia menos prolongada sobre la felicidad de lo que cabría pensar. Por ejemplo, los ciegos no son menos felices que los videntes. Las personas casadas son, por término medio, más felices que las que no lo están (*véase* recuadro), pero tener hijos apenas afecta a la felicidad. Parece que, después de una intensa respuesta transitoria a la mayoría de los acontecimientos buenos o malos, la felicidad tiende a dirigirse de nuevo hacia su «punto de ajuste» inicial, que es levemente positivo en conjunto. A esto se le llama adaptación, y es la razón por la que algunas personas no paran de comprar cosas que no necesitan: si tener algo nuevo te hace feliz, necesitas renovar la sensación comprando más cosas porque el efecto nunca dura mucho tiempo.

En su forma más categórica, la idea de la adaptación sugiere que todos los esfuerzos por incrementar la felicidad en un individuo o en una sociedad son vanos y que las circunstancias de la vida personal no producen ningún efecto duradero sobre su felicidad. Esto sería bastante sorprendente, y casi es hasta incorrecto (*véase* recuadro). De hecho, podemos estar razonablemente seguros de que determinadas circunstancias van asociadas a la felicidad, como los problemas de salud y el tener que cubrir una gran distancia cada día para ir a trabajar.

Los acontecimientos que probablemente tengan una influencia negativa duradera sobre la felicidad de las personas incluyen la

¿Cómo miden la felicidad los científicos?

 Si la idea de estudiar la felicidad te suena demasiado disparatada para tomártela en serio, no eres el único. Existen ciertas limitaciones reales a esta clase de investigación, aunque es más fiable de lo que se podría pensar en un principio. El método habitual para recopilar datos en dichos estudios es bastante simple: los investigadores telefonean a la gente y le preguntan hasta qué punto es feliz. («¿Hasta qué punto se siente usted satisfecho de su vida en conjunto, últimamente? ¿Está usted muy satisfecho, bastante satisfecho, no muy satisfecho o nada satisfecho?») Luego preguntan acerca de cosas como los ingresos individuales, el estado marital y las aficiones. Cuando disponen de toda esta información relativa a una muestra significativa (normalmente, miles de personas), intentan determinar qué clases de respuestas es más probable que procedan de personas felices que de personas infelices.

Este acercamiento a la investigación se conoce como «correlacional», y tiene una gran pega. Si descubres que dos cosas ocurren juntas por regla general, entonces puedes estar bastante seguro (aunque no completamente) de que hay alguna clase de relación entre ellas. Pero sigues sin poder decir en qué consiste exactamente dicha relación. Por ejemplo, saber que por término medio las personas casadas son más felices que las solteras no nos dice si tu hijo sería más feliz si se casara, dejando aparte lo que tú puedas creer personalmente al respecto. Estar casadas puede hacer más felices a las personas, o ser feliz simplemente puede hacer que te cueste menos casarte. De hecho, los psicólogos que miden la felicidad en los mismos individuos a lo largo de varios años de sus vidas han descubierto que ambas aseveraciones son ciertas: las personas felices tienen más probabilidades de casarse, y eso, a su vez, las hace todavía más felices. No toda la investigación sobre la felicidad es correlacional; pero, cuando interpretamos estudios de este tipo, debemos recordar que una correlación entre dos cosas no puede decirnos lo que más queremos saber: cuál de las dos cosas causa la otra, o si existe una tercera causa desconocida de ambos acontecimientos.

Otra cosa que debes tener presente es que, al igual que con la mayor parte de la investigación psicológica, la respuesta que obtengas dependerá de cómo formules la pregunta. Por ejemplo, cuando a las mujeres se les pedía que hicieran una lista de las actividades que encontraban particularmente agradables, «pasar mucho tiempo con mis hijos» ocupaba el primer puesto en la lista. En cambio, cuando otros investigadores pidieron a las mujeres del estudio que describieran cómo se habían sentido durante cada una de sus actividades del día anterior, la puntuación positiva media adjudicada a interactuar con sus hijos indicaba que esta actividad es aproximadamente tan gratificante como llevar a cabo las tareas domésticas o responder al correo electrónico. Este descubrimiento sugiere que las mujeres encuentran a sus hijos más gratificantes en la teoría que en la práctica, al menos dentro del día a día.

muerte de un cónyuge, el divorcio, la incapacidad física y el desempleo. En todas estas circunstancias, la gente se adapta —su felicidad se ve afectada mucho más intensamente después del acontecimiento y luego va volviendo lentamente a la línea base—, aunque la adaptación no es completa. Incluso ocho años después de la muerte de un cónyuge, el superviviente aún es menos feliz de lo que era cuando vivía su cónyuge. Intentos deliberados de incrementar la felicidad también tienen un cierto éxito duradero, pero dichas intervenciones parecen resultar más efectivas si son repetidas frecuentemente (*véase* recuadro).

Cuando los psicólogos siguen a las mismas personas en el curso del tiempo, la mayoría de ellas comunica un nivel de felicidad prácticamente estable. En un estudio llevado a cabo con alemanes durante un período de 17 años, sólo el 24% de los participantes experimentó un cambio significativo en su felicidad del comienzo al final del estudio, y ésta sólo cambió notablemente en un 9% de los casos. Todas las circunstancias individuales —matrimonio, salud, ingresos y demás— tomadas en conjunto explican tan sólo el 20% de las diferencias de felicidad de un individuo a otro en Estados

Unidos, mientras que los factores genéticos explican alrededor del 50% de las diferencias. Gemelos idénticos que han crecido separados el uno del otro (habitualmente, porque fueron adoptados por separado) son mucho más parecidos en su nivel de felicidad adulta que los gemelos no idénticos que han crecido separados, y aproximadamente igual de parecidos en felicidad que los gemelos idénticos criados juntos. (El misterioso 30% restante incluye errores de medición, como el que distintas personas tengan distintas definiciones de «mayormente satisfecho».)

En general, el cerebro parece responder con mayor intensidad a los cambios que a las condiciones persistentes, llegando incluso hasta las células individuales. Las neuronas también muestran adaptaciones (aunque lo típico es que las lleven a cabo en menos de un segundo, no en meses). La adaptación es eficiente porque la mayor parte de la información disponible en el mundo es estable, mientras que la mayor parte de la acción importante para tu cerebro se encuentra ubicada en la parte del mundo que está cambiando: objetos en movimiento, la nueva expresión facial de tu pareja, o una fuente inesperada de comida. Si el cerebro puede hacer trampa invirtiendo sus limitados recursos en representar la información impredecible, podrá ayudarte a responder al mundo de manera más efectiva.

Neuronas de distintas áreas del cerebro responden a acontecimientos que «motivan una recompensa». En tanto que término técnico, una «recompensa» es definida como cualquier cosa que haga más probable repetir la conducta que llevó incialmente a ella; los ejemplos más clásicos son la comida, el agua, el sexo y toda una serie de cosas más complicadas como las interacciones sociales positivas. En las personas, sabemos que las recompensas van asociadas a una sensación subjetiva de placer; y las personas, al igual que otros animales, están dispuestas a trabajar por ellas (al igual que por recompensas tan humanas como puede ser el dinero). Sin embargo, sólo podemos registrar las respuestas de neuronas individuales en animales, por lo que dicho tipo de estudios se lleva normalmente a cabo con monos o roedores.

Los científicos pueden distinguir entre las neuronas que responden a las recompensas y aquellas que responden a otros aspectos de un estímulo, como por ejemplo el sabor. Las primeras son las que dejan de responder cuando el animal ya no desea la recompensa, como cuando una rata ya no está interesada en un alimento porque ha comido suficiente (aunque, presumiblemente, el alimento siga sabiendo igual). Dichas neuronas están ubicadas en regiones cerebrales como el córtex orbitofrontal, el cuerpo estriado y la amígdala, y suelen responder no sólo al estímulo gratificante propiamente dicho, sino también a alguna característica determinada de la recompensa. Por ejemplo, una neurona puede responder a un tipo de alimento pero no a otro, o a una recompensa pequeña pero no a una grande. Por ello los científicos piensan que dichas neuronas señalan la expectativa de recibir una recompensa que tiene el animal. Si bien distintas neuronas tienen distintas preferencias, el conjunto de áreas del cerebro se muestra activo en distintos tipos de recompensa, desde la comida hasta el sexo pasando por el dinero y la oportunidad de pasar un rato con su pareja.

Algunas de esas neuronas liberan el neurotransmisor dopamina. Dichas neuronas están ubicadas en el locus niger y la circunvolución central del cerebro medio, y proyectan sus axones hacia toda una serie de regiones cerebrales que contienen neuronas capaces de responder a las recompensas, incluidas las antes mencionadas. Dichas neuronas parecen desempeñar un papel especial en lo que a la predicción de la recompensa se refiere. Las neuronas de la dopamina son activadas con recompensas inesperadas. Por ejemplo, los experimentadores mostraron a las ratas que apretando una palanca obtenían una recompensa, pero sólo después de que se hubiera encendido una luz. Durante las primeras etapas de adiestramiento, las neuronas se mantenían activas al llegar el alimento. Posteriormente, cuando los animales llegaron a descubrir el procedimiento, las neuronas de la dopamina empezaron a activarse nada más encenderse la luz —cuando el animal se enteraba de que no iba a tardar en recibir algún alimento— y se inhibían cuando el alimento no aparecía en el momento esperado. Cuando las decepciones se sucedían repetidamente, las neuronas dejaban de activarse en respuesta a la luz y los animales dejaban de apretar la palanca. Por lo que, en una variedad de situaciones, estas neuronas parecen informar a los animales sobre cuáles son las características del entorno que predicen cuándo van a recibir una recompensa.

¿Qué tienen que ver la dopamina o las neuronas sensibles a las recompensas con la felicidad? No sabemos cómo definir la felici-

Ejercicios para ser más feliz

 La felicidad es como una diana en movimiento. Debido a la adaptación, pequeños acontecimientos positivos frecuentes tienen un impacto acumulativo mayor que grandes acontecimientos positivos que tienen lugar ocasionalmente. Asimismo, la eliminación de irritantes cotidianos como tener que recorrer una gran distancia para ir al trabajo probablemente proporcionará una mejora sustancial en la felicidad. Quizá te resulte difícil creer que tomar algo con un amigo que te cae bien quince minutos al día después del trabajo te hará sentir más feliz que haber ganado el premio gordo en la lotería, pero puedes estar seguro de que así será.

¿Qué hace feliz a la gente en el día a día? Las mujeres a las que se pidió que recordaran sus emociones al final de cada día mencionaron el sexo como la actividad más gratificante, considerablemente por delante del segundo competidor, relacionarse con las amistades. De hecho, más sexo está correlacionado con más felicidad; y, a diferencia del dinero, los efectos productores de felicidad del sexo no disminuyen una vez que has tenido suficiente de él. Lo bien que hayas dormido la noche anterior guarda una correlación más marcada con el disfrute de la jornada siguiente que tus ingresos. Fijarse metas realistas, y alcanzarlas, también está asociado con la felicidad para la mayoría de la gente. Probablemente no hace falta que te molestes en variar tu rutina cotidiana, ya que las personas que optan por mantener los hábitos de siempre son más felices que las que se empeñan en alterarlos por el mero afán de variar.

El estudio de la felicidad aún está en pañales, pero algunos investigadores han demostrado en minuciosos estudios que los ejercicios conductuales pueden incrementar la felicidad. Con «minuciosos» nos referimos a que los ejercicios fueron comparados con un ejercicio placebo (uno que parece plausible a los sujetos, pero del que no se espera que dé resultados). Este enfoque es importante, porque la gente suele percibir beneficios pasajeros de prácticamente cualquier tratamiento que le sea recomendado por una figura dotada de autoridad como es un médico. He aquí algunos de los ejercicios que funcionaban:

(1) Concéntrate en los acontecimientos positivos. Cada noche a lo largo de un mes, anota tres cosas buenas que te hayan sucedido ese día y explica qué las desencadenó. Este ejercicio incrementó la felicidad y redujo los síntomas de depresión leve a las pocas semanas de haber empezado a ser practicado, y los efectos se mantuvieron durante seis meses, con resultados especialmente buenos para quienes continuaron haciéndolo.

2) Prueba a utilizar los puntos fuertes de tu carácter. Puedes descubrir cuáles son entrando en *http://www.authentichappiness.org* y respondiendo al cuestionario VIA Signature Strenghts. (El sitio web lo lleva Martin Seligman, un conocido psicólogo de la Universidad de Pensilvania. Tendrás que registrarte para poder acceder a él, pero las pruebas son gratis.) En cuanto sepas cuáles son tus cinco principales puntos fuertes, asegúrate de que utilizas cada uno de ellos de una forma nueva cada día a lo largo de una semana. Este ejercicio y el anterior se derivan de las investigaciones de Seligman, como aparecen descritas en su libro *Authentic Happiness.*

(3) Acuérdate de sentir gratitud. Cada día, escribe cinco cosas por las que te sientes agradecido. Las personas que hicieron este ejercicio durante cinco semanas experimentaron más sentimientos positivos y menos sentimientos negativos que las que hicieron un ejercicio placebo. Sin embargo, no sabemos si los efectos perduran en el tiempo, ya que los sujetos sólo fueron sometidos a seguimiento durante un mes.

dad en las ratas (bastante tenemos ya con tratar de definirla en las personas), pero parece como si la dopamina ayudara a las ratas —y a las personas— a elegir conductas que llevan a consecuencias positivas. La evidencia de que la recompensa es una de las funciones que lleva a cabo la dopamina en las personas proviene de la enfermedad de Parkinson, un trastorno del movimiento que lleva aparejada la muerte progresiva de las neuronas productoras de dopamina responsables de múltiples funciones. Además de sus problemas motores, los pacientes de Parkinson tienen dificultades para aprender a través del ensayo y error. Cuando la medicación incrementa sus niveles de dopamina, los pacientes de Parkinson conocen mejor las respuestas que van unidas a recompensas. En cambio, cuando no toman medicación y sus niveles de dopamina son bajos, los pacientes descubren más rápido las respuestas asociadas a consecuencias negativas. Estos resultados sugieren que la dopamina guarda alguna clase de relación con el aprender a elegir conductas que llevan a consecuencias positivas, lo que a nosotros nos suena como un ingrediente clave de la felicidad.

El éxito es conseguir lo que quieres. La felicidad es querer lo que consigues.

Dale Carnegie

19

¿Qué tal se está ahí dentro? La personalidad

Nunca es agradable caerle mal a alguien con quien trabajas, sobre todo cuando ese alguien gasta bromas pesadas de manera anónima. Sin embargo, como descubrió Shelley, puede ser algo menos desagradable cuando ese alguien mide dos metros de alto y carece de huesos; de hecho, no tiene ninguna parte dura a excepción de un pico.

Shelley pasó un verano en el Laboratorio Biológico Marino, un centro de investigación en Cape Cod, Massachusetts, trabajando con jibias. Las jibias son miembros de la familia de los cefalópodos, un extraño grupo de animales marinos de cerebro grande, ojos grandes y muchos miembros; entre sus parientes cercanos figuran el pulpo y el calamar. Ese verano, Shelley pasaba los días en una pequeña habitación con una jibia metida en un tanque junto a ella mientras preparaba pruebas conductuales para el animal. Un día sintió algo mojado en la espalda. Se dio la vuelta y no vio nada, sólo la jibia dentro del tanque. Supuso que habría sido una salpicadura provocada por la bomba del acuario. Había sido una bomba, sí, sólo que no mecánica. Shelley recibió unas cuantas salpicaduras más antes de comprender que el agua venía de la misma jibia. Todas las jibias tienen un sifón que usan para expeler agua en direcciones concretas. Aquella jibia en particular estaba usando su sifón sobre Shelley, pero sólo cuando ella le daba la espalda. Realmente, cuesta no tener la sensación de que Shelley estaba siendo víctima de una repetida expresión de desagrado por parte de su quisquilloso sujeto experimental.

Está claro que los individuos de una especie animal tienen perso-

nalidades definidas, y esa personalidad es al menos parcialmente hereditaria. Los amantes de los perros te explicarán con todo lujo de detalles las pequeñas manías de cada raza. Los pomeranios son altivos; los doguillos, cariñosos y nada agresivos. Uno puede ver toda la variedad de conductas cualquier día soleado en un parque para perros. La personalidad también varía, naturalmente, entre especies: presentamos la Prueba A, la notable ausencia de parques para gatos.

En nuestro caso, el interés por la personalidad animal ha nacido básicamente de los diversos encuentros con mascotas, como los perros y los gatos. Pero los etólogos, científicos que estudian la conducta animal, examinan la personalidad y el temperamento individuales en muchas especies, desde las cabras lanudas y los caballos hasta los lebistes y las arañas. Descubren que la individualidad parece ser un imperativo biológico que puede resultar esencial para las estrategias de supervivencia de cualquier especie. La investigación ha arrojado mucha luz sobre para qué sirve la personalidad, cómo puede ser moldeada por la herencia, el desarrollo y la experiencia, e incluso ha proporcionado algunas primeras pistas sobre cómo los mecanismos cerebrales generan la personalidad animal y, por comparación con ella, la humana.

Muchos psicólogos tradicionales han rehuido el estudio de las diferencias entre animales. Un pionero en la investigación de la conducta animal, B. F. Skinner, puso especial empeño en hacer pruebas a animales bajo condiciones que posibilitaban que las respuestas fuesen lo más fiables posible. Diseñó su famosa caja de Skinner para eliminar cualquier clase de estímulo que pudiera distraer al animal introduciendo variaciones ambientales. La idea que Skinner tenía de un experimento perfecto era uno en que no hubiese ninguna variación de individuo a individuo; en principio, si tenías un buen experimento con un animal, luego podías utilizar a un segundo animal para asegurarte de que todo estaba como era debido.

Existe una razón plausible para no tomar en consideración nada de lo que se diga acerca de la personalidad, no sólo en los animales sino incluso en la gente. Los humanos referimos constantemente nuestras propias acciones a nuestros motivos y preferencias, y tendemos a asignar motivos y preferencias similares a las acciones de los demás. Pero esto es una pendiente muy resbaladiza. Como explicamos en el Capítulo 1, tu cerebro te miente constantemente acerca de tus razones para actuar. Creamos, sin saberlo, modelos mentales de cómo funcionan las cosas expresados en términos de agencia; incluso cuando las cosas en cuestión son objetos inanimados. Por ejemplo, es habitual describir un coche como temperamental, o una casa como personal y acogedora. Sin embargo, nadie atribuiría personalidad literal a dichos objetos.

Los etólogos tienen que debatirse con este problema a cada momento. Su respuesta es trabajar con conductas observables directamente. ¿El animal atacó? ¿Se retiró? ¿Se hizo un ovillo en un rincón? En cierto sentido, Skinner estaba igual de empeñado en observar conductas que fueran cuantificables. Pero el interés por las diferencias que impulsa a los etólogos les ha permitido catalogar características individuales y tratar de entender las razones por las que existen.

Un descubrimiento muy sorprendente es que los animales no sólo tienen personalidades individuales, sino que los individuos pueden ser categorizados de acuerdo con los mismos agrupamientos y cualidades que utilizamos a la hora de clasificar la personalidad humana. En un estudio pionero llevado a cabo por el Acuario de Seattle, los investigadores fueron capaces de desglosar el temperamento del pulpo en tres dimensiones principales: actividad, reactividad y evitación. Dichas medidas les permitieron describir cómo reaccionarían los animales en distintas situaciones, que incluían a una observadora humana metiendo la cara en el tanque, agitar un cepillo para limpiar tubos de ensayo cerca del animal o dejar caer un sabroso cangrejo en el agua. Con el tiempo, y en situaciones controladas, los investigadores pudieron predecir de manera bas-

¿Cuanto más pequeño, mejor? Domesticar el cerebro

 La primera domesticación de animales conocida data de la coaparición de restos humanos y caninos en los mismos lugares de entierro hace más de diez mil años. No se sabe si la domesticación surgió inicialmente de la selección gradual a partir de unos ejemplares que se mostraban más tratables —por ejemplo, dando de comer a los lobos que mostraban menos temor a un fuego— o por la crianza selectiva de animales en cautividad. Un experimento llevado a cabo en el siglo XX por el genetista soviético Dmitri Beliaev sugiere que la crianza orientada hacia un fin puede llevar a cambios particularmente rápidos de la conducta. En el experimento de Beliaev, primero se seleccionó a unos cuantos zorros basándose en su docilidad y luego se seleccionó únicamente a los cachorros que se mostraban más amistosos para hacer que se reprodujeran. El resultado de más de 30 generaciones de dicha selección fue una colonia de zorros con tan buen temperamento que los cachorros competían activamente por atraer la atención de los humanos.

La domesticación a menudo va acompañada por una serie de atributos físicos. Como observó Charles Darwin hace mucho tiempo, los animales domesticados tienden a tener las orejas más caídas, el pelo ondulado o rizado, y las colas más cortas que sus primos salvajes. La aparición recurrente de esas características en distintas especies sugiere que el criar con el ojo puesto en la mansedumbre selecciona toda una constelación de características relacionadas al mismo tiempo. Una consecuencia notable de la domesticación es que va acompañada por una disminución relativa en el tamaño del cerebro. En los cerdos y los pollos domesticados, las estructuras del cerebro anterior ocupan una décima parte del cerebro menos que en sus congéneres salvajes. Un mecanismo que explica muchos de estos cambios es la tendencia a que las características juveniles se conserven en los adultos; en otras palabras, la crianza domesticadora puede determinar un desarrollo más lento.

tante fiable la tendencia de pulpos individuales a atacar, retirarse o permanecer tranquilos.

La variabilidad de temperamento en los pulpos y en muchas otras especies plantea la cuestión de qué sentido evolutivo puede tener la personalidad para una especie como un todo si las tendencias conductuales naturales de los animales —su temperamento— varían de un individuo a otro. Una posibilidad es que distintas personalidades puedan adaptarse a distintos nichos en el entorno. Por ejemplo, ser atrevido puede llevar a un animal a ponerse el primero en la cola cuando se trata de hacerse con el alimento; pero, si muchos depredadores peligrosos andan cerca, ese animal también correría un riesgo más grande de ser devorado. En una situación semejante, los que prefieren no hacerse notar podrían optar por mantenerse en un segundo término para luego adelantarse a coger unos cuantos trozos de comida, con lo que vivirían para ver otro día. De la misma manera, las personas extrovertidas tienen más citas, pero también acaban en el hospital más a menudo. Finalmente, consideremos un ejemplo extremo, la hembra de araña pescadora norteamericana. Algunas hembras de araña pescadora son unas cazadoras extremadamente agresivas, y siempre son las primeras en hacerse con el alimento que les pasa por delante. Pero esas mismas hembras tienen problemas durante la temporada de apareamiento, cuando no pueden mantener las patas alejadas de sus pretendientes... y se acaban comiendo a los pobrecitos. ¡Uy!

La variación puede ser una estrategia de ayuda a una especie a sobrevivir en un mundo de cambios continuos. El mundo cambia mucho más deprisa de lo que lo hacen las especies en conjunto, ya que la adaptación a través del cambio genético requiere muchas generaciones. La reproducción sexual evita que tengamos que pasar por esos apuros. Cada individuo de una especie toma ADN de su padre o de su madre y lo combina para crear un código nuevo, genéticamente único. La variación resultante puede asegurar que alguien consiga llegar a la siguiente generación.

Al igual que en los humanos, las rúbricas individuales de la conducta del pulpo no están fijadas en el tiempo. El temperamento del pulpo es maleable desde las 3 hasta las 6 semanas, en que su temperamento (medido según la escala tridimensional) varía mucho; a lo largo de este período, animales agresivos se vuelven tímidos, y animales excitables se vuelven flemáticos. En los humanos, la personalidad es más mutable antes de los 30, después de lo cual tendemos a instalarnos en un patrón que se mantiene a lo largo de muchos años.

Los efectos de la genética y el entorno sobre la personalidad pueden ser separados examinando poblaciones animales. Por ejemplo, en las crías de cabra lechera que fueron separadas en dos grupos, uno criado por humanos y el otro criado por sus madres, el orden jerárquico relativo de timidez fue el mismo dentro de cada grupo: las crías más tímidas en cada grupo tendían a ser hijas de la misma madre, con una tendencia general para las cabras criadas por humanos a ser menos tímidas. Este descubrimiento indica que las características temperamentales surgen a partir de una tendencia innata aunque también pueden verse influenciadas por factores ambientales como la crianza.

Muchos estudios del cerebro y la personalidad se han centrado en la dopamina y la serotonina, dos neurotransmisores secretados por células en el núcleo cerebral que son indispensables en la regulación de la actividad del sistema nervioso. Dichos neurotransmisores son liberados por terminales nerviosas a través del cerebro y luego aspirados por bombas moleculares que los reabsorben dentro de las células, para ser reutilizados o disgregados.

La manera en que se trate a esos neurotransmisores puede influenciar la personalidad de los humanos y los animales no humanos. Por ejemplo, en las personas, estudios sobre gemelos idénticos demuestran que alrededor de la mitad de la variación en los rasgos de la personalidad relacionados con la ansiedad es hereditaria. Parte de esta variación puede deberse a diferencias en la acción de la serotonina. Los ratones que han sido modificados genéticamente para carecer de un tipo determinado de receptor de la serotonina muestran mucha menos ansiedad en situaciones de conflicto que sus primos normales. En los humanos, la evidencia genética sugiere que los rasgos de la personalidad relacionados con la ansiedad podrían estar asociados a la escasez de cierta proteína responsable de la reabsorción de la serotonina. La influencia de dicha proteína explica sólo menos de un 10% de la variación hereditaria en la ansiedad. Tanto en los humanos como en los ratones, la relación entre la reabsorción de la serotonina y el estado de ánimo puede ser manipulada. El Prozac trata la ansiedad y la depresión inhibiendo la proteína que se encarga de reabsorber la serotonina.

Otro ejemplo de un rasgo de la personalidad que ha generado mucha investigación es la tendencia a buscar nuevas experiencias. Como era de esperar, dicho rasgo varía inversamente con la tendencia a evitar el daño. Tanto la búsqueda de novedades como la evitación del daño van asociadas a ciertos tipos de receptor de dopamina, no sólo en las personas, sino también en los caballos de raza.

Rasgos genéticos como la actividad relacionada con la dopamina y la serotonina predicen la personalidad sólo hasta cierto grado. Aun así, los descubrimientos siguen siendo interesantes, no obstante, porque apuntan hacia la posibilidad de que un día podamos entender cómo son determinados los rasgos de la personalidad, tanto por los genes como por el entorno. También, incluso si el control de la personalidad y el estado de ánimo son una caja negra con una docena de pomos, nuestra capacidad para identificar y hacer girar uno de ellos puede hallarse tras los efectos de medicamentos como el Prozac.

Al mismo tiempo, que esas asociaciones sean tan tenues plantea la cuestión de cómo es posible que la personalidad sea tan visiblemente hereditaria y, sin embargo, los genes individuales para la personalidad sean tan difíciles de identificar. La imagen acumulativa que emerge de los estudios de la genética de la personalidad es que los aspectos innatos de los rasgos de personalidad son poligénicos, lo cual significa que son construidos a partir de la acción de muchos genes, quizá cientos de ellos. Por esta razón, incluso en los mejores casos, hasta el momento rasgos genéticos como los distintos tipos de receptor sólo han podido explicar una pequeña fracción de la variación que existe de uno a otro individuo.

Desde un punto de vista evolutivo, la naturaleza poligénica de la personalidad puede ser una buena noticia. La reproducción sexual combina de maneras impredecibles la contribución genética de los progenitores. Eso permite que los dados sean arrojados una y otra vez, proporcionando una gama de personalidades esparcida a lo largo de todo el espectro, generación tras generación. En un entorno impredecible, dicha clase de variación ayuda a asegurar que la especie sobreviva.

La omnipresencia de la variación en el temperamento de los

animales y las personas también plantea la cuestión de si lo que consideramos anormal puede variar según la época. Alguien que sea considerado un peligroso obsesivo-compulsivo entre los papúes de Nueva Guinea podría ser un inofensivo coleccionista de relojes en Suiza. Hasta los individuos más radicales podrían ayudar a nuestra especie a sobrevivir en épocas de extremada necesidad. Los mejores guerreros del ejército de Genghis Khan podrían ser encerrados hoy en un manicomio como psicópatas sedientos de sangre. Así que la próxima vez que te encuentres con otro diagnóstico de trastorno de déficit de atención, piensa en lo buena cazadora-recolectora de alimentos que hubiera sido esa persona.

Capítulo 20

Sexo, amor y emparejamiento

Cuando hablamos de la búsqueda de compañero en los animales no humanos, se supone que debemos llamarlo «emparejamiento» en vez de amor. Pero, si has observado a una pareja de perros de la pradera cuando están juntos, su conducta podría parecerte muy similar al amor. El perro de la pradera, un pequeño roedor marrón que cava madrigueras, mantiene la misma pareja durante toda su existencia (lo cual no tiene nada de habitual, dado que sólo el 3-5% de los mamíferos son monógamos). Ambos progenitores cuidan de la descendencia, y los perros de la pradera que pierden a su pareja normalmente se resisten a tomar otra.

En cambio, el ratón de campo es solitario, tiene unos hábitos de apareamiento muy promiscuos y se empareja libremente con desconocidos. Comparando los cerebros de estas dos especies tan estrechamente emparentadas, los científicos han aprendido mucho sobre la base neuronal del emparejamiento. Para medir el emparejamiento en el laboratorio, los científicos dejan que un ratón de campo se mueva libremente por el interior de un recipiente en el que hay tres habitaciones conectadas por tubos. El ratón que está siendo puesto a prueba es colocado en una habitación vacía, que se encuentra conectada por dos pasajes a una habitación que contiene su pareja y a otra que contiene un desconocido. Cuanto más tiempo pasa el ratón en la habitación con su pareja, más unido se siente a ella. Como era de esperar, el estímulo más poderoso para la formación de un vínculo de pareja es llevar a cabo el acto sexual con ésta; por contra, algunos ratones de la pradera se unen simplemente viviendo juntos.

Dos neurotransmisores, la oxitocina y la arginina vasopresina (AVP), controlan la formación y expresión del vínculo de pareja en los ratones. Tanto el uno como el otro son importantes para el reconocimiento social en los roedores, y ambos son liberados en muchos mamíferos durante la estimulación de la vagina o del cuello del útero, incluidos al dar a luz y al aparearse. La oxitocina es importante para el vínculo entre madre e hijo en muchas especies; parece ser más importante para el emparejamiento en las hembras de ratón que en los machos. Por otra parte, la AVP es importante para toda una serie de conductas masculinas, como la agresión, el segregar señales olfativas y el ritual de cortejo, y parece ser la hormona principal del emparejamiento en los ratones machos. Cuando la necesidad aprieta, sin embargo, cualquiera de esos péptidos puede inducir el emparejamiento en los ratones de ambos sexos. La infusión de cualquiera de esos dos neurotransmisores en el cerebro hace que el emparejamiento tenga lugar después de una corta exposición al compañero, incluso si la pareja no ha llevado a cabo el acto sexual.

Los monógamos perros de la pradera tienen más receptores para esos dos neurotransmisores que los promiscuos ratones de campo. Las dos regiones que parecen ser importantes para la preferencia a la hora de escoger compañero están en el núcleo del cerebro: son el nucleus accumbens, que tiene una elevada densidad de receptores de oxitocina, y el pallidum ventral, con una elevada densidad de receptores de AVP. Bloquear localmente cualquiera de esos grupos de receptores impide el emparejamiento, al igual que lo hace bloquear los receptores de oxitocina en el córtex cerebral o los de AVP en el septum lateral de los machos. Se considera que todas esas áreas forman parte del sistema de motivación y recompensa del cerebro (*véase* Capítulo 18). La liberación del neurotransmisor de la dopamina dentro de este circuito es imprescindible para que se dé una respuesta a las recompensas naturales, como la comida o el sexo y las drogas adictivas.

De hecho, el amor podría ser la adicción original. ¿Por qué, si no, dispone el cerebro de circuitos neuronales diseñados para hacer que la gente anhele unos polvos blancos que nunca se dan en la naturaleza? Quizá porque las regiones cerebrales importantes para la adicción a las drogas también son los circuitos neuronales responsables de las reacciones de motivación a las recompensas naturales, el amor incluido. Si la capacidad de volverse adictos ayuda a los animales a aparearse, quizá sea ésa la razón por la que dichos senderos neuronales resultan útiles para la supervivencia de la especie; y por qué los adictos insisten en consumir las drogas a las que están enganchados pese a todos los daños que pueden llegar a ocasionarles.

Tú y yo sólo somos un par de mamíferos, pequeña, así que hagamos lo que hacen ellos en The Discovery Channel.

Bloodhound Gang

Los vínculos de emparejamiento parecen ser formados por el aprendizaje condicionado, mediante el que el olor del compañero (al menos, en el caso de los roedores) llega a quedar asociado con las sensaciones gratificantes del sexo. En principio, esto no difiere de enseñar a tu perro a que se siente cuando se lo ordenas asociando esta conducta con darle algo de comer, ya que tanto el comer como el sexo incrementan la liberación de dopamina en el accumbens. Bloquear determinado subtipo de los receptores de la dopamina impide el desarrollo de la preferencia de pareja inducida por el apareamiento, en tanto que activar los receptores de la dopamina induce la preferencia por la pareja sin que haya habido ningún apareamiento previo. Tras dos semanas de apareamiento con una hembra, los machos de perro de la pradera desarrollan una mayor densidad de otro subtipo de receptor de la dopamina que reduce la formación de pareja, presumiblemente para que les resulte más di-

Estudio del flirteo

 Tanto las mujeres como los hombres tienden a pensar en los hombres como los que inician las relaciones sexuales, pero los psicólogos que estudian la conducta de cortejo humana han rebatido ese estereotipo. El estudio observacional en los bares de solteros (un trabajo estupendo, si consigues hacerte con él) muestra que los hombres rara vez se acercan a una mujer hasta que ésta les ha enviado una señal no verbal de que pueden proceder. Las conductas de solicitación —definidas como cualquier movimiento corporal que hace que un hombre se acerque un poco más dentro de los 15 segundos siguientes al movimiento— no eran demasiado sorprendentes, e incluían mirar de soslayo, acicalarse, sonreír, reír, asentir con la cabeza, solicitar ayuda para algo y tocar a la otra persona. Mujeres menos atractivas con niveles de conducta de solicitación elevados tenían más probabilidades de ser abordadas por hombres que mujeres más atractivas con niveles de conducta de solicitación bajos. De hecho, los investigadores fueron capaces de predecir con un 90% de aciertos si a una mujer en un bar se la invitaría a bailar dentro de los veinte minutos siguientes a que hubiera llevado a cabo la conducta de solicitación sólo tomando nota de la frecuencia con que hacía cosas como recorrer el establecimiento con la mirada, sonreír a un hombre o alisarse el pelo en un período de diez minutos.

fácil establecer un nuevo vínculo con otra hembra que podría interferir con su primer vínculo de pareja.

La evidencia más convincente de que esos sistemas neuronales son los causantes de la formación del vínculo de pareja es que los científicos han conseguido convertir a la monogamia al promiscuo ratón de campo induciendo experimentalmente la expresión del receptor de AVP en su pallidum. Este asombroso resultado demuestra que una conducta compleja como la del emparejamiento puede ser activada o desactivada por un solo gen en una sola área del cerebro, aunque naturalmente otros genes en otras áreas del cerebro tienen que intervenir para que la conducta llegue a ser expresada en su totalidad una vez accionado el interruptor.

El vínculo que une a las madres con sus hijos podría depender de algunos circuitos neuronales que actúan en el emparejamiento. Como ya hemos explicado, la oxitocina es necesaria para que surja el vínculo entre madre e hijo. Cuando a los roedores que nunca han tenido descendencia se les administra oxitocina, estas hembras carentes de experiencia irán hacia las crías e intentarán cuidarlas, en lugar de mostrar agresividad hacia ellas como haría normalmente una hembra que no ha sido madre. Bloquear los receptores de oxitocina durante el embarazo y el parto impide que las hembras de roedor que han sido madres establezcan un vínculo con sus crías. Dañar el área de la cisura interhemisférica o el nucleus accumbens, asociados con el sistema de motivación y recompensa en las hembras de roedor, también reduce su capacidad para cuidar de las crías.

Pero, aunque no cabe duda de que son muy monos, ya hemos hablado bastante de los perros de las praderas. Ahora probablemente te estarás preguntando si es así como se enamora la gente. Aún no estamos seguros, pero existen evidencias de que la idea es plausible. Los niveles de oxitocina aumentan durante el orgasmo, y las concentraciones de AVP se disparan durante la excitación sexual en los hombres. Además, los experimentos con imágenes funcionales del cerebro sugieren que el amor romántico (en ambos sexos) y el orgasmo masculino activan las mismas áreas del sistema de motivación y recompensa en el cerebro, aquellas que contienen receptores para la oxitocina y el AVP. La gente que está intensamente enamorada muestra actividad en la comisura interhemisférica y el núcleo caudado, mientras que la que vive una relación prolongada (a partir de un año) también muestra activación en otras regiones, incluido el pallidum (la sede del proceso de emparejamiento en los perros de las praderas), cuando mira una foto de la persona amada. Estos descubrimientos sugieren que el amor romántico en los humanos podría estar relacionado con la oxitocina, el AVP y los circuitos neuronales que regulan el sistema de motivación y recompensa en el cerebro, todos los cuales son importantes para el emparejamiento en los perros de las praderas.

Si has corrido riesgos estúpidos después de enamorarte —y

Imágenes funcionales del orgasmo

 Nunca conseguirías que esto fuera aprobado por una universidad norteamericana: un grupo de científicos holandeses ha estudiado la actividad cerebral humana durante el orgasmo mediante la TEP (tomografía por emisión de positrones). Naturalmente, el sistema cerebral encargado de la motivación y la recompensa se activa durante el orgasmo en ambos sexos. Las mujeres mostraron reducida actividad en un área del córtex frontal, lo que podría estar relacionado con una menor inhibición. Los hombres, por su parte, mostraron reducida actividad en la amígdala, lo que sugiere una menor vigilancia durante el orgasmo. Y ambos sexos mostraron un incremento de actividad en el cerebelo, el cual recientemente se ha determinado que participa tanto en la excitación emocional como en la sorpresa sensorial.

luego te has preguntado cómo pudiste llegar a prendarte de aquella calamidad humana—, quizá te interese saber que la oxitocina también parece incrementar la confianza de la gente durante las interacciones sociales, incluso con desconocidos. A los sujetos de un experimento se les pidió que jugaran a un juego en el que un inversor podía obtener beneficios asumiendo el riesgo de entregar algo de dinero a un fideicomisario, quien entonces recibía el dinero del inversor más una bonificación y podía elegir qué parte de la suma total devolvería al inversor. Si el fideicomisario es de fiar, ambos jugadores salen beneficiados de la decisión del inversor; de lo contrario, el fideicomisario es el único que sale beneficiado. Los inversores a los que se administró oxitocina (a través de un *spray* nasal) tenían el doble de probabilidades de entregar dinero al fideicomisario que aquellos a los que no les había sido administrada. Este efecto era observado sólo cuando el fideicomisario era una persona real, no cuando un ordenador decidía aleatoriamente cuál era la cantidad de dinero que iba a obtener el inversor, así que la oxitocina parece tener que ver específicamente con las interacciones sociales, no con el asumir riesgos de una naturaleza más general. Estos resultados sugieren que quizá sería conveniente que evitaras tomar decisiones financieras importantes mientras te encuentres bajo la influencia de sustancias que alteran la mente, como las que se liberan durante el orgasmo.

Grandes decisiones aparte, las diferencias de género más espectaculares existentes en el cerebro las encontramos en las partes que controlan lo que haces en la cama. Y no nos referimos a diferencias de género en la cognición, que son sutiles y sólo pueden ser detectadas comparando los promedios de distintos grupos (*véase* Capítulo 25). Las áreas que regulan la conducta sexual presentan diferencias lo bastante grandes para que puedas decir si un cerebro determinado pertenece a un varón o a una hembra con sólo fijarte en esas regiones.

Estas diferencias de género empiezan a desarrollarse antes del nacimiento. Primero un gen en el cromosoma Y masculino ordena la producción de un factor que induce la formación de testículos en los bebés varones. Entonces los testículos liberan testosterona para promover la masculinización del cerebro y los órganos sexuales, así como otras hormonas para suprimir el desarrollo de los órganos sexuales femeninos. Curiosamente, el desarrollo sexual femenino no requiere la presencia de ninguna hormona durante esta etapa, lo que ha llevado a los científicos a especular que el femenino podría ser el sexo «por defecto».

Dejando aparte un par de excepciones, las hormonas actúan sobre el cerebro en dos etapas. Antes del nacimiento, las hormonas lo organizan controlando el desarrollo de regiones que serán importantes para la conducta sexual. Dichas conductas no llegan a ser manifestadas, sin embargo, hasta que son activadas por las hormonas masculinas o femeninas después de la pubertad. Ambas etapas tienen que concluir con éxito para que haya una conducta sexual normal.

La conducta sexual es controlada por un área del cerebro llamada «hipotálamo», también importante para otras funciones básicas como el comer, el beber y la regulación de la temperatura corporal. En las ratas, los daños en una parte del hipotálamo llamada «área preóptica» inhiben completamente la conducta sexual. Varias áreas del hipotálamo de los roedores presentan diferencias de tamaño según el sexo, con ciertas regiones más grandes en los ma-

Mito: Los hombres aprenden a ser gays

 Determinadas investigaciones sugieren que muchas personas homosexuales nacen así, aunque la evidencia está mucho menos clara para las lesbianas que para los gays. Factores que afectan al desarrollo de los fetos masculinos también influyen sobre la orientación sexual adulta. Algunos de esos factores son probablemente genéticos, dado que la homosexualidad es significativamente hereditaria en estudios sobre gemelos humanos; mientras que otros son influencias ambientales recibidas de la madre durante el embarazo. Esta investigación no demuestra que las influencias ambientales después del nacimiento sean irrelevantes, pero sugiere que es posible llegar a desarrollar una orientación homosexual sin que haya habido ninguna clase de aprendizaje.

Los niños con trastornos en el desarrollo sexual proporcionan una oportunidad de poner a prueba esta idea, porque a menudo sufren anormalidades conocidas en la exposición a la hormona prenatal. Por ejemplo, en un síndrome llamado «hiperplasia adrenal congénita», un defecto genético hace que los bebés hembras (XX) produzcan una hormona esteroide masculina que masculiniza sus cerebros y, en algunas ocasiones, sus genitales. Incluso cuando el defecto hormonal es corregido con medicación después del nacimiento, dichas hembras tienen muchas más probabilidades que las mujeres normales de tener fantasías sexuales adultas y experiencias en las que participen otras mujeres. Las mujeres cuyas madres tomaron el fármaco DES, otro agente masculinizante que antaño se creía que evitaba los abortos espontáneos, también tienen más probabilidades de sentirse atraídas por otras mujeres aunque su anatomía genital sea normal. En el extremo opuesto, los varones con insensibilidad al andrógeno tienen un defecto genético en el receptor para la hormona masculina testosterona. Como sus cuerpos y sus cerebros no responden a las hormonas masculinas, esos machos genéticos (XY) nacen con genitales femeninos y lo habitual es que se los eduque como a niñas. Casi todos ellos manifiestan sentirse atraídos por varones en la edad adulta, lo cual sugiere que la atracción sexual por las mujeres requiere una masculinización prenatal del cerebro por parte de las hormonas.

Si la homosexualidad se debe a la acción de ciertas hormonas durante las primeras etapas de la existencia, esperaríamos que los gays se parecieran más a las mujeres en aquellas regiones cerebrales que difieren entre los sexos. En los humanos, la diferencia sexual más marcada se encuentra en una región con el complicado nombre de «tercer núcleo intersticial del hipotálamo», que por término medio es el doble de grande en los hombres que en las mujeres. Dos estudios han revelado que, en los gays, esta región tiene aproximadamente el mismo tamaño que en las mujeres; que nosotros sepamos, nadie ha estudiado esta región en los cerebros de las lesbianas.

Para los hombres que no padecen ningún trastorno médico, el pronosticador más fiable de la homosexualidad es que tengan un hermano mayor. Este efecto ha sido hallado en más de una docena de estudios. Cada hermano mayor incrementa las probabilidades de que un varón nacido posteriormente vaya a ser gay en un impresionante 33%. Es decir, que si los gays son el 2,5% de la población masculina (lo cual es aproximadamente correcto), un chico con un hermano mayor tendrá un 3,3% de probabilidades de ser gay cuando crezca, y un chico con dos hermanos mayores, un 4,2% de probabilidades. Según estas estadísticas, aproximadamente el 15% de los gays deben su orientación sexual a sus hermanos mayores. En cambio, el orden de los nacimientos no parece tener ningún efecto sobre la homosexualidad en las mujeres.

Nadie está muy seguro de cómo afecta a la orientación sexual el hecho de tener hermanos mayores. No tiene nada que ver con la edad de la madre, ya que esto no sucede en los primogénitos de madres mayores, y tampoco importa que el hermano mayor viva o no en casa cuando el hermano pequeño está creciendo. Seguramente el efecto tiene lugar antes del nacimiento; los varones homosexuales con hermanos mayores pesan menos al nacer que los varones heterosexuales con el mismo número de hermanos mayores. La hipótesis con la que trabajan los investigadores actualmente es que el sistema inmunitario de las mujeres embarazadas de un feto masculino puede fabricar anticuerpos contra algún factor que producen los varones, los cuales actuarían entonces para suprimir ese factor en los bebés del sexo masculino subsiguientes. Un candidato es el antígeno menor de histocompatibilidad unido al cromosoma Y, si bien la única evidencia en su favor hasta el momento procede de las ratas: inmunizar contra esta proteína a las ratas encinta reduce la probabilidad de que su descendencia masculina llegue a aparearse con hembras y se reproduzca.

En conjunto, toda esta investigación sugiere que el desarrollo cerebral durante el embarazo tiene un papel significativo en la orientación sexual adulta. No podemos negar que la expresión de la sexualidad de la gente también está considerablemente influenciada por su historia vital, pero parece como si el plan básico fuera trazado al principio de la existencia.

chos y otras más grandes en las hembras. Para la mayoría de las regiones, estas diferencias de tamaño son creadas por hormonas durante un período sensible al principio de la existencia; si las hormonas no se encuentran disponibles cuando se las necesita, dichas áreas no desarrollarán la anatomía específica correspondiente al sexo del roedor. No obstante, las hormonas sexuales afectan a la anatomía específica de algunas regiones también en la edad adulta, notablemente a un núcleo en la amígdala importante para la excitación sexual masculina y a ciertas regiones con receptores de AVP esenciales para el emparejamiento.

Al igual que con el emparejamiento, disponemos de información más detallada sobre esos senderos en los roedores; aunque hay razones para creer que el sistema básico es similar en los humanos. Una diferencia sexual fiable ha sido encontrada en el hipotálamo humano, en un área llamada «tercer núcleo intersticial» más del doble de grande en los hombres que en las mujeres. La activación de la conducta sexual en la edad adulta parece depender de la testosterona, hormona asociada a la libido tanto en los hombres como en las mujeres. La conducta sexual humana también depende de

toda una serie de interacciones sociales, naturalmente más complejas que las de otros animales. Sin embargo, quizá te sorprenda saber que los antropólogos han encontrado patrones conductuales
durante el flirteo muy similares en gran número de culturas distintas, lo cual sugiere que también podrían estar fuertemente influenciados por la biología más que por la experiencia cultural.

Como hemos visto, la ciencia puede explicar mucho acerca del
amor y del sexo, pero no todo. Por nosotros no hay problema. Nos
encanta que haya un poco de misterio en la vida.

21

Un terrón de azúcar o dos: cómo tomas decisiones

El físico Richard Feynman siempre fue muy por delante de sus colegas en muchos aspectos: tenía intuiciones geniales sobre las leyes físicas, era una auténtica calculadora humana y, en sus ratos libres, le encantaba gastar bromas pesadas. Pero le costaba tomar decisiones importantes, sobre todo cuando el tiempo apremiaba. Una vez escribió: «Nunca puedo decidir nada muy importante en ningún período de tiempo, por largo que sea.»

Cuando Feynman se unió al Proyecto Manhattan, se encontró ante un nuevo desafío. Muchas de las reglas que habitualmente imperan en la vida académica —esperar a publicar hasta que todo esté perfecto, comprobar los teoremas con rigor— había que dejarlas de lado. El programa de choque para fabricar una bomba atómica antes que los nazis obligaba a los físicos académicos a prescindir de su parsimonioso ritmo de trabajo habitual.

Durante este período, Feynman quedó muy impresionado por un coronel que tuvo que afrontar el problema de si permitía que

Feynman hiciera una exposición sobre material clasificado a un equipo en Oak Ridge. El coronel supo ver la necesidad de tomar una decisión rápida y así lo hizo, todo en cinco minutos. En cuanto recibió luz verde, Feynman hizo lo que mejor se le daba: explicó al equipo reunido ante él cómo opera una reacción nuclear en cadena.

Aunque las condiciones en tiempo de guerra eran extremas, las decisiones casi siempre se veían coaccionadas de alguna manera. Rara vez tenías el lujo de poder contar con todo el tiempo o la información que habrías querido antes de tomar una decisión. Por poner un ejemplo cotidiano, no acostumbras a saber de antemano cuál es la ruta que te llevará más rápidamente al trabajo en la hora punta.

Hasta hace unos años, los neurocientíficos no han estudiado la toma de decisiones. Se han concentrado en los procesos más directamente relacionados con la recepción de datos (cómo es codificada la información sensorial) o la disponibilidad de éstos (cómo son codificadas las acciones). Recientemente, sin embargo, los investigadores han empezado a entender un acto rudimentario que tiene lugar entre la recepción de los datos y su disponibilidad: decidir cuándo y hacia dónde debes volver la vista. Esta versión extremadamente simplificada de la toma de decisiones prescinde de la exactitud en beneficio de la rapidez.

En ese tipo de experimento, un mono está sentado en una silla y mira secuencias de puntos que se mueven por la pantalla que tiene delante. Sabe que si consigue adivinar en qué dirección se mueve la mayor parte de los puntos, el experimentador le dará un poco de zumo; de naranja, su favorito. Observa los puntos: unos se mueven hacia la izquierda, y otros, hacia la derecha. Al principio no lo ve nada claro, pero luego mira un instante más y entonces aprieta un botón. «¡Mmmm, zumo!»

Mientras tanto, un investigador está sentado en la habitación de al lado, donde el mono no puede verlo, cerca de una serie de ordenadores. Un monitor de vídeo muestra los movimientos de los ojos del mono, mientras que un altavoz emite chasquidos en correspondencia con las señales eléctricas de las neuronas en el cerebro del animal. Los movimientos oculares y la actividad neuronal (y la entrega de zumo, faltaría más) son grabados para su posterior análisis. Lo que ya es evidente, sin embargo, es que la neurona, por el altavoz, se anticipa a los movimientos oculares. Los chasquidos, que representan picos (*véase* Capítulo 3), se suceden cada vez más rápido y llegan a un *crescendo* justo antes de que los ojos del animal se muevan hacia la derecha, para luego atenuarse. Ojos hacia la izquierda; ningún cambio, sólo un nivel reducido de actividad continua. Una decisión hacia la derecha; muchos picos. Una y otra vez, esta actividad neuronal presagia una decisión de mirar hacia la derecha.

Las señales relacionadas con la toma de decisiones se encuentran en una región del cerebro llamada «AIL» (abreviatura de área intraparietal lateral). En otras regiones cerebrales que envían sus datos a la AIL, la información sobre los puntos es de una naturaleza mucho más inmediata y sensorial. La AIL parece integrar las señales que le llegan para determinar qué movimientos oculares tienen más probabilidades de dar como resultado un poco de zumo, aunque los investigadores siguen discutiendo cuál es exactamente la información que calcula. Administrar pequeños impulsos eléctricos a la AIL puede influir sobre las decisiones, haciendo que el mono mire en la dirección equivocada.

Las respuestas neuronales en la AIL también se ven afectadas por manipulaciones que hacen que el animal esté más o menos motivado. Las respuestas se suceden más rápidamente cuando el animal está prestando atención, esperando más zumo, o tiene intención de hacer movimientos. En cada caso, las neuronas en la AIL y la conducta se ven afectadas de la misma forma. Los científicos creen que estas neuronas acumulan evidencia de muchas clases, y que la AIL ayuda a otras partes del cerebro a decidir si y hacia dónde hay que mover los ojos.

La actividad neuronal en la AIL incluso refleja la calidad de la información que se recibe. Si las secuencias de puntos están menos organizadas, la actividad crece más despacio que cuando las secuencias de puntos están más claras. Entonces se alcanza antes cierto nivel de actividad o «umbral de decisión», lo cual permite que una decisión sea tomada con mayor rapidez. Así, una información más clara implica mayor certidumbre, lo que los ingenieros llaman una relación más alta señal-ruido.

Feynman comprobó la integración de información con poco ruido cuando asistió a una reunión de un comité del Proyecto Manhattan, compuesto por distinguidos científicos, cuatro de los cuales, incluido el mismo Feynman, acabarían ganando el premio Nobel. Le asombró descubrir que los debates en aquel ilustre grupo podían concluir después de que cada miembro hubiera expuesto su postura exactamente una sola vez. Cualquiera que haya asistido a la reunión de la junta directiva de una gran empresa comprenderá por qué esta forma tan eficiente de tomar decisiones le impresionó.

Al igual que el comité de Feynman, los grupos de neuronas toman decisiones trabajando en equipo para integrar la información. Una vez acumulado cierto umbral de evidencia, se toma la decisión de mover los ojos. Sin embargo, actualmente no tenemos manera de observar la interacción entre las neuronas. De momento, sólo se ha podido llegar a crear simulaciones por ordenador que reproducen lo que podría estar sucediendo. En la vida real, el gran reto es encontrar la forma de observar a todo el grupo de neuronas que toman decisiones a un tiempo.

Fuera del laboratorio, la toma de decisiones es una cuestión mucho más compleja. Las decisiones humanas pueden tener que ver con consecuencias tan importantes como aceptar un empleo, o tan insignificantes como qué ropa ponerse para ir a cenar. En tales situaciones, nuestros cerebros se ven obligados a integrar tipos extremadamente dispares de información.

Desgraciadamente, nuestros cerebros no disponen del equipamiento natural adecuado para hacer un buen trabajo a la hora de integrar hechos complejos, probablemente porque evolucionaron básicamente para negociar situaciones sociales y sobrevivir a las amenazas naturales, no para resolver rompecabezas cuantitativos. El clásico razonamiento económico da por sentado que los individuos pueden evaluar los costes y los beneficios de manera racional, pero los métodos de estimación usados por el cerebro no son demasiado eficaces cuando se trata de hacer tales valoraciones. Los beneficios que pueden llegar a proporcionar acontecimientos de probabilidad extremadamente baja, como ganar la lotería, no parecen estar representados con excesiva precisión en el cerebro. Si no tenemos ninguna idea intuitiva de lo que significa que una probabilidad esté por debajo de, digamos, 1 entre 100, el increíble golpe de suerte que supone ganar la lotería no es puntuado racionalmente. Aunque a la larga las pérdidas sean prácticamente seguras, la

Maximizadores y satisfacedores

 A los dos autores de este libro nos cuesta mucho tomar decisiones. Queremos el mejor resultado posible, tanto si se trata de decidir adónde iremos de vacaciones o qué tomaremos para almorzar. Pero eso es muy difícil de lograr. Como consecuencia de ello, siempre corremos el peligro de tardar siglos en tomar una decisión. Por ejemplo, cuando tenemos que ir a comprar unos billetes de avión, antes miramos docenas de ofertas para conseguir los que salgan más baratos de precio, los aeropuertos más próximos, el menor número de escalas posible... ¡Vaya, acaban de vender el último de ésos! Habrá que seguir intentándolo. Una vez tomada la decisión, perdemos un poco más de tiempo preguntándonos si habremos hecho bien y volviendo locos a nuestros respectivos cónyuges.

Nuestra forma de tomar decisiones sigue un patrón que puede ser clasificado como el modelo maximizador. Los maximizadores invierten una gran cantidad de tiempo en preocuparse por las diferencias, sin importar lo insignificantes que éstas puedan ser. En una sociedad consumista donde hay disponibles tantísimas ofertas distintas, los maximizadores son incapaces de ver cuándo una alternativa es lo bastante buena. De hecho, desde una perspectiva económica, invertir el tiempo adicional en la maximización no tiene ningún sentido habida cuenta de que tu tiempo ya tiene cierto valor monetario.

Una segunda categoría de la forma de tomar decisiones va asociada con un menor grado de descontento: «satisfacer», término referido al acto de elegir una alternativa suficiente para alcanzar una meta. Los satisfacedores buscan hasta encontrar algo lo bastante bueno, y entonces dejan de buscar. Los satisfacedores son personas resueltas que no miran atrás y rara vez se arrepienten de sus decisiones, incluidas las erróneas. Como dice el refrán, «lo perfecto es enemigo de lo bueno». El ejemplo quintaesencial de un satisfacedor es el agente de cambio y bolsa de Wall Street que ha de tomar cientos de decisiones al día y no dispone de tiempo para sopesar minuciosamente los pros y los contras de cada posibilidad. El psicólogo Barry Schwartz ha popularizado la dicoto-

mía maximizador-satisfacedor, haciendo hincapié en que los satisfacedores son, por término medio, más felices que los maximizadores.

Ambos aprendemos a tomar decisiones perfectamente adecuadas para la tarea del momento. Nuestros cónyuges satisfacedores intentan adaptarse a nuestras rarezas de maximizadores. Al
menos, como satisfacedores, es improbable que se les ocurra preguntarse por qué demonios se casaron con nosotros.

anécdota de que a alguien le ha tocado el premio gordo sigue siendo un factor motivador que es extrapolado más allá de cualquier
proporción con las expectativas razonables. (Eso por no mencio-
nar el hecho de que una recompensa tan descomunal como ganar la
lotería sólo tiene efectos transitorios sobre la felicidad, como explicamos en el Capítulo 18.)

Así que la gente insiste en comprar billetes de lotería, un hecho
explotado en todo el mundo por los gobiernos que pasan por apuros económicos. Existen ejemplos todavía más extremos de toma
de decisiones irracionales. Entre las reglas básicas del cerebro ex-
ploradas por Kahneman y Tversky (véase Capítulo 1) está la de que
las personas son muy poco eficientes a la hora de resolver problemas de valoración. Y es que, cuando se les pide que calculen el número de alubias que hay en un tarro, su respuesta puede verse in-
fluida porque alguien hace girar una ruleta mientras se lo piensan, y
porque les pide que consideren el resultado de la ruleta como una
posible respuesta. Pese a la obvia irrelevancia del número generado
al azar, puede hacer que el cálculo falle por exceso o por defecto.

Un principio general surgido de los estudios de razonamiento
económico es que los costes y las recompensas parecen contar menos si no son inmediatos, y todavía menos si están lejos en el futuro. Este punto ciego en los mecanismos cerebrales ha sido utilizado
para persuadir a la gente de que ahorre más para sus planes de pensiones. En un plan conocido como Ahorre Más Mañana, a los trabajadores no se les pide que guarden dinero para la jubilación, algo
que son renuentes a hacer. Lo que se hace es pedirles que se com-

prometan a invertir una parte de sus aumentos de sueldo futuros en algún sistema de ahorro. Así, la gente renuncia a algo que aún no ha recibido. Como resultado, no perciben ninguna pérdida en sus estilos de vida actuales y están más dispuestos a seguir el plan. Esto es un ejemplo de cómo sacar provecho a un punto ciego del cerebro (el mismo que te induce a comerte una hamburguesa, aun a sabiendas de que te puede provocar enfermedades cardiovasculares más adelante).

Otro factor clave en todos los tipos de decisiones, incluidas las económicas, es la emoción. Como hemos explicado en el Capítulo 16, la emoción centra nuestras mentes en aquello a lo que deberíamos estar prestando atención. A veces, nuestras respuestas emocionales nos parecen invisibles, pero pueden influir sobre nuestra conducta sin ser conscientes de ello (*véase* Capítulo 26).

Entonces, es fácil imaginar que las emociones pueden ser manipuladas para influir en la toma de decisiones. En determinado experimento, se pide a los sujetos que consideren una situación hipotética en la que pueden salvar cinco vidas, pero sólo haciendo algo que causa la muerte de otra persona inocente. Si al sujeto se le pide que considere un acto indirectamente dirigido a provocar la muerte, como por ejemplo accionar un interruptor para cambiar de vía un tren cuyo maquinista ha perdido el control de la locomotora, entonces la pérdida de una vida suele ser aceptada. En cambio, si la acción necesaria es activa, como empujar al vacío a un luchador de sumo desde lo alto de un viaducto para que su cuerpo detenga el tren, entonces la mayoría de los sujetos se niegan a realizarla. Esta última clase de decisión involucra a la amígdala, estructura activa en el procesamiento de emociones intensas como el miedo y la ira; y, evidentemente, la amígdala veta lo que de otra manera sería una elección lamentable pero aceptable.

La esencia de las decisiones finales es incomprensible para el observador; a menudo, de hecho incluso para quien toma las decisiones.

John F. Kennedy, 1963

¿Se puede adquirir la fuerza de voluntad?

 Los psicólogos han mostrado que elegir y tomar decisiones, hacer planes para actuar y llevarlos a la práctica, obliga a servirse de un recurso que puede llegar a agotarse. En una serie de estudios llevados a cabo en la Universidad Case Western Reserve, las personas a las que se les pedía que llevaran a cabo una tarea que requería un acto de voluntad para ser concluida mostraron menos persistencia a la hora de llevar a cabo una segunda tarea. Las dos tareas podían estar tan poco relacionadas entre sí como comer rabanitos y trabajar en un rompecabezas imposible de resolver. Para dejar bien claro lo poco atractivos que son los rabanitos, éstos eran presentados mientras a otros sujetos se les servían galletas de chocolate recién hechas. Los comedores de rabanitos dejaban correr el rompecabezas antes, a los ocho minutos por término medio, menos de la mitad del tiempo que los sujetos a los que se les había permitido comer galletas de chocolate recién hechas. De modo similar, los sujetos a los que se les pedía que corrigieran un texto muy aburrido mostraron menos persistencia a la hora de ver un vídeo extremadamente aburrido. La fuerza de voluntad también queda reducida después del ejercicio físico o bajo condiciones de estrés.

Un aspecto interesante de la finitud de la fuerza de voluntad es que toda una serie de tareas distintas pueden recurrir a las mismas reservas. Partiendo de este modelo del «agotamiento del ego», uno podría esperar que los ejercicios que incrementan la fuerza de voluntad en un área incrementarían la capacidad de la persona para llevar a cabo otras tareas difíciles. Del mismo modo, hacer una tanda de varias cosas no relacionadas entre sí, todas las cuales requieren fuerza de voluntad, sería una forma todavía más efectiva de «ejercitarla». Esto es consistente con el sentimiento expresado por algunos psicólogos —y libros de autoayuda— de que la fuerza de voluntad es como un músculo. La idea de ejercitar la fuerza de voluntad ha culminado en los campamentos de instrucción de los marines, donde a los reclutas se les enseña a llevar a cabo muchas tareas que suponen un reto, y en espectáculos como el de G. Gordon Liddy, el famoso maníaco y criminal de la era Watergate, que fortalecía su propia voluntad manteniendo la mano sobre una vela encendida.

Aunque los estudios sugieren que una fuerza de voluntad intensa de cualquier clase interfiere con la fuerza de voluntad débil de cualquier otra clase inmediatamente después, nadie sabe por qué la fuerza de voluntad es finita. Una posibilidad es que los mecanismos cerebrales que se encargan de generar el control activo utilicen un recurso que puede llegar a agotarse. Inversamente, la función ejecutiva —capacidad para planear y ejecutar una serie de acciones encaminadas a un fin— gana en eficiencia si la utilizas más a menudo, lo cual sugiere que este recurso puede aumentar con la práctica. Habría que mirar en la circunvolución del córtex anterior. Tras haber sufrido daños en esta región del cerebro, próxima a las estructuras prefrontales situadas en la parte delantera del cerebro, la capacidad de atención y de tomar decisiones se ve menoscabada.

Puede que exista una similitud a grandes rasgos con otros sistemas de aprendizaje, que se consideran basados en cambios dentro de las conexiones sinápticas en algunos rincones del cerebro: los ejercicios de agudización de la fuerza de voluntad podrían causar ciertos cambios físicos en la cisura interhemisférica y otras regiones que participan en la función ejecutiva, como el córtex prefrontal. Así que lleva a cabo tareas difíciles como mostrarte agradable con la gente que no te cae bien. Podría ayudarte a seguir esa dieta.

Otra emoción que participa en la toma de decisiones cotidianas es la confianza. Todos utilizamos distintos niveles de confianza para los banqueros, las personas amadas, los vendedores y los políticos. La confianza, que puede influir sobre decisiones de alto riesgo, está relacionada con la hormona oxitocina. Como ya explicamos en el Capítulo 20, este péptido es importante para el establecimiento de vínculos sociales, y también puede influenciar a la gente para que arriesgue dinero en interacciones financieras con otra persona. También deberíamos señalar que la oxitocina, que es una pequeña proteína, no puede ser ingerida y queda desactivada a los pocos minutos de haber sido liberada en la sangre, por lo que debe ser administrada con una inyección o mediante *spray* nasal. Eso significa que no debería preocuparte la posibilidad de que a un desaprensivo vendedor de coches usados se le pueda ocurrir rociarte con ella.

22

La inteligencia (y la falta de ella)

Hablar de la inteligencia hace que la gente se exalte y a veces se ponga a la defensiva, pero eso es debido principalmente a que se centran en las preguntas equivocadas. Los científicos saben muchas cosas sobre las diferencias individuales en la inteligencia y de dónde provienen, pero esa información no vende periódicos y revistas. Así que los periodistas tienden a informar sobre comparaciones entre grupos humanos —según género, raza, nacionalidad, etc.— y a inquietarse ante la posibilidad de que cualquier diferencia vaya a ser empleada para justificar que haya desigualdades en la manera de tratar a las personas. Ésa es la parte que hace que la gente se exalte.

La investigación de la inteligencia tiene una mala reputación, ganada a pulso por algunos de los primeros trabajos que se llevaron a cabo. La historia de este campo ha ido muy unida a los intentos de probar que ciertos grupos de personas eran superiores a otros y que, por lo tanto, se merecían un tratamiento especial. A lo largo del proceso, esos investigadores llegaron a convertirse en un ejemplo clásico de cómo los prejuicios pueden influir en las conclusiones científicas.

No está claro que, a la larga, la inteligencia tenga ningún valor para la supervivencia.

Stephen Hawking

En *La falsa medida del hombre,* Stephen Jay Gould cuenta cómo los intentos en el siglo XIX de relacionar el tamaño del cere-

Cómo influyen las expectativas en el resultado de una prueba

 El que te recuerden un estereotipo justo antes de ponerte a hacer un examen —incluso por algo tan simple como que se te pida que marques un recuadro para indicar si eres «varón» o «hembra»— puede influir de manera sustancial sobre tu rendimiento. La gente siempre obtiene peores resultados cuando piensa en un estereotipo negativo que le es aplicable, especialmente cuando se le dice que la tarea que va a llevar a cabo es difícil y ha sido concebida para revelar diferencias entre grupos. Tales efectos están presentes en estereotipos relacionados con el sexo, la raza, la edad y la posición socioeconómica. Pueden ser activados aun cuando las personas que se van a someter a la prueba no sean conscientes del recordatorio, por ejemplo, cuando rostros afroamericanos son mostrados en una pantalla de ordenador sucediéndose demasiado deprisa para que sean percibidos conscientemente. Más curioso todavía, dichos efectos pueden aparecer en personas que no pertenecen al grupo estereotipado: los jóvenes caminan más despacio después de oír estereotipos sobre las personas mayores. Ese declive en el rendimiento físico parece ocurrir porque pensar en el estereotipo ocupa ciertos recursos de la memoria operativa (*véase* texto principal) que de otra forma serían utilizados para la prueba.

La buena noticia es que este problema puede ser reducido o evitado con un poco de cuidado. Obviamente, los profesores no deberían comunicar, directa o indirectamente, que de ciertos estudiantes no se espera que obtengan tan buenos resultados como los demás. El efecto también opera en dirección opuesta: el rendimiento puede ser mejorado por la exposición a material que contradiga el estereotipo, como en las chicas que asisten a una conferencia sobre una famosa matemática antes de hacer un examen de matemáticas.

Casi todo el mundo encaja en más de un grupo, así que el enfoque más práctico quizá sea aportar un estereotipo más positivo a lo que hay que hacer. Por ejemplo, la ejecución de una tarea que exija cierto grado de rotación mental diferirá consistentemente según el género: los hombres la llevarán a cabo con más rapidez y precisión que las mujeres (*véase* Capítulo 25). Cuando a los estudiantes universitarios se les hicieron preguntas que mencionaban el género antes de esta prueba, las mujeres sólo obtuvieron un 64% de respuestas correctas con respecto a los hombres. En cambio, cuando se les hicieron preguntas que les recordaban su identidad como estudiantes de una universidad privada, las mujeres obtuvieron un 86% de respuestas correctas con respecto a los hombres. Éstos lo hicieron mejor cuando se les recordaba su género, en tanto que las mujeres destacaron cuando se les mencionaba que eran estudiantes de elite. De esa manera, la diferencia entre las puntuaciones de los hombres y las de las mujeres se reducía a sólo un tercio cuando a las mujeres se les recordaba un estereotipo positivo que las categorizaba como opuestas a un estereotipo negativo.

A nuestros cerebros les encanta hacer generalizaciones acerca de los grupos, como explicamos en el Capítulo 1, por lo que seguramente sea mucho esperar que los estereotipos desaparezcan del todo. Te recomendamos que saques provecho de la predisposición de tu cerebro a tomar esa clase de atajos eligiendo la imagen más adecuada a la forma en que quieres rendir. ¡Eso sí que es pensar con la cabeza!

bro con la inteligencia se vieron comprometidos por el empeño en seleccionar los datos de manera que respaldasen las conclusiones que los investigadores sabían acertadas de antemano. Tampoco es que hicieran trampa a propósito. En lugar de ello, empleaban inconscientemente distintos patrones para evaluar los datos procedentes de distintos grupos, lo que daba como resultado descubrimientos consistentes (e incorrectos) de que su propio grupo tenía el cerebro más grande que los demás. Debido al potencial de dicho enfoque, los científicos de hoy en día suelen analizar los datos «a ciegas», sin saber si una medición determinada proviene de grupos tratados o sin tratar. Además, las primeras pruebas mezclaban la inteligencia con el conocimiento de los hechos que tenía la gente;

Grandes cerebros en envoltorios pequeños

 En 2005, un cuervo llamado *Betty* fue noticia de primera plana por haber construido una herramienta. Los experimentadores retaron a *Betty* y a otro cuervo, *Adam*, a que sacaran un cubo de un cilindro transparente. Primero se les dio un trozo de alambre curvado, que utilizaron para enganchar el asa del cubo y sacar del cilindro la recompensa, un pedazo de carne. Cuando se le dio un trozo recto de alambre, a *Betty* le sobrevino la inspiración: usó el pico para doblar en una curva el trozo de alambre y recuperar su recompensa. La proeza de *Betty* podía ser insólitamente creativa para un cuervo, dado que *Adam* fue incapaz de dar ese salto mental. Pero muchos animales no humanos llevan a cabo actos mentales altamente complejos.

Tanto entre las aves como entre los mamíferos, algunas especies inteligentes pueden aspirar a ser reconocidas como las primeras de la clase. Loros, cuervos, urracas, chimpancés y delfines tienen una capacidad excepcional para resolver problemas y complejas estructuras sociales. Como señalamos en el Capítulo 3, la característica compartida tanto por los mamíferos como por las aves dotadas de habilidades cognitivas sofisticadas es que una fracción muy grande de sus cerebros corresponde al cerebro anterior.

 Otra proeza impresionante es la capacidad para imitar, que requiere observar una acción y luego traducir esas observaciones en actos motores que la reproduzcan. Los animales no humanos dotados de esas capacidades son los grandes simios (chimpancés, gorilas y orangutanes), los delfines, los córvidos (cuervos, urracas y arrendajos) y los psitaciformes (loros,

cacatúas y papagayos). En una prueba típica, a los cuervos se les facilitaba un estuche cuyos compartimientos contenían trozos de carne. Las distintas secciones de la tapa disponían de bisagras, de forma que podían ser abiertas tirando de una pestaña situada cerca del centro de la caja; pero también se las podía hacer correr tirando de una segunda pestaña colocada en el lateral. Finalmente, mediante ensayo y error, las aves descubrieron cómo abrir el estuche. A algunos cuervos, los investigadores les taparon la solapa del centro, y así los obligaron a descubrir el método de hacer correr la tapa. Si un cuervo veía cómo otro conseguía abrir la caja tirando de la solapa lateral, siempre había otro que tendía a utilizar ese truco.

Finalmente, los animales con un gran cerebro anterior pueden crear complejidad social en forma de grupos habituales de mayores dimensiones y reglas más complejas para la jerarquía y la interacción sociales. El «orden de picoteo» literal de los pollos con su pequeño cerebro anterior es un ejemplo de una estructura social relativamente simple. En cambio, los animales que tienen un gran cerebro anterior, como los cuervos y los chimpancés, viven en grupos sociales cambiantes. Los humanos reconocemos esta complejidad en nuestros nombres para los grupos animales: un parlamento de cuervos, una deliberación de monos.

Un grupo de animales inteligentes sobresale simplemente por lo raro que es: los pulpos. El cerebro de un pulpo común pesa menos que una moneda de diez centavos y es sólo la mitad de ancho que ésta, pero el pulpo es capaz de aprender, imitar, resolver acertijos y engañar. Por ejemplo, a los pulpos se les puede enseñar a distinguir entre una pelota roja y una blanca. Cuando un pulpo entrenado es puesto con otro que no conoce la tarea, el segundo pulpo imita la preferencia del que hace la demostración después de haberla visto sólo cuatro veces. Los entrenadores de pulpos suelen ponerles acertijos para que se entretengan. En el Acuario de la Costa de Oregón, los pulpos tenían que manipular un rompecabezas mecánico formado por tres piezas deslizantes hechas con tubos de PVC para hacerse con un tubo lleno de calamares... y lo hacían, en menos de dos minutos.

Los cerebros de los invertebrados, completamente distintos de los de los vertebrados, consisten por lo general en unos puñados de neuronas conectados entre sí por pequeñas hebras de nervio. El tamaño del cerebro central de un pulpo se multiplica por más de cien durante la vida del animal, un ritmo de crecimiento nunca visto en ningún vertebrado. El cerebro humano tiene 600 veces el tamaño del cerebro de un pulpo, pero el pulpo también tiene muchas neuronas en sus seudópodos, lo que tal vez le ayude a procesar información.

Estas observaciones sugieren que los mismos principios de aprendizaje han aparecido independientemente durante la evolución en invertebrados y vertebrados. Evidentemente, la perspectiva de que un cerebro anterior sea el sustrato de la inteligencia es demasiado provinciana. Entender qué tienen en común los cerebros de los pulpos, los cuervos y los humanos puede ayudarnos a determinar qué es lo que hace falta para ser inteligente.

de forma que las personas instruidas que hacían las pruebas obtenían mejores resultados aun sin ser más inteligentes que las personas que no habían recibido tanta educación.

Estos errores científicos eran importantes debido a los efectos que tenían sobre la política social. Muchos de los primeros investigadores de la inteligencia se sintieron atraídos por la posibilidad de que los humanos pudieran ser criados selectivamente igual que los perros o el ganado, una idea conocida como «eugenesia». Naturalmente, la manera de enfocar este proyecto dependerá mucho de cuál sea tu definición de «mejorar», y sólo da resultado si la característica que quieres mejorar depende directamente de los genes. De entrada, el intento de criar a las personas en busca de características como «ser respetadas en sociedad» estaba viciado de dos maneras distintas. Científicamente, sería risible de no haber sido porque llevó a consecuencias como la esterilización forzada de personas institucionalizadas por razones tan diversas como la pobreza, la enfermedad mental y la mala conducta sexual. Muchos estados todavía conservan esas leyes en sus códigos, aunque ahora rara vez sean aplicadas.

A medida que el estudio de la inteligencia ha ido ganando en rigor, una gran parte del trabajo se ha centrado en los factores que afectan a la capacidad individual. Las diferencias individuales en la inteligencia son sustanciales, mucho más grandes que ninguna de las diferencias conocidas entre grupos de personas; sin embargo, el rendimiento intelectual de una persona puede variar en el curso del tiempo y dependiendo de las circunstancias o las pruebas. Muchos factores situacionales sutiles, que suelen ser específicos de un grupo, pueden influir sobre lo bien que alguien lleve a cabo una prueba; y la mayoría de la gente no aprecia lo habituales o poderosas que son esas influencias (*véase* recuadro). Por esta razón, aunque las diferencias en términos de inteligencia influyen considerablemente sobre el rendimiento en muchas tareas, dichas diferencias no están fijadas a lo largo de la existencia humana. Además, y lo que es todavía más importante, las influencias ambientales aportan una fuerte contribución al desarrollo de la inteligencia, por lo que las diferencias grupales que existen en una generación pueden no ser transmitidas a sus descendientes. Incluso si pasamos por alto los problemas éticos que la idea lleva aparejados, esos hechos minan considerablemente la validez de cualquier intento de criar a las personas basándose en los resultados de las pruebas de inteligencia.

La inteligencia presenta múltiples aspectos, pero en este capítulo nos centraremos en lo que los psicólogos llaman «inteligencia fluida», la capacidad para abrirte paso mediante el razonamiento a través de un problema que nunca has visto antes. Esta capacidad es el mejor pronosticador general del rendimiento en muchas tareas distintas, y difiere de las habilidades y los hechos (como las palabras que integran un vocabulario) que ya has aprendido. El mejor medidor de la inteligencia fluida nos lo ofrecen las Matrices Progresivas Avanzadas de Raven, una prueba que resuelve las discrepancias de vocabulario sin emplear ninguna palabra. En lugar de ello, lo que se hace es enseñar a los sujetos una serie de patrones geométricos con características comunes y pedirles que elijan otra forma que encaje en el conjunto.

¿Qué partes de tu cerebro son responsables de esta capacidad? El candidato con más números es el córtex prefrontal. Las lesiones en esta región cerebral dificultan muchas de las formas de razonamiento abstracto. En los individuos normales, el volumen del cór-

Mito: Los pliegues del cerebro son señal de inteligencia

 La idea de que los pliegues en la superficie del cerebro podrían estar relacionados con la función cerebral data, como mínimo, del siglo XVII. El científico inglés Thomas Willis escribió que «los giros y circunvoluciones proporcionan un área más cómoda [para la expansión de los espíritus animales] en el uso de la memoria y la fantasía». Esta idea fue aun más popularizada por ciertos científicos basándose únicamente en la evidencia de que los cerebros humanos tienen más pliegues que otros, como los de la vaca o el cerdo.

El mito se vino abajo cuando varios eminentes pensadores legaron sus cerebros a la ciencia para que fueran medidos después de su fallecimiento. Sus cerebros resultaron ser muy similares a los de cualquier otra persona, sin ningún rasgo físico que estuviese correlacionado con la inteligencia. Los distinguidos cerebros estaban todos (más o menos) plegados por igual y no se los veía nada distintos de cerebros menos distinguidos.

Asimismo, en otros mamíferos, los pliegues del cerebro están relacionados no con la sofisticación cognitiva, sino con el tamaño absoluto del cerebro. El tamaño y los pliegues van de la mano, por lo que los pliegues únicamente dicen lo grande que es el cerebro. En los cerebros más grandes, el córtex cerebral también tiene más sustancia blanca, la cual está compuesta por el cableado axonal que conecta regiones distantes entre sí. Un aumento en el número de pliegues y la sustancia blanca aparece en todos los mamíferos de cerebro grande, cualquiera que sea su nivel de sofisticación mental, incluidos los humanos, los elefantes... y las vacas. Los cerebros de más pliegues pertenecen a ballenas y delfines, y los de menos, a musarañas y roedores.

Una hipótesis de cómo se forman estos pliegues es que las conexiones entre los nervios van frunciendo la superficie cortical, como harían descuidadas puntadas en una sábana grande. Una consecuencia útil de tener una superficie con pliegues puede ser la de que reduce la cantidad de espacio ocupado por el cableado cerebral: grandes cantidades de axones no sólo son voluminosos, sino que también crean largas distancias para que se desplacen las señales, lo que hace que los tiempos de procesamiento se alarguen. (La única excepción a la regla es el manatí, con un cerebro del tamaño del de un chimpancé aunque mucho más liso. Esto puede ser debido a que los manatíes, también conocidos como «vacas marinas», son increíblemente lentos a la hora de moverse y, por consiguiente, no necesitan que las señales atraviesen el cerebro rápidamente; pero nadie lo sabe con certeza.)

Si no son los pliegues del cerebro, entonces, ¿es el tamaño del cerebro lo que determina la sofisticación cognitiva? No exactamente. El tamaño del cerebro depende principalmente del tamaño del cuerpo del animal. Comparando las especies una con otra, el tamaño del cerebro se incrementa a una velocidad alrededor de tres cuartos el tamaño del cuerpo. No está claro por qué cuerpos más grandes necesitan cerebros más grandes, pero una posibilidad es que la musculatura de los animales más grandes sea más compleja y, por lo tanto, requiera un cerebro más grande para coordinar los movimientos. De esta manera los cuerpos necesitan disponer de cierta cantidad de cerebro simplemente para que todo se mantenga en marcha.

Por otra parte, tener una masa cerebral extra (en relación al tamaño del cuerpo) parece incrementar las capacidades cognitivas. La cantidad de cerebro «extra» va correlacionada con la complejidad social y cognitiva. Por ejemplo, los humanos tienen los cerebros más grandes de todos los animales que integran nuestra categoría de peso. El crecimiento extra se encuentra concentrado en el córtex cerebral: somos los mamíferos con mayor porcentaje de córtex cerebral sobre el volumen total del cerebro (80%). El segundo y el tercer puesto, como era de esperar, corresponden a los chimpancés y los gorilas.

tex prefrontal también guarda correlación con la inteligencia fluida. Por otro lado, el córtex prefrontal lateral es activado por múltiples pruebas de inteligencia administradas durante la práctica del escáner cerebral. Sin embargo, el córtex prefrontal probablemente no sea la única región del cerebro importante para la inteligencia fluida. Diversas áreas parietales del córtex también se muestran activas durante muchos estudios sobre el razonamiento abstracto y la inteligencia del cerebro.

La inteligencia fluida está íntimamente emparentada con la memoria funcional, la capacidad para guardar información en tu mente de manera temporal. La memoria funcional puede ser tan simple como acordarte del número de la casa a la que vas a pie desde el coche para asistir a una fiesta, o puede ser tan complicada como tener presente cuáles son las soluciones que ya has probado para un acertijo lógico mientras tratas de imaginar nuevas respuestas posibles al problema. Las personas con una elevada inteligencia fluida son resistentes a la distracción, en el sentido de que tienden a no «perder su lugar» en lo que hacen cuando desvían temporalmente su atención hacia otra cosa. Un estudio realizado con imágenes funcionales del cerebro descubrió que esta mejora guardaba correlación con la actividad en el córtex lateral prefrontal y el córtex parietal durante momentos con un intenso nivel de distracción en las personas con una elevada inteligencia fluida.

Los genes son responsables de al menos el 40% de la variabilidad individual en el conjunto de la inteligencia, pero su influencia varía sustancialmente dependiendo del entorno (*véase* Capítulo 15). Gemelos idénticos criados separadamente después de que hubieran sido adoptados por familias de clase media muestran un 72% de correlación en la inteligencia; pero esto seguramente sobrestima la contribución genética, dado que los gemelos compartieron un entorno antes de nacer (el entorno prenatal es responsable del 20% de la correlación) y a menudo son puestos en hogares similares. Los resultados de las pruebas de inteligencia también están bastante influenciados por factores como la educación, la nutrición, el entorno familiar y la exposición a las pinturas que contienen plomo y otras toxinas. De hecho, cuando el entorno es malo, la influencia de los genes experimenta un descenso de hasta el 10%. Así pues, aunque los genes fijen un límite por exceso a la inteligencia de las personas, parece ser que el entorno antes del nacimiento y durante la infancia determina si éstas llegan a hacer realidad todo su potencial genético.

La interacción entre genes y entorno puede ser bastante complicada, como hemos dicho antes. La influencia genética sobre la inteligencia gana intensidad a medida que las personas se hacen mayores, quizá porque entonces éstas buscan entornos que se adapten a sus predisposiciones genéticas. Por ejemplo, las personas con elevada inteligencia tienden a sentirse atraídas por profesiones que requieren el ejercicio regular de sus habilidades de razonamiento, lo que puede ayudar a mantener aguzadas dichas habilidades.

Tomada en conjunto, toda esta información sugiere que quienes propugnaban la eugenesia adoptaron exactamente el enfoque equivocado para mejorar la inteligencia humana. En tanto que sociedad, podríamos incrementar el nivel medio de inteligencia de manera mucho más efectiva mejorando los entornos de los niños que no disponen de los recursos necesarios para explotar todo su potencial genético. La controversia sobre las diferencias grupales en la inteligencia distrae la atención y los recursos de una conversación mucho más productiva sobre cómo podríamos lograrlo.

23

Instantáneas de las vacaciones: memoria

Durante la mayor parte de la historia de Londres, que abarca unos cuantos miles de años, la única manera de desplazarse era a pie o en un vehículo tirado por caballos. Porque la ciudad no fue pensada para los coches, sus vías de tráfico rodado son como un monstruoso rompecabezas. Las calles giran, cambian de dirección y se tuercen en ángulos extraños; y a menudo son tan estrechas que el tráfico sólo puede circular en un sentido. Hay rotondas y parques minúsculos por todas partes. Los nombres de las calles cambian de una manzana a otra. Para los turistas, acostumbrados a una parrilla ordenada de calles y avenidas, Londres es un auténtico caos.

Una manera de eludirlo consagrada por la tradición es pagar lo que te cueste un taxi. Los conductores de los míticos taxis de Londres han llegado a ser legendarios por su capacidad para localizar rápida y eficientemente cualquier destino en la ciudad. Llegas a Piccadilly Circus, pongamos por caso, y encuentras un taxi libre. Entras con todo tu equipaje en el asiento de atrás («Ostras, esto es tan grande como todo mi estudio de Nueva York...») y le dices al conductor la dirección a la que quieres que te lleve: «Grafton Way.» Después de toda una serie de giros y vueltas —y, para la mayoría de los turistas, de muchos momentos en que te agarras al asiento preso del pánico mientras ves cómo el tráfico viene lanzado hacia ti por el carril derecho—, llegas a tu destino sano y salvo.

El estudio de las calles de Londres es una ardua empresa que culmina en un temible examen al que llaman «El Conocimiento». Los aspirantes a conductor recorren la ciudad en moto armados

Dejarse las llaves del coche pero no olvidar cómo se conduce

 En la película *Memento*, Leonard ha sufrido lesiones cerebrales que lo incapacitan para recordar qué le ha sucedido en el pasado inmediato (*véase* Capítulo 2). Esos daños convierten su vida en una experiencia confusa e inconexa. Sin embargo, no ha olvidado cómo se conduce un coche. ¿Hay alguna explicación?

Aunque solemos pensar en la memoria como un fenómeno aislado, en realidad consta de muchos componentes. Por ejemplo, nuestros cerebros son capaces de recordar hechos (como la capital de Perú) y acontecimientos («ayer almorcé con un amigo»), y de asociar una determinada sensación al peligro. También recordamos cómo llegar a un sitio en la ciudad, cómo resolver un rompecabezas mecánico y cómo ejecutar un paso de baile. Todas estas habilidades usan distintas regiones del cerebro. Juntas, esas hebras componen la trama de lo que llamamos «memoria».

El problema que tiene Leonard para retener nuevos hechos y acontecimientos es un defecto en lo que llamamos «memoria declarativa». Esta forma de memoria necesita servirse de los lóbulos temporales a ambos lados del cerebro, del hipocampo y de ciertas partes del tálamo, una región en forma de balón de fútbol situada en el núcleo del cerebro.

Otros tipos de memoria se sirven de otras regiones cerebrales. Por ejemplo, la intensidad del recuerdo que se tenga de una experiencia aterradora, como un encuentro con un oso furioso, depende de la amígdala. Aprender ciertos tipos de coordinación de movimientos, como devolver una pelota de tenis con un golpe fluido, requiere el cerebelo. Una habilidad como conducir un coche emplea varias regiones cerebrales, pero no necesita servirse del sistema del lóbulo temporal, que es donde Leonard sufrió la lesión cerebral. Las personas que han sufrido daños en esas áreas siguen siendo capaces de adquirir nuevas habilidades, como dibujar al revés; aunque lo típico es que no conserven ningún recuerdo de haberlas practicado antes.

con un mapa del tamaño de una guía de teléfonos, desplazándose una y otra vez por el laberinto de calles hasta que pueden localizar mentalmente cada calle, y saben cómo llegar hasta allí desde cualquier otro sitio. Este proceso termina con unos exámenes para sacarse el certificado, que requieren meses de estudio para ser superados. Lo habitual es tardar dos años en obtener la licencia que permite conducir un taxi por las calles de Londres.

Neurocientíficos del University College de Londres examinaron los cerebros de varios conductores de taxi para ver si todo ese estudio tan intensivo había surtido algún efecto. Los científicos utilizaron las imágenes funcionales obtenidas por resonancia magnética para trazar un mapa de la estructura de los cerebros de cincuenta conductores y de cincuenta hombres que no conducían taxis. Descubrieron que sólo había una parte del cerebro que difiriese en los conductores y en los no conductores: el hipocampo, una estructura con la forma de un rollo de pergamino a medio extender. Dicha diferencia era pequeña pero mesurable. El hipocampo posterior de los conductores era, por término medio, un 7% más grande que el de los no conductores, y el hipocampo anterior era un 15% más pequeño. Teniendo en cuenta estos números, la variación dentro de cada grupo era lo bastante grande para que resultara imposible saber a qué grupo pertenecía alguien sólo con examinar el hipocampo. Comparados con los no conductores, los conductores tenían un extremo posterior del hipocampo más grande y un extremo anterior más pequeño. Cuantos más años de experiencia llevaba acumulados un conductor, más grande tendía a ser dicha desproporción. ¿Puede ser que adquirir y usar El Conocimiento haga crecer el hipocampo?

¿Cuál puede ser la causa de estas diferencias? Las neuronas activas secretan factores de crecimiento conocidos como «neurotrofinas», que pueden hacer que las dendritas y los axones prolonguen las ramificaciones ya existentes e incluso generen otras nuevas. Como hemos explicado antes, la secreción de neurotrofina es un acontecimiento clave en las primeras etapas del desarrollo. Asimismo servirse del tejido neuronal puede hacerlo crecer en años posteriores. Nuevas neuronas nacen también en los adultos a un ritmo más lento, superior en el hipocampo que en otras regiones cerebrales. No sabemos con certeza cómo la expansión en tamaño y número

Mito: Memoria recuperada

 Los recuerdos de las secuencias de acontecimientos no vuelven a ser puestos en acción como una cinta de vídeo o un archivo recuperado del disco duro de un ordenador. En lugar de eso, parecen hallarse almacenados en una especie de taquigrafía, disgregados en fragmentos donde las partes que carecen de interés son descartadas y quedan únicamente los detalles que tu cerebro considera importantes. Como explicamos en el Capítulo 1, tu cerebro también añade detalles inventados para crear una historia más coherente. A veces, esos hechos han permitido tragedias memorables.

La repetición de un pensamiento puede ser utilizada para crear el recuerdo de unos acontecimientos que nunca tuvieron lugar. En una oleada de casos escandalosos ocurridos en los años ochenta y noventa del siglo pasado, asistentes sociales y terapeutas identificaron «recuerdos reprimidos» de abusos durante la infancia. Dichas historias salieron a la luz tras largas sesiones en las que los entrevistadores formulaban repetidamente preguntas que solicitaban cierta clase de respuestas, y luego recompensaban las respuestas más interesantes con atención. En un caso famoso, el jardín de infancia McMartin de Manhattan Beach (California) llegó a ser demandado bajo la acusación de que en él centenares de niños habían sido víctimas de abusos sexuales. Las historias fueron adquiriendo una naturaleza cada vez más extraña, con descripciones de abusos rituales incluidas, algunos de los cuales se habían llevado a cabo en un complejo inexistente de túneles subterráneos. Esas increíbles historias llevaron a largos procesos judiciales y al encarcelamiento injustificado de Ray McMartin, que había sido orientador en dicha institución educativa. Tanto en este caso como en muchos otros, la mayoría de los acusados finalmente han sido declarados inocentes; aunque algunos aún siguen en la cárcel.

El proceso mediante el cual el cerebro añade recuerdos es un fenómeno ampliamente documentado. En un estudio, los investigadores preguntaron a los sujetos dónde estaban cuando se enteraron de que la lanzadera espacial Challenger había estallado. Los sujetos dieron respuestas distintas unos años más tarde de las que habían dado inmediatamente después de la explosión, lo que proporcionó una nueva evidencia de que la gente a veces inventa explicaciones plausibles cuando no recuerda lo ocurrido.

Los investigadores también han logrado estimular la creación de falsos recuerdos en el laboratorio. Por ejemplo, si se te muestra una lista de palabras que comparten una connotación similar —«helado de nata», «miel», «piruleta», «caramelo», «golosina», «chocolate»— y luego se te pregunta si la palabra «azúcar» figuraba en la lista, es bastante probable que digas que sí con toda la seguridad del mundo, aunque la respuesta correcta sea no. Esto es un ejemplo del relleno de recuerdos, un proceso en el que se hace una inferencia razonable de que un acontecimiento pudo ocurrir, pese a que nunca llegara a tener lugar.

La fragilidad de la memoria vuelve a aparecer en otro mito muy extendido que se remonta a las enseñanzas de Sigmund Freud. Éste especuló, sin disponer de ninguna evidencia concluyente, que los acontecimientos traumáticos podían ser reprimidos y, por consiguiente, permanecer inaccesibles para la mente consciente. El concepto ha llegado a quedar tan establecido que hoy en día es creído, incluso por muchas personas que trabajan en el campo de la salud mental. Sin embargo, no existe prácticamente ninguna evidencia científica de que así sea. La inconsistencia de los argumentos en que se suele apoyar es explicada detalladamente por Daniel Schacter en su obra *En busca de la memoria: el cerebro, la mente y el pasado*. Las experiencias severamente traumáticas son olvidadas sólo si el trauma causa la inconsciencia o lesiones en el cerebro, o si la experiencia le ocurre a una persona que todavía es demasiado joven para ser capaz de formar recuerdos persistentes, un proceso que se inicia alrededor de los 3 o los 4 años. La mayoría de los investigadores de la memoria están de acuerdo en que la recuperación de un recuerdo traumático perdido es algo que se da muy raras veces.

de las neuronas afectaría a su función, pero una conjetura plausible es que también la expandiría.

Esto nos lleva a una de las preguntas clave en la neurociencia: ¿qué es lo que cambia en el cerebro cuando aprendemos algo? La dificultad radica en que pocos de esos cambios son observables cuando examinamos la estructura general. Sin embargo, la nueva información probablemente sea almacenada como alteraciones que afectan al grosor de las conexiones entre neuronas y como cambios con los que se establecen nuevas conexiones. Dichos cambios no tienen por qué alterar necesariamente el tamaño de una estructura cerebral, igual que el tamaño de una hoja de papel no cambia cuando escribes en ella. Por consiguiente, la medición de las dimensiones de las estructuras cerebrales es una forma bastante tosca e indirecta de evaluar sus capacidades.

La razón original por la que esos investigadores londinenses decidieron fijarse en el hipocampo es que éste participa de la orientación espacial, tanto en los humanos como en otros animales. Cuando las ratas corren por un laberinto, las neuronas del hipocampo se activan sólo cuando la rata está en una ubicación determinada. Como el hipocampo de la rata contiene millones de neuronas, cada punto en el laberinto es asociado con cientos o miles de neuronas que se activan en el momento en que la rata está allí, no antes ni después. Tomadas en conjunto, todas las neuronas del hipocampo, se activen o no, contienen un mapa compuesto de puntos de células en los que subconjuntos de neuronas que se activan señalan dónde se encuentra la rata.

El mismo fenómeno ha sido detectado en humanos durante un videojuego de contenido muy similar a lo que hacen los taxistas de Londres cada día. Registrar la actividad de neuronas individuales en los humanos no es aconsejable porque requiere abrir el cráneo, pero se ha hecho en personas aquejadas de epilepsia grave. En dichos pacientes, se suelen implantar electrodos para identificar los puntos en el cerebro donde se inician los ataques; de manera que esas partes puedan ser extirpadas quirúrgicamente, al tiempo que se protegen las regiones vecinas importantes para la función normal. Los investigadores aprovecharon dicho procedimiento como una oportunidad para espiar la actividad de las neuronas mientras los pacientes jugaban a un videojuego en el que se conducía un taxi. El

No me lo puedo sacar de la cabeza

 Anne Waldman ya no sabe qué hacer. Ella y su hijo han estado trabajando en una serie de canciones basadas en los poemas de Anne, titulada *The Eye of the Falcon*.

Mientras da los últimos toques a las canciones, Anne descubre que no consigue sacarse cierta frase de la cabeza. La está volviendo loca. ¿Por qué es tan persistente la frasecita de marras?

Piensa en la frase que obsesiona a Anne como el ejemplo de una secuencia. La rememoración en secuencia ocupa un lugar especial y de mucha utilidad dentro de nuestros recuerdos. Se nos pide constantemente que recordemos secuencias, desde los movimientos que requiere firmar algo o hacer café por la mañana, hasta los nombres de las salidas que vienen antes de la que tomas cada día en la autopista para ir a casa. La capacidad para recordar esas secuencias es lo que posibilita muchos aspectos de la existencia cotidiana.

Cuando piensas en un trozo de una canción o de un discurso, tu cerebro puede repetir una secuencia que refuerza las conexiones asociadas a dicha frase. Esto, a su vez, aumenta las probabilidades de que consigas recordar la frase, lo que entonces lleva a un mayor refuerzo. Este ciclo de rememoración repetida puede ser necesario para el refuerzo y el asentamiento normal de los recuerdos.

En el caso de Anne, sin embargo, la repetición ha ayudado a formar un ciclo de respuesta positiva que tiene todas las características de un círculo vicioso. Al principio, la frase era recordada a propósito mediante un esfuerzo activo, pero pasado un tiempo aparece sin ser evocada. En el caso de Anne, la frase que ahora la trae de cabeza es una en la que estaba trabajando activamente, dotada de un sustancioso impacto emocional. Las emociones pueden subrayar el efecto de la experiencia y hacer que los acontecimientos tengan más probabilidades de quedar consolidados en la memoria.

¿Cómo puedes romper este ciclo interminable de recuerdo y refuerzo? Una manera de hacerlo es introducir otras secuencias que interfieran con el refuerzo del recuerdo. Pensar en otra canción puede permitir que un recuerdo competidor termine imponiéndose al primero. Anne intentó sobrescribir su recuerdo repetitivo escuchando una ópera de Poulenc sobre textos de Jean Cocteau. Ésa es la mejor terapia que te podemos sugerir: encuentra otra canción pegadiza... y reza para que el remedio no llegue a ser más molesto que la enfermedad original.

juego consistía en ir a varios destinos dentro de una ciudad simulada, algo así como una versión muy aburrida de Grand Theft Auto, sin crimen organizado, delitos o sexo.

De forma muy parecida a como ocurre en las ratas, el hipocampo de los taxistas virtuales humanos tenía células de lugar. Por ejemplo, algunas células se activaban cuando el jugador se encontraba ante la farmacia, pero no cuando iba al supermercado. La respuesta específica de las células a las distintas ubicaciones imaginarias empezó a producirse después de que los sujetos hubieran jugado al juego sólo unas cuantas veces. ¿Cómo puede ser que esto ocurra tan deprisa? Una posibilidad es que algo parecido a un mapa en blanco ya está preinstalado en tu cabeza, a la espera de que se lo conecte con las experiencias de lugares reales. Esto podría ser el primer paso para aprender a orientarse por un nuevo entorno, de la misma manera en que el aspirante a taxista londinense se entrena yendo en moto por la ciudad con un mapa.

Además de tomar parte en la formación de los recuerdos de lugares, el hipocampo es importante para la memoria declarativa (el recuerdo de hechos y acontecimientos). Por ejemplo, si recuerdas el trayecto en taxi a través de Londres descrito al principio de este capítulo (y esperamos que así sea), estás usando la memoria declarativa. La importancia del hipocampo, y de las estructuras próximas a él, para esta forma de memoria fue apreciada por primera vez por Brenda Milner, una psicóloga canadiense. En los años cincuenta, Milner examinó a un paciente, H. M., que había sido sometido a una intervención quirúrgica radical para tratar ataques epilépticos graves. Como en los pacientes que jugaban al videojuego de los taxis, los ataques de H. M. se iniciaban en el hipocampo o cerca de él, en los lóbulos temporales del córtex cerebral. Sin embargo, en esa época, no era habitual registrar la actividad antes de la intervención. Los médicos sólo sabían que los ataques solían empezar en los lóbulos temporales y en el hipocampo. Así que lo que hacían era extirpar quirúrgicamente dichas estructuras, en su totalidad.

Después de la intervención, los ataques de H. M. pasaron a hacerse menos frecuentes. También era capaz de mantener conversaciones, resolver acertijos lógicos y llevar a cabo las funciones cotidianas. Pero ahora también mostraba un extraño déficit. Sufría una profunda pérdida en su capacidad para recordar un acontecimiento, incluso pocos minutos después de que hubiera sucedido. Milner lo sometió a muchas pruebas en el curso de los meses siguientes. H. M. obtenía buenos resultados en las mismas tareas e incluso mejoraba su rendimiento con la repetición. Sin embargo, era incapaz de formar nuevos recuerdos de acontecimientos o personas. Por ejemplo, cada día saludaba a Milner como si fuera la primera vez que la veía.

Milner y otros neurocientíficos acabaron llegando a la conclusión de que las estructuras de los lóbulos temporales eran esenciales para la formación de la memoria declarativa. Los problemas experimentados por H. M. se han detectado en muchos pacientes con posterioridad a ataques de apoplejía que dañaron la estructura de sus lóbulos temporales, hipocampo incluido.

Como tanto la memoria de lugar como el recuerdo episódico precisan del hipocampo, los científicos especulan con la posibilidad de que esas dos formas de memoria puedan compartir algún principio común. Una idea es que ambas operan situando los acontecimientos en relación unos con otros dentro de un contexto. En la memoria espacial, la relación es física, en el espacio; en la memoria episódica, las relaciones son más generales, en el tiempo o incluso por conexión lógica. ¿Qué propiedad física del hipocampo le permite establecer esas conexiones lógicas?

Hará unos cien años, el psicólogo William James sugirió que nuestras experiencias desencadenan secuencias de actividad en el cerebro. En las condiciones adecuadas, dichas secuencias pueden llevar entonces a cambios que incrementan la probabilidad de reproducirse, incluso una vez pasada la experiencia. Si la secuencia de actividad es repetida, al final el cambio acaba volviéndose lo suficientemente marcado para que toda la secuencia pueda ser puesta en marcha por alguna pista que evoque el principio de la secuencia.

En 1949, el neuropsicólogo canadiense Donald Hebb sugirió de qué forma podía tener lugar el cambio del que James hablaba. Según él, lo esencial del aprendizaje era la activación de neuronas en un orden determinado, y quienes establecían dicho orden, las sinapsis. En la formulación de Hebb, el fortalecimiento y el debilitamiento de las conexiones sinápticas entre neuronas podían ser el medio subyacente mediante el que una secuencia de activación neuronal pasa a quedar reforzada. Más de veinte años después de que Hebb hiciera esa sugerencia, Terje Lomo y Timothy Bliss demostraron que estaba en lo cierto. Descubrieron que las sinapsis podían alterar de forma duradera su solidez una vez activadas (como explicamos en el Capítulo 13). Este fenómeno, llamado «potenciación a largo plazo», ha sido encontrado desde entonces en toda una serie de animales: primates, ratas, conejos, babosas, insectos, pájaros, y hasta pulpos. Estos cambios duran entre minutos y horas. Dentro de escalas de tiempo más prolongadas, las conexiones pueden reorganizarse y es posible que aparezcan otras nuevas, lo que quizá podría llevar incluso a cambios estructurales como los observados en los cerebros de los taxistas de Londres.

¿De qué manera se aplican estas ideas al hipocampo? Muchas neuronas en el hipocampo excitan a otras neuronas cercanas, de forma que una neurona puede excitar a otra, la cual excita a la siguiente, y así sucesivamente; quizás en secuencias largas, siempre dentro del hipocampo. Esto suena muy parecido a la visión que Hebb tenía de las secuencias de actividad como medio de revivir una experiencia. Tal vez los ciclos internos de excitación del hipocampo permitan la generación de dichas secuencias.

Estos ciclos de excitación también podrían jugar un papel fundamental en la propensión del hipocampo y el lóbulo temporal a la epilepsia. Si dichas estructuras tienen una tendencia a formar ciclos de respuesta positiva, podrían ser las causantes de los ataques epilépticos, esos períodos de actividad cerebral descontrolada. De hecho, el córtex cerebral también está lleno de conexiones internas y es otro de los lugares donde acostumbran a iniciarse los ataques.

Capítulo 24

Racionalidad sin razón: autismo

Si te has parado a leer los periódicos y las revistas durante los últimos años, puede que te hayas formado la impresión de que el autismo es causado por alguna clase de toxinas ambientales, quizá por la vacunación. Según un análisis reciente, esta idea recibe siete veces tanta atención en la prensa popular como en la literatura científica en la que se basan ostensiblemente los periodistas. Aunque proporciona buenos titulares, la hipótesis ambiental tiene un grave problema: lo más probable es que sea errónea o, al menos, que esté incompleta.

«Autismo» es un término comodín para referirse a todo un conjunto altamente variable de trastornos de la conducta que aparecen en la primera infancia. Viene definido por tres rasgos de carácter: falta de reciprocidad social, alteraciones en la comunicación verbal y no verbal, y conductas inflexibles y repetitivas. El autismo afecta a 6 de cada 1.000 personas en la población actual y es cuatro veces más común en los varones que en las hembras. A personas con un lenguaje normal que muestran los otros dos rasgos de carácter se les diagnostica un trastorno relacionado, el síndrome de Asperger.

Los problemas de conducta social causados por el autismo son muy característicos. Son producto de una dificultad con lo que los investigadores llaman «teoría de la mente». Esta frase se refiere a la capacidad humana de imaginar lo que saben los demás y lo que están pensando o sintiendo, una capacidad que en la mayoría de los niños se desarrolla alrededor de los tres o los cuatro años. Las personas con autismo tienen extrema dificultad para adoptar el punto

Neuronas especulares, monos de imitación

 Las habilidades sociales dependen de la empatía, que consiste en ser consciente de lo que sienten los demás. La empatía no es innata, sino que tiene que ser desarrollada en el curso de la infancia. Los estudios de psicología sugieren que la imitación es una forma que los niños tienen de aprender a leer el lenguaje corporal y la expresión facial en los demás. Los niños pequeños tienden a imitar a los demás como si estuvieran mirando en un espejo, moviendo la mano izquierda cuando otro mueve la mano derecha, y también tienden a imitar el fin al que va dirigida una acción más que la acción propiamente dicha.

Los neurocientíficos han descubierto la existencia de circuitos cerebrales especializados en la imitación que también pueden ser importantes para la empatía. Las que los investigadores llaman «neuronas especulares» se encuentran en el giro frontal inferior, y en el córtex premotor y parietal de los monos. Están activas cuando el animal lleva a cabo una acción dirigida a algún fin, como coger comida, o cuando observa llevar a cabo la misma acción a otro animal. Hay neuronas especulares que sólo están activas cuando el animal ve a alguien más hacer exactamente el mismo movimiento, mientras que otras están activas cuando alguien más logra el mismo fin de manera distinta. Algunas neuronas especulares incluso son activadas por un estímulo sensorial que sugiere una acción que no puede ser vista, como el sonido de un trozo de comida al que se le está quitando el envoltorio o la visión de una mano desapareciendo detrás de una barrera donde el mono sabe que hay comida. Por otra parte, las neuronas especulares también parecen distinguir la intención que hay detrás de una acción dada; de modo que una neurona particular se pue-

de activar cuando la comida es cogida por alguien con la intención de comérsela, pero no cuando es cogida por alguien con la intención de guardarla en algún sitio para más adelante.

Estas dos áreas también están activas durante la imitación en las imágenes funcionales del cerebro humano. La estimulación magnética que perturba la función del giro frontal inferior interfiere con la imitación en los humanos. Una de las principales entradas de datos a la región parietal de las neuronas especulares se encuentra en un área llamada «surco temporal superior», esencial para atribuir estados mentales a otras personas. En los niños normales de diez años, las áreas de las neuronas especulares están más activas en los individuos que obtienen las puntuaciones más altas en una prueba de empatía, lo que sugiere que la empatía puede ser aprendida imaginándote en el lugar de otra persona.

Los déficits sociales vistos en el autismo pueden ser debidos a una disfunción en el sistema de las neuronas especulares. Los niños autistas muestran una menor actividad en esas áreas del cerebro que los niños normales cuando se les pide que observen o imiten expresiones faciales. Además, la disminución en la actividad guarda relación con la severidad de los síntomas autistas. Naturalmente, estos descubrimientos no prueban que los déficits en el sistema de las neuronas especulares causen autismo, y hay muchas otras regiones del cerebro que tampoco responden normalmente en dicha afección, incluida el área del cerebro especializada en el reconocimiento de rostros. Otro posible origen para los problemas que padecen los autistas es la ínsula, que participa activamente tanto en el procesamiento del estado personal propio como en el de los demás (*véase* Capítulo 16). Estas prometedoras ideas atraerán mucha más investigación durante los próximos años, lo que debería suministrar a los científicos más pistas sobre las causas del autismo.

de vista de otro y, por consiguiente, les cuesta mucho reconocer cuándo los demás están mintiendo, burlándose de ellos, siendo sarcásticos o aprovechándose de ellos. Les resulta particularmente di-

fícil responder adecuadamente a las caras, incluyendo el reconocer-
las o recordarlas, así como detectar las señales faciales de emoción.
La mayoría de las personas centran la atención en los ojos cuando
miran a una cara, pero los autistas tienden a mirar la boca o cualquier otro punto del entorno.

Sam creció con una hermana menor que era autista. De pequeña, Karen tardó más de lo acostumbrado en empezar a hablar; tendía a pegar a los otros niños y a gritar cuando no correspondía; hablar con ella era un ejercicio de frustración. Respondía a preguntas
como «¿Qué tal estás?» repitiendo la pregunta y, cuando se la insta-
ba a dar una respuesta adecuada («Karen, di que estás muy bien»),
ella replicaba: «Estás muy bien»; lo que llevaba a un ciclo inacabable
de frustración para ambas partes. Se hiperestimulaba con mucha
facilidad y pasaba horas sentada en un rincón, tocándose repetidamente el dedo de una mano con un dedo de la otra. Esta forma de
autoentretenimiento parecía calmarla, pero evidentemente no con-
tribuía en nada a los juegos de grupo. De niño, Sam prefería que
sus amigos no vinieran a casa, por miedo a que fueran interrumpi-
dos por gritos extraños o algo peor. Las casas de sus amigos o la biblioteca solían ser lugares mucho más acogedores que la suya.

Los problemas de Karen eran lo bastante evidentes para que se
le diagnosticara autismo a los cinco años, lo cual suponía un diagnóstico precoz en los años setenta, antes de que el autismo llegara a
ser un trastorno ampliamente conocido. En esa época, la comprensión popular de las causas del autismo era todavía más embarullada
de lo que es ahora. Sus padres pasaron décadas convencidos de que
a Karen tenía que haberle ocurrido algo en la infancia que desencadenó su autismo. Por ejemplo, como nació prematuramente, pensaban que sus problemas podían deberse a que no habían tenido
suficiente cuidado al tocarla de recién nacida, cuando las placas de
su cráneo aún no se habían cerrado del todo.

Los padres de los niños autistas suelen sentirse culpables, y ese
sentimiento tiene sus raíces en el dar por hecho que el trastorno
tiene una causa ambiental. Por ejemplo, durante muchos años, los
psiquiatras atribuyeron el autismo a la frialdad emocional de las
«madres nevera»; un craso error, pero que encajaba perfectamente
con la sensación de responsabilidad de los padres. En general, las
enfermedades que no acaban de ser entendidas suelen adquirir la

reputación de venir determinadas por el entorno. Otro ejemplo son las úlceras de estómago, que durante mucho tiempo se consideraron causadas por el estrés cuando, en realidad, son causadas por bacterias.

No sabemos exactamente qué es lo que causa el autismo, pero sí que se trata de un trastorno del desarrollo cerebral con un intenso componente genético. Si uno de dos gemelos idénticos padece el trastorno, el otro gemelo tiene más de un 50% de probabilidades de ser autista, pese a que los gemelos en general no corren un mayor riesgo de ser autistas que los hijos únicos. Incluso los hermanos no idénticos de niños autistas tienen un riesgo entre 25 y 67 veces mayor de padecer autismo que la población general. Y los familiares de personas autistas también tienen más probabilidades de llegar a mostrar algunos de los síntomas del autismo, incluso aunque no reúnan los requisitos establecidos actualmente para un diagnóstico oficial.

Sin embargo, pese a la clara contribución de la genética, no hay un único «gen del autismo». Existen unos cuantos síndromes muy poco frecuentes en los que los síntomas del autismo pueden ser resultado de una mutación en un solo gen. Lo sabemos porque las parejas de gemelos bivitelinos, que comparten la mitad de sus genes, sólo tienen entre un 1% y un 10% de probabilidades de llegar a compartir un diagnóstico de autismo. Esto nos dice dos cosas. Primero: como es probable que el medio ambiente influya de manera similar en gemelos bivitelinos y univitelinos, el efecto de las causas ambientales se supone leve por término medio. Segundo: las probabilidades de que dos gemelos bivitelinos sean autistas son mucho menores que en el caso de los gemelos univitelinos. Éste es un patrón de herencia típico para un trastorno que depende de una multiplicidad de genes. Pongamos por caso que, si una persona es autista por haber heredado dos genes con mutaciones (por ejemplo, el gen A de su madre y el gen B de su padre), sólo hay una probabilidad entre cuatro de que su hermano vaya a tener exactamente las mismas copias tanto del gen A como del gen B. Y, cuantos más genes, menores probabilidades. Este tipo de análisis ha llevado a los científicos a la conclusión de que la mayor parte del autismo es provocado por mutaciones en un repertorio de entre 2 y 20 genes.

Mito: Las vacunas causan autismo

 La teoría de que las vacunas tienen algo que ver con el autismo ha recibido una considerable atención en el curso de los últimos años. Robert Kennedy Jr. escribió un libro sobre ella. Dan Burton, un congresista republicano por el estado de Indiana que tiene un nieto autista, ha presidido muchas audiencias sobre el tema. Los científicos han dedicado cientos de horas a examinar los historiales de miles de pacientes para investigar dicha relación, pero no han encontrado ningún indicio de que exista una relación causal; y, sin embargo, la especulación continúa.

El interés por el tema se inició con un estudio publicado en 1998 por un gastroenterólogo británico. El trabajo se centraba en doce pacientes que habían sido seleccionados basándose en síntomas gastrointestinales. Nueve de ellos satisfacían los criterios establecidos para el diagnóstico de autismo. Los padres de ocho de los niños comunicaban que los síntomas habían aparecido alrededor del momento en que fueron vacunados contra el sarampión, las paperas y la rubeola (con la vacuna conocida como MMR). El estudio señalaba que los síntomas conductuales e intestinales podían haber ocurrido simultáneamente por azar, «reflejando un prejuicio de selección en un grupo autorreferenciado».

La interpretación del estudio fue rectificada posteriormente por diez de los trece autores, quienes declaraban: «Queremos dejar claro que en este estudio no se establecía ningún vínculo causal entre la vacuna MMR y el autismo, porque los datos eran insuficientes.» También salió a la luz que, antes de la publicación del estudio, el autor que lo había coordinado trabajaba como asesor para un grupo de abogados con intención de presentar una demanda legal contra los fabricantes de vacunas, y no había puesto de manifiesto este conflicto de intereses.

Los padres pueden asociar la vacunación con la aparición del autismo debido a una mera coincidencia, dado que ambos acontecimientos tienen lugar más o menos al mismo tiempo. Los síntomas aparecen típicamente alrededor del año, y las vacunas son administradas entre los 12 y los 15 meses. En un estudio, todos los casos de autismo o de la gama de trastornos asociados al autismo en un distrito londinense fueron identificados desde 1979. Los niños autistas no tenían más probabilidades de haber sido vacunados que los niños normales, y el diagnóstico de autismo no era más probable que tuviera lugar inmediatamente después de la vacunación. Un estudio llevado a cabo en Suecia también descubrió que la inoculación de la vacuna MMR no guardaba ninguna relación con un incremento en los diagnósticos de autismo. De hecho, en varias evaluaciones independientes llevadas a cabo por el Instituto de Medicina de Estados Unidos, el Consejo de Investigación Médica de Reino Unido y la Biblioteca Cochran (un consorcio internacional de científicos creado para evaluar la literatura médica), no se ha encontrado ninguna conexión creíble entre las vacunas y el autismo. El grupo Cochran señala que la mayoría de los estudios sobre el tema pecan de una evaluación poco fiable de los resultados y muestran otras fuentes de prejuicios por parte del investigador.

La hipótesis que sostiene Kennedy es que el autismo lo causa el etilo de mercurio presente en el timerosal, un preservante que fue utilizado en algunas vacunas (si bien no en la vacuna MRR) hasta el año 2001 en Estados Unidos. El principal argumento que apoya esta idea es que el diagnóstico de casos de autismo no ha dejado de crecer a lo largo de las últimas décadas; aunque no está claro si esto refleja un aumento real en el número de personas afectadas, como hemos explicado antes en este capítulo. Incluso si aceptáramos que existe una epidemia de autismo, no guarda ninguna correlación con la presencia de timerosal en las vacunas. En el estudio de Londres, no se dio ningún súbito incremento en el número de diagnósticos de autismo cuando las vacunas que contenían timerosal fueron lanzadas al mercado en 1998. El timerosal estuvo presente en las vacunas disponibles en Estados Unidos entre 1991 y 2001, pero el incremento en el número de diagnósticos de autismo se inició antes y no ha experimentado ningún declive desde que el preservante fue retirado del mercado. Canadá y Dinamarca hicieron que el timerosal fuera eliminado de sus vacunas en 1995 y, desde entonces, tampoco se ha mostrado ninguna disminución en el número de casos de autismo diagnosticados. Desgraciadamente, la continuación del debate sobre esta pista falsa continúa absorbiendo unos recursos que deberían ser invertidos en las líneas de investigación sobre las verdaderas causas del autismo que realmente pueden llegar a arrojar resultados.

Incluso si, finalmente, el autismo resulta estar causado sólo por mutaciones genéticas, aún queda abierta la posibilidad de que pueda verse influenciado por el entorno. Un buen ejemplo de interacción entre los genes y el entorno nos lo proporciona otro trastorno, la fenilcetonuria, causada por una mutación genética que interfiere con la función de la enzima que se encarga de convertir el aminoácido conocido como «fenilalanina» en otro compuesto. Cuando la fenilalanina se acumula en el cuerpo, causa daños en las neuronas que provocan retraso mental y déficits conductuales permanentes. Dichos daños pueden ser evitados mediante una manipulación ambiental, consistente en eliminar la fenilalanina de la dieta.

Un argumento que, a primera vista, parecería favorecer la existencia de una causa ambiental en el autismo es el incremento de casos que han llegado a ser diagnosticados a lo largo de las últimas cuatro décadas. No cabe duda de que las cifras parecen impresionantes: los casos de autismo diagnosticados se han multiplicado por quince desde los primeros estudios llevados a cabo en los años sesenta. Un examen más riguroso, sin embargo, revela que varios factores importantes han cambiado entre esos primeros estudios y los estudios contemporáneos sobre la incidencia del autismo. En primer lugar, hoy en día los criterios utilizados para el diagnóstico son distintos, y muchos niños a los que ahora se les diagnostica autismo no habrían satisfecho los requisitos cuando los primeros criterios fueron establecidos en 1980. Muchas personas a las que en la actualidad se les diagnostica autismo antes habrían sido remitidas a hospitales mentales o instituciones para retrasados mentales, mientras que otras habrían llevado una existencia aislada como excéntricos. En segundo lugar, los padres y los médicos saben mucho más acerca del autismo y es más probable que tomen en consideración dicha posibilidad cuando evalúan a un niño que presenta problemas de desarrollo. En tercer lugar, disponemos de mejores opciones de tratamiento, lo que incrementa las motivaciones de los padres a la hora de identificar el autismo en sus hijos. Muchos padres están interesados en obtener los beneficios de algún tipo de terapia conductual, aunque la evidencia disponible en la actualidad sugiere que, pese a la popularidad de que gozan hoy en día, dichos programas de tratamiento no tienen ningún efecto claro sobre los síntomas del autismo. Naturalmente, por las mismas razones, nadie puede asegurar con certeza que la incidencia del autismo no se haya incrementado. De hecho, algunos científicos creen que el autismo está subdiagnosticado incluso en la actualidad. Lo que sí podemos afirmar es que los datos obtenidos a lo largo de las décadas anteriores no evidencian claramente que haya habido un incremento en la incidencia del autismo.

Sea cual sea la importancia relativa de los genes o del entorno a la hora de provocar el autismo, ambos tienen que actuar afectando al desarrollo del cerebro. Los cerebros de la mayoría de autistas no parecen marcadamente diferentes de los cerebros normales, si bien algunos autistas tienen el cerebro excepcionalmente grande y, por razones desconocidas, el cerebelo excepcionalmente pequeño. Estas diferencias en el tamaño del cerebro no se hallan presentes en el momento de nacer, sino que se desarrollan a lo largo de los dos primeros años; lo que sugiere un problema con la «poda» de las conexiones cerebrales que normalmente tiene lugar durante este período, como explicamos en el Capítulo 10. La mayoría de los autistas presentan toda una serie de problemas sutiles pero generalizados en el córtex y en otras áreas, incluidos cambios en el número o la densidad de las neuronas y alteraciones de la disposición normal en grupos funcionales de neuronas.

Sólo unos cuantos genes específicos han sido relacionados de manera consistente con el autismo. Si tiene que haber mutaciones múltiples para que aparezca el trastorno, los genetistas quizá nunca lleguen a identificar todas las complicadas interacciones implicadas. Sin embargo, incluso las respuestas parciales pueden ser útiles a la hora de sugerir posibles mecanismos causantes del trastorno. Por ejemplo, el autismo va unido a las mutaciones en dos familias de genes emparentados, conocidas como «neurexinas» y «neuroliginas». Dichos genes contienen los códigos de las proteínas que controlan el posicionamiento de los receptores de neurotransmisores durante el proceso de formación de las sinapsis excitatorias e inhibitorias en las primeras fases del desarrollo.

Esto es interesante, porque alrededor del 30% de los autistas también padecen epilepsia, en comparación con sólo el 1% de la población general. La epilepsia es un trastorno de la excitabilidad cerebral que aparece cuando el equilibrio entre excitación e inhibición se ve perturbado, lo que lleva a episodios de excitación incontrolada que causan convulsiones en el cuerpo. Es fácil imaginar cómo daños en las neurexinas y las neuroliginas podrían llevar a defectos en este equilibrio sináptico que causan ataques epilépticos. No cuesta mucho más imaginar cómo semejantes cambios podrían causar defectos funcionales más sutiles en las regiones del cerebro que controlan el lenguaje o la conducta social, aunque nadie está completamente seguro de cómo ocurre esto.

Algunos científicos sospechan que todas estas diferencias entre los cerebros de los autistas y los de las personas normales se deben a un defecto primario en conexiones entre las áreas del cerebro. En concreto, muchos síntomas del autismo podrían ser explicados por daños en las conexiones que permiten que el córtex frontal y otras áreas del cerebro llamadas «asociativas» (porque coordinan el uso de muchos tipos distintos de información) influyan sobre regiones del cerebro importantes para las rutinas de la conducta y la sensación. Sin esas conexiones, el cerebro sería incapaz de regular la entrada de sensaciones, lo que podría causar la hipersensibilidad a los estímulos ambientales que vemos en muchos autistas. Las áreas asociativas también son importantes a la hora de facilitar el que la persona muestre respuestas flexibles ante las circunstancias, incluyendo el suprimir conductas habituales cuando no son adecuadas dentro de un contexto determinado, lo que podría explicar la conducta rígida y repetitiva. Finalmente, muchas de estas áreas asociativas participan directamente en la conducta social (*véase* Capítulo 16).

Una pregunta para la que todavía carecemos de respuesta es qué razón puede haber para que los factores genéticos subyacentes en el autismo persistan dentro de la población general. Cabe la posibilidad de que, desde un punto de vista individual, los genes confieran cierto beneficio. Por ejemplo, los autistas tienden a ser muy buenos con los detalles, quizá debido a que carecen del control superior emanado del córtex frontal. Que en la población hubiera un reducido número de personas con una capacidad excepcional para centrarse en las tareas podría ser beneficioso para la sociedad. Como dijo el célebre autista Temple Grandin: «¿Qué pasaría si el gen del autismo fuera eliminado de la reserva genética? Tendrías a un montón de gente que se pasaría la vida conversando y relacionándose sin que se llegara a hacer nada.»

25

Diferencias de género: una breve escala en Marte y Venus

Los hombres y las mujeres son exactamente iguales.

No, es broma. Si tuviéramos que hacer caso de esa ideología, este capítulo sería muy corto. Lo que sí es cierto es que muchas de las diferencias entre los sexos son exageradas, y algunas son pura y llanamente inventadas. El mundo está repleto de hombres que sienten el impulso de cuidar del prójimo y de mujeres agresivas y, por encima de todo, ambos sexos son igual de inteligentes. Pero, como sabe cualquier persona que haya tenido que criar a sus hijos, los niños y las niñas nacen con ciertas diferencias de equipamiento entre los oídos.

Pues claro que hay diferencias considerables en las regiones cerebrales que determinan cuál es el sexo al que prefieres ver llevando unos pantalones ajustados (*véase* Capítulo 20). Pero ahora intentemos ponernos un poco más serios, y consideremos por qué los hombres y las mujeres pueden pensar de distinta manera cuando no están en la cama. Sabemos que las hormonas influyen sobre cómo opera el cerebro, y que hormonas sexuales como la testosterona y el estrógeno se hallan presentes en distintas cantidades en los varones y en las hembras. Dichas hormonas ejercen una influencia especialmente intensa antes y justo después del nacimiento, cuando se están formando los cerebros de los bebés; pero también tienen efectos directos sobre los cerebros adultos. Los cerebros de los hombres y los de las mujeres también difieren en la forma, probablemente como resultado de esas hormonas; aunque, una vez más, la mayoría de las diferencias son muy sutiles. Los cerebros de

Mito: Las mujeres son más temperamentales que los hombres

 No podemos negar que las mujeres son temperamentales. Lo que la mayoría de la gente no tiene en cuenta es que los hombres también lo son. De hecho, sus estados de ánimo varían de hora en hora tanto como los de las mujeres. ¿Que cómo lo sabemos? Cuando los psicólogos dan buscas a hombres y mujeres, y les piden que anoten su estado de ánimo cada vez que suenan, hombres y mujeres comunican variaciones similares en el estado de ánimo. Curiosamente, tanto los hombres como las mujeres tienden a recordar mejor los cambios de humor de las mujeres, así que, si a la gente se le pide después que recuerde de qué humor andaban ellos o sus parejas durante la semana anterior, se comunican más cambios de humor para las mujeres que para los hombres.

Es cierto que los trastornos anímicos, incluidas la depresión y la ansiedad, son aproximadamente el doble de frecuentes entre las mujeres que entre los hombres. Una parte de esa disparidad puede deberse a que las mujeres están más dispuestas a acudir al médico cuando se encuentran mal; pero, aun teniendo en consideración la diferencia cultural, las mujeres corren un riesgo más alto. Nadie está realmente seguro del porqué, aunque hay quienes piensan que puede deberse a que las experiencias vitales de las mujeres pueden exponerlas a un mayor estrés, que está relacionado con la depresión y la ansiedad (*véase* Capítulo 17). Los hombres y las mujeres son igual de propensos a sufrir un trastorno maníaco-depresivo, muy relacionado con los genes.

las mujeres tienen un poco más de área superficial y más conexiones entre las distintas áreas, mientras que los cerebros de los hombres tienen un poco más de volumen, incluso cuando tomamos en consideración las mayores dimensiones de sus cuerpos.

Dadas estas diferencias, no es de extrañar que los hombres y las mujeres tiendan a comportarse de distinta manera. Pero la conducta humana viene determinada no sólo por la biología, sino también por la experiencia y el adiestramiento, aquello a lo que habitualmente llamamos «cultura». La mayoría de los niños quieren portarse de maneras que complazcan a sus adultos favoritos. Si a las niñas se las castiga por haberse ensuciado la ropa, mientras que los niños perciben que sus padres se alegran secretamente de semejante exhibición de masculinidad, no podemos concluir que las niñas tengan una inclinación natural a estar pendientes de su apariencia. Muchos adolescentes creen que los hombres encuentran menos atractivas a las mujeres inteligentes (aunque, afortunadamente, la mayoría de nosotros ha llegado a descubrir que no es así), y la efectividad de las escuelas femeninas a la hora de promocionar los logros académicos indica que las chicas pueden adaptar su conducta —y sus habilidades aparentes— para acomodarla a este estereotipo.

Las creencias previas también pueden influir sobre cómo los demás evalúan lo que hace una persona. Desde principios de los setenta, no ha dejado de haber un apasionado debate en la comunidad de la música clásica sobre si las mujeres eran capaces de tocar tan bien como los hombres, dado que todas las primeras orquestas estaban integradas abrumadoramente por hombres. Entonces las feministas convencieron a los directores de orquesta de Estados Unidos de que empezaran a hacer que quienes aspiraban a entrar en la orquesta hicieran la audición detrás de un biombo, para que los jueces pudieran oír la música sin ver a la persona que la interpretaba. ¡Sorpresa! Veinte años después, la mitad de los integrantes de las primeras cinco orquestas de Estados Unidos son mujeres. En Europa, sin embargo, son raras las audiciones a ciegas, las orquestas son predominantemente masculinas y muchos músicos todavía están convencidos de que las mujeres no tocan tan bien como los hombres.

¿Cómo distinguimos, entonces, entre las influencias biológicas y las culturales en lo que a conducta se refiere? No podemos separarlas del todo, dado que el entorno da forma a la manera en que operan nuestros cerebros; pero sí que podemos hacer conjeturas meditadas. Por ejemplo, las conductas que difieren entre machos y hembras en otras especies es más probable que reflejen diferencias biológicas, dado que las ratas (por ejemplo) no tienen demasiada cultura. Las conductas que son decididamente masculinas en las distintas culturas también es más probable que tengan una base bio-

Cuestionario: Cómo pensar como un hombre

¿Cuál de las tres formas de comparación de la derecha es una versión rotada del objeto estándar que hay a la izquierda? Usa un reloj con segundero y cronométrate, mientras contestas lo más deprisa que puedas. (Las respuestas están al final, ¡pero no hagas trampa!)

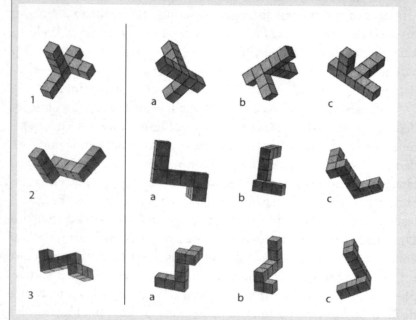

Esta prueba demuestra una de las mayores diferencias conocidas entre los cerebros de los hombres y los de las mujeres. Conocemos a un profesor de neurociencia que creció siendo una mujer y finalmente se dio cuenta de que siempre había sentido como un hombre y quería cambiar de sexo. Siendo científico, se inscribió en un estudio sobre las diferencias de cognición entre los sexos que se centraba en la rotación mental de los objetos, como la prueba anterior. Que tomara parte en el estudio durante el cambio de sexo proporcionó a los investigadores la insólita ventaja de que podían usar a la misma persona en el grupo femenino (antes) y el masculino (después). Antes del tratamiento hormonal, nuestro amigo encontró la prueba francamente difícil, y sentía que tenía que rotar lentamente cada forma en su mente para ver si encajaba con el estándar. Después de que hubiera empezado a recibir las inyecciones de testosterona, la prueba le fue resultando cada vez más fácil. Al final del estudio, como un hombre, la respuesta correcta parecía obvia de inmediato. Ésta es la explicación más clara que hemos oído de cómo se percibe esta diferencia entre los sexos desde el interior de la persona.

Respuestas: 1)b, 2)a, 3)c

lógica (aunque el factor biológico en cuestión podría ser la mayor fuerza muscular de los hombres, no necesariamente sus cerebros). Con eso bien presente, examinemos algunas de las diferencias biológicas más convincentes entre los sexos que se documentan en las personas.

La diferencia más fidedigna la encontramos en el razonamiento espacial. No se trata tanto de que a los hombres no les guste preguntar cómo se llega a un sitio —eso probablemente sea cultural—, sino que habitualmente piensan en la disposición física del mundo de forma distinta a como lo hacen las mujeres. Incluso en las ratas, las hembras dependen más de puntos de referencia locales para orientarse, mientras que los machos trabajan a partir de un mapa mental del espacio. Por ejemplo, pensemos en un laberinto donde el camino que lleva a la recompensa puede ser memorizado fijándose en ciertos rasgos de las paredes del laberinto, o en rasgos más lejanos de las paredes de la habitación. Girar el laberinto de manera que ahora esté encarado hacia otra pared de la habitación (lo que cambia las pistas remotas) no afecta gran cosa a la capacidad para orientarse de las ratas hembra, pero en cambio hace que los machos cometan errores. Por otra parte, modificar los rasgos locales afecta a la capacidad para orientarse de forma más marcada en las hembras que en los machos. Del mismo modo, si oyes que alguien dice «Tuerza a la izquierda en cuanto haya dejado atrás la iglesia, y luego tuerza a la derecha unas manzanas después en la casa marrón con el

Los varones son más variables que las hembras

 La gente tiende a centrarse en el hecho de que más varones que hembras obtienen puntuaciones extremadamente altas en los exámenes de matemáticas, pero también es verdad que más varones obtienen puntuaciones pésimas. De hecho, los resultados obtenidos por los hombres son más variables que los de las mujeres en muchas pruebas de habilidad mental. Ésta es otra manera de decir que más varones que hembras tienen habilidades que se alejan mucho del promedio, en ambas direcciones. Al igual que la mayoría de las diferencias de género, ésta es pequeña; y sólo se hace importante para aquellos individuos que se alejan mucho del promedio.

Una posible razón evolutiva que justifique esta diferencia es que las hembras son más importantes para la producción de hijos. Si algunos varones en la población se exponen al peligro y consiguen que los maten, o no llegan a reproducirse por la razón que sea, el número total de hijos puede no verse afectado porque los hombres restantes pueden compensar las pérdidas. En cambio, si hay menos mujeres, es probable que haya menos hijos. Eso significa que los cambios genéticos que conducen a una mayor variabilidad entre los individuos del sexo masculino tienen más probabilidades de sobrevivir dentro de la población, porque es más probable que sean transmitidos a la siguiente generación.

pino grande», probablemente estás escuchando a una mujer. Si oyes «Vaya en dirección sur durante tres kilómetros y medio, y luego, medio kilómetro hacia el este», lo más probable es que estés hablando con un hombre.

Las diferencias se extienden a formas más abstractas del razonamiento espacial. Por ejemplo, empezando con un objeto que no les es familiar y que ha sido fotografiado desde un ángulo, los hombres son mucho más rápidos y exactos que las mujeres a la hora de decidir si una segunda foto es el mismo objeto visto desde otro ángulo. Esta diferencia probablemente sea debida a las hormonas, por una razón muy simple: si administras el tratamiento de la hormona masculina testosterona a las mujeres, de pronto éstas mejoran muchísimo en la tarea. (Al cabo de un tiempo, también les sale vello en el pecho y en la cara, así que no es una solución demasiado aconsejable para muchas mujeres.)

La diferencia entre los sexos en las tareas de rotación mental es considerable: el hombre medio la hace mejor que alrededor del 80% de las mujeres. En comparación, sin embargo, incluso esta diferencia cognitiva entre los sexos (una de las mayores que se conocen) es menor que su diferencia en estatura: un varón estadounidense de estatura media es más alto que el 92% de la población femenina.

Sin embargo, los hombres no son mejores en todas las tareas de razonamiento espacial. El que la mujer de la casa siempre sepa a qué rincón de la nevera ha ido a parar la mostaza no se debe a ninguna casualidad, sino a una diferencia de género. (Puedes probar esto con tus amistades: coge 10 o 20 objetos y ponlos en una bandeja, deja que todo el mundo los mire durante un minuto y luego modifica la disposición de los objetos sobre la bandeja y pídeles que escriban cuáles son los objetos que han cambiado de lugar.) Las mujeres son mejores que los hombres a la hora de recordar la situación espacial de los objetos, y su ventaja en esta tarea es tan grande como la de los hombres en las tareas de rotación espacial.

¿Y qué hay de las capacidades intelectuales? En 2005, Larry Summers, el rector de la Universidad de Harvard, se metió en un buen lío cuando dijo en público que los hombres son mejores en las matemáticas que las mujeres. Para ser exactos, lo que Summers dijo en realidad fue que más hombres que mujeres obtienen puntuaciones muy altas en las pruebas estándar de matemáticas. Sería casi imposible mirar las puntuaciones que una persona ha obtenido en matemáticas y decidir si se trata de un hombre o una mujer, porque las capacidades coinciden en la inmensa mayoría de la población. Pero, entre quienes obtienen puntuaciones más altas (y más bajas) en las pruebas de matemáticas, los hombres superan espectacularmente en número a las mujeres. Este desequilibrio entre los sexos podría ser una diferencia biológica relacionada con la ventaja masculina en el razonamiento espacial abstracto, pero también podría ser el resultado de que nuestra cultura insista en decirles a las mujeres que no se les dan bien las matemáticas. Por ejemplo, es posible reducir las puntuaciones obtenidas por las mujeres en las pruebas de matemáticas con sólo pedirles que escriban su sexo en la primera página del examen (*véase* Capítulo 22), o incrementarlas pidiéndoles que antes de hacer el examen piensen en mujeres que han triunfado. (¡Prueba a hacerlo en casa!) Además, las puntuaciones obtenidas en los exámenes no predicen demasiado bien el rendimiento académico; de hecho, en la universidad, los varones tienden a ser bastante peores en las matemáticas de lo que predeciría la puntuación que obtienen en los exámenes, mientras que las hembras tienden a hacerlo mejor de lo que cabría esperar. Así que el jurado todavía no tiene claro si la diferencia de género en las puntuaciones de matemáticas superiores responde a diferencias entre los cerebros de los hombres y los de las mujeres o a diferencias entre sus respectivas culturas.

Ya que estamos siendo políticamente incorrectos, el otro sitio donde encontramos muchos más hombres que mujeres es en la cárcel. Los hombres tienen muchas más probabilidades de meterse en líos por conducta violenta. Eso podría significar que los cerebros de los hombres están biológicamente más inclinados hacia la agresión, o simplemente que los hombres son más grandes y más fuertes, por lo que es más probable que recurran a la violencia en vista de que les resulta efectiva. La agresión es más aceptable socialmente en los chicos; pero la cosa no se acaba ahí, porque muchos padres modernos han descubierto, para gran consternación suya, que los chicos poseen una tendencia más marcada al juego violento que las chicas, incluso cuando los padres están resueltos a tratar de la misma forma a sus hijos que a sus hijas. Los monos jóvenes también tienden a ser más brutos en los juegos que sus congéneres del sexo femenino, e incluso prefieren los camiones de juguete a las muñecas. Y aunque los niveles de agresión varían enormemente a través de las distintas culturas del planeta, los hombres son consistentemente más agresivos que las mujeres en la mayoría de los grupos. A juzgar por esta evidencia, pensamos que tanto las diferencias biológicas como las culturales contribuyen a la mayor incidencia de violencia en los hombres.

La gente lleva siglos discutiendo sobre en qué se diferencian los hombres de las mujeres, de manera que no esperamos zanjar la cuestión aquí. Como decía el comediógrafo Robert Orben: «Nadie ganará nunca la guerra de los sexos; sencillamente, hay demasiada confraternización con el enemigo.»

26

¿Te importa? Estudio de la conciencia

Hemos dedicado buena parte de este libro a hablarte de las cosas que tu cerebro hace sin que lo sepas. Sin embargo, casi todas tus experiencias como propietario de un cerebro tienen algo que ver con tus percepciones conscientes de la existencia. Durante mucho tiempo, los neurocientíficos fueron renuentes a examinar la percepción consciente, porque a muchos de ellos les parecía tan misteriosa e indefinible que sería imposible estudiarla sin registrar la actividad cerebral. Pero resulta que ciertos aspectos de la experiencia consciente pueden ser abordados de manera experimental.

Es difícil estudiar las experiencias subjetivas individuales, ésas de las que es habitual hablar largo y tendido hasta que sale el sol cuando se es joven. ¿Qué hay en la actividad cerebral que produce la cualidad de lo «frío» o lo «azul» en el sentido de lo que yo siento e imagino que tú puedes sentir? Esta pregunta, aparentemente tan simple, tiene perplejos a los científicos; en parte, porque define la cuestión en términos de aspectos de la experiencia que no pueden ser medidos, lo que los filósofos que estudian la mente llaman «qualia».

Por la misma lógica empleada para descubrir qué estructuras del

cerebro toman parte en otros fenómenos mentales como la visión, un patrón de actividad cerebral exclusivamente asociado a la percepción consciente de estímulos sensoriales sería un indicativo de la conciencia. Si los científicos pueden definir la actividad que tiene lugar cuando percibes un estímulo —y en ningún otro momento, aparte de ése—, podrán decir sin faltar a la verdad que están estudiando una actividad cerebral relacionada con la percepción.

En un experimento, los científicos presentaban a los sujetos dos series de imágenes que se sucedían rápidamente y les pedían que detectaran algún rasgo común de la primera serie de imágenes. Centrarse en la primera serie de imágenes hacía que a los sujetos les costara mucho detectar un rasgo determinado en la segunda serie. Ciertas regiones del cerebro se activaban en cada ocasión, tanto si los sujetos comunicaban percibir el segundo estímulo como si no. Dichas áreas incluían el córtex visual primario, que es el primer punto de paso para que la información visual llegue al córtex cerebral. Sin embargo, otras regiones sólo se mostraban activas en las repeticiones cuando los sujetos comunicaban que podían ver el segundo estímulo. Este experimento demuestra que los estímulos visuales pueden activar un número sorprendentemente grande de regiones del cerebro sin entrar en la percepción consciente, lo que sugiere que la percepción consciente es como un foco que se centra en estímulos específicos y pasa otros por alto.

Aunque la percepción consciente sólo se extiende a una parte de los estímulos recibidos, hay más información disponible para el uso de tu cerebro. Las personas que padecen una afección llamada «visión ciega» tienen ojos normales, pero son incapaces de comunicar ningún detalle sobre el mundo que los rodea. Están, a todos los efectos prácticos, ciegas. Pero, cuando se les pregunta por la dirección de una fuente de luz, suelen señalar en la dirección correcta, aunque ellas creen que sólo es una conjetura suya. ¿Cómo es posible?

Las personas que padecen visión ciega tienen inutilizado el córtex visual primario, a través del que ha de pasar la información visual para llegar al resto del córtex cerebral. Debido a esta lesión, son incapaces de percibir conscientemente la información visual. Sin embargo, la información sensorial va a otros lugares en el cerebro. Como puede que recuerdes por el Capítulo 3, la información visual

El Dalai Lama, iluminación y cirugía cerebral

 Nuestra fascinación por la influencia del cerebro sobre la conducta moral es compartida por el Dalai Lama, quien en el año 2005 dio una conferencia durante la reunión anual de la Sociedad para la Neurociencia. Sam preguntó a su santidad si, en el caso de que la investigación neurocientífica pudiera permitir algún día que la gente alcanzara la iluminación a través de medios artificiales, como los fármacos o la cirugía, él estaría a favor de semejante tratamiento. Su respuesta nos sorprendió.

El Dalai Lama dijo que, si semejante tratamiento hubiera estado disponible, le habría ahorrado la cantidad de tiempo invertido en meditar y lo habría dejado libre para hacer más buenas obras. Llegó a señalarse la cabeza, mientras decía que, si los malos pensamientos pudieran ser detenidos extirpando una región del cerebro, él gritaría: «¡Corten!, ¡corten!» Su inglés improvisado y sus gestos de clavarse el dedo en la cabeza fueron de los que no se olvidan, y habrían resultado un tanto inquietantes si hubiesen venido de alguien que no llevara la túnica azafrán de hombre santo.

Sin embargo, al Dalai Lama le parecía que semejante tratamiento sólo sería aceptable dejando intactas las facultades críticas del individuo. Nos alivió oírselo decir, dado que eso descarta la lobotomía prefrontal, un tratamiento neuroquirúrgico inventado por Egan Moniz y popularizado con gran entusiasmo a mediados del siglo XX por el psiquiatra americano Walter Freeman. La lobotomía prefrontal es un procedimiento radical en el que los lóbulos prefrontales son desconectados del resto del cerebro. Llegó a hacerse popular en los hospitales mentales, básicamente como medio de controlar a los pacientes problemáticos. La operación eliminaba los impulsos violentos y antisociales, pero también eliminaba muchas funciones asociadas a la existencia mental, como la planificación de acciones orientadas a un fin, la motivación y el razonamiento complejo. Afortunadamente, la lobotomía ha sido abandonada como tratamiento quirúrgico.

Mi cerebro me obligó a hacerlo: la neurociencia como defensa legal

 Un profesor no podía dejar de lanzar miradas lascivas a su enfermera. Inteligente y normalmente razonable, llevaba algún tiempo comportándose de forma muy rara y coleccionando pornografía infantil. Había sido detenido por la policía después de habérsele insinuado sexualmente a su hijastra. Aunque el profesor sabía que no debería haber hecho esas cosas, era incapaz de controlarse. Dijo a los médicos que tenía miedo de acabar violando a la dueña de la pensión en la que vivía. Y sufría terribles dolores de cabeza.

Un examen cerebral reveló la existencia de un gran tumor que ejercía presión sobre la parte anterior de su cerebro, cerca del córtex orbitofrontal, una estructura involucrada en la regulación de la conducta social. Después de que se le hubiera extirpado el tumor, sus tendencias sociopáticas remitieron, y dejó de interesarse por la pornografía. También desaparecieron otros síntomas molestos, como la tendencia a orinarse encima.

Aunque la mayoría de los casos de sociopatía no están asociados tan claramente a lesiones en el cerebro, el caso de este profesor ilustra la posibilidad de que la conducta criminal pueda estar relacionada con defectos específicos en la estructura cerebral. El primer intento de relacionar la anatomía con la conducta fue llevado a cabo en el siglo XIX por el pionero de la criminología Cesare Lombroso, y fracasó porque se centró en medidas actualmente desacreditadas como la forma de la cabeza. Sin embargo, estudios bien controlados llevados a cabo desde la época de Lombroso han demostrado que los criminales violentos presentan una incidencia notablemente elevada de lesiones en la cabeza durante la infancia y la adolescencia, especialmente en la parte delantera de ésta. Los métodos que utilizan las imágenes funcionales del cerebro también permiten que actualmente sea posible detectar ejemplos de lesiones o daños cerebrales graves, como los derivados del tumor del profesor, que pueden afectar a la conducta.

La capacidad de asociar la conducta criminal a la estructura del cerebro plantea la posibilidad de una nueva defensa legal, consistente en aducir que los criminales acusados no son responsables de sus actos. En cierto modo, esta sugerencia carece de sentido: moralmente hablando, somos nuestros cerebros y no podemos alegar que nos han engañado o han abusado de nosotros. Pero ¿nos dice algo nuestra creciente comprensión del cerebro sobre cómo habría que tratar a algunos criminales?

La ley ya dispone de una categoría que aplicar a quienes no son mentalmente competentes para entender las consecuencias morales de sus actos. En casos como el del profesor, una posibilidad sería modificar la definición de la competencia mental para que exigiera no sólo tener conciencia moral, sino también la capacidad de actuar moralmente. Esto iría acorde con el viejo principio de que las personas son responsables no de lo que piensan, sino de lo que hacen. También podríamos salir ganando si nos interrogáramos sobre cómo castigamos a los criminales. El castigo tiene la doble meta de proporcionar una retribución moral por un delito y disuadir a otras personas de que lleguen a cometerlo. Pero el profesor ya sabía que lo que hacía estaba mal, y las personas con este tipo de lesión no serían disuadidas ni siquiera por la certeza del castigo. De hecho, esta opinión cuenta con un precedente legal: el Tribunal Supremo de Estados Unidos falló, en 2002, que la ejecución de una persona mentalmente retrasada era un acto inhumano.

Una nueva cuestión planteada por la neurociencia es de naturaleza tecnológica. El estado mental de una persona puede ser modificado, por ejemplo mediante la extracción quirúrgica de un tumor. Bajo estas circunstancias, la persona castigada puede ser distinta de la persona que cometió el delito. Según el derecho penal, cuando alguien planea un delito antes de cometerlo se dice que ha cometido un acto premeditado y se le pueden imputar penas más severas que a alguien que actuó llevado por un arrebato. Por consiguiente, existen precedentes legales para la idea de que las personas pueden no ser completamente responsables de sus actos. Quizás en el futuro, quienes han sufrido lesiones cerebrales, como los criminales que han actuado sin premeditación, lo pagarán con alguna pena adecuada pero menor y también estarán obligados a recibir tratamiento.

Sin duda, a medida que progrese la neurociencia, las relaciones entre la estructura del cerebro y sus funciones se expandirán. Un punto de vista afirma que el castigo deberá tener en consideración esa nueva ciencia. ¿Es la cadena perpetua la manera más efectiva de castigar a un chico de 15 años cuyas estructuras prefrontales aún no han acabado de desarrollarse? ¿Es la reparación del cerebro de un delincuente preferible al castigo? La pregunta de si hay que reparar un cerebro defectuoso lleva aparejadas muchas dificultades morales, porque supone modificar la misma identidad de una persona. Aquí tal vez entraría en juego el criterio del Dalai Lama de dejar intactas las facultades críticas. Cuestiones como la «neuroley» arrojan una nueva luz sobre las viejas preguntas de la conducta moral. Como dicen los neurocientíficos cognitivos Jonathan Cohen y Joshua Green: «Si la neurociencia puede cambiar las intuiciones [morales], puede cambiar la ley.»

va desde la retina hasta el tálamo y, una vez allí, es transmitida al córtex. La retina también está directamente conectada con el colículo superior, una estructura que se encuentra presente en casi todos los vertebrados. La información visual en esta región más ancestral del cerebro no es percibida conscientemente; pero, aun así, puede guiar acciones como señalar con el dedo.

La información que hay disponible sin que seamos conscientes de ella puede ser muy compleja. Científicos de la Universidad de Iowa encontraron una manera de medir la distancia entre corazonada y cognición. A los sujetos del experimento se les pidió que participaran en un supuesto juego de azar en el que podían elegir tarjetas de cualquiera de entre varios mazos. Cada tarjeta daba instrucciones de incrementar o disminuir el fajo de billetes de que disponían. Sin que los participantes lo supieran, algunos de los mazos de tarjetas estaban amañados en su contra: esos juegos proporcionaban grandes ganancias, pero también pérdidas mayores; mientras que otros proporcionaban ganancias pequeñas y pérdidas todavía menores, para dar un beneficio neto final. Después de perder repetidamente, los sujetos empezaron a elegir los mazos de tarjetas

¿Puede un escáner cerebral leerte la mente?

 Los patrones de actividad en el cerebro son fantásticamente complejos. En cualquier momento, muchos millones de neuronas generan en tu cerebro impulsos eléctricos. Leer lo que está ocurriendo en todas esas neuronas a la vez queda fuera del alcance de cualquier tecnología actual. Incluso si se dispusiera de semejante grabación, convertir las mediciones en una interpretación de pensamientos específicos es cosa de ciencia ficción, y puede que nunca llegue a suceder.

Por otra parte, hazañas más simples son posibles. Por ejemplo, mediante las imágenes funcionales del cerebro, las respuestas emocionales intensas pueden ser vistas como actividad incrementada en la amígdala (*véase* Capítulo 16). Los científicos incluso pueden usar los patrones de actividad cerebral para determinar cuál de dos conjuntos de imágenes que compiten es percibido conscientemente por un sujeto. Uno de los conjuntos de imágenes es mostrado al ojo izquierdo, y el otro, al ojo derecho, lo que hace que la percepción consciente del sujeto vaya de una imagen a otra. Los investigadores pudieron identificar patrones de actividad asociados a la conciencia por parte del sujeto o bien del estímulo del ojo izquierdo o bien del estímulo del ojo derecho. Así podían predecir cuál sería el estímulo experimentado conscientemente, pero sólo después de haber observado la respuesta del sujeto a cientos de presentaciones de las imágenes. Los intentos de diseñar un escáner cerebral que detecte mentiras topan con problemas similares, ya que necesitaría ser calibrado a la actividad cerebral de un individuo mientras éste dice la verdad o cuenta una mentira. Eso quizá sería esperar demasiada cooperación por parte de alguien cuya recompensa por ayudarte podría ser una sentencia de cárcel.

Así que, si te preocupa que puedan espiar tu mente, seguramente te tranquilizará saber que, en la medida de lo posible, requiere que permanezcas inmóvil durante muchos minutos dentro de un escáner que ha costado un millón de dólares, y que luego el espía tendría que conformarse con las mediciones obtenidas por el escáner sin saber si te habías estado dando cuenta de las cosas con el ojo izquierdo o con el ojo derecho. En otras palabras, que no hace falta que lleves un sombrero forrado con papel de aluminio para protegerte: basta con que pongas cara de póquer.

¿Tenemos libre albedrío?

 El concepto del libre albedrío presentará una aparente paradoja a cualquiera que esté interesado en la filosofía de cómo opera el cerebro. Por una parte, tu experiencia cotidiana —tus deseos, pensamientos, emociones y reacciones— es generada por la actividad física de tu cerebro. Sin embargo, también es cierto que las neuronas y las células gliales de tu cerebro generan cambios químicos, los cuales crean impulsos eléctricos y hacen que las células se comuniquen entre sí. La conclusión, entonces, es que leyes físicas y químicas gobiernan todos tus pensamientos y tus acciones; argumento con el que estamos completamente de acuerdo. No obstante, en el día a día hacemos elecciones y actuamos sobre el mundo que nos rodea. ¿Cómo pueden ser reconciliados estos hechos?

Es innegable que una lesión en el cerebro puede llevar a cambios conductuales. En el siglo XIX, un trabajador del ferrocarril llamado Phineas Gage era un hombre responsable y entregado a su oficio hasta que uno de los cilindros que se empleaban para apisonar la tierra salió despedido hacia arriba y le atravesó la mandíbula inferior para salirle por la parte superior del cráneo. Después de eso, se convirtió en un vago promiscuo que no daba golpe. La experiencia de Gage es la demostración por antonomasia de que nuestros cerebros determinan quiénes somos.

El libre albedrío es un concepto que se utiliza para describir lo que hace la totalidad de una persona. Si la conducta de un objeto puede ser predicha con precisión matemática, dicho objeto carece de libre albedrío. Por consiguiente, objetos simples como los átomos y las partículas carecen de libre albedrío. Según otro punto de vista, el libre albedrío queda descartado por la idea de que las consecuencias de la actividad de nuestros cerebros podrían ser predichas de alguna forma sólo con que supiéramos qué es lo que sucede en cada célula.

Sin embargo, una interpretación de mayor utilidad es que las intuiciones nos fallan cuando intentamos predecir lo que hace un sistema complejo. Ningún científico ha llevado a cabo una simulación completa por ordenador de lo que hace bioquímica y eléctricamente una sola neurona, así que no hablemos de los 100.000 millones de neuronas que hay en un cerebro actual. Predecir los detalles de lo que hará todo un cerebro es básicamente imposible. Desde un punto de vista práctico, eso es una definición funcional de la libertad, y del libre albedrío. Así que da igual lo que te digan los filósofos de la mente (y tienen mucho que decir sobre el tema): sigues siendo responsable de lo que haces.

más favorables, pero fueron incapaces de explicar por qué hasta después de haber seguido jugando un buen rato.

Algunas de las primeras reacciones que induce tomar parte en un juego de azar son observadas en el córtex orbitofrontal, que ya presentamos en el Capítulo 16. Los pacientes con lesiones en esta región, situada encima y alrededor de la cuenca ocular, nunca llegan a jugar mejor y ni siquiera muestran respuestas de estrés al hecho de perder, como que les sude la piel. La evidencia sugiere que esta área cerebral puede detectar los malos acontecimientos antes de que seamos conscientes de que hay un problema. Así pues, el procesamiento que se lleva a cabo en el córtex orbitofrontal podría guardar relación con la experiencia de tener un mal presentimiento acerca de algo.

La falta de percepción consciente puede extenderse incluso a las acciones de uno mismo. En la década de los ochenta, un equipo de investigadores de California pidió a los sujetos que tamborilearan con un dedo sobre la mesa en un momento elegido a voluntad y tomaran nota del momento de su decisión mirando un reloj. Las regiones del cerebro responsables de desencadenar los movimientos empezaron a generar actividad medio segundo antes de que se ejecutara ningún movimiento. Sin embargo, los sujetos sólo comunicaron ser conscientes de su decisión unas décimas de segundo después, poco antes de que se iniciara el movimiento.

Este descubrimiento contradice nuestra idea cotidiana del libre albedrío. La decisión consciente de ponerse en acción, un acontecimiento que asociamos al libre albedrío, viene sólo después de que los primeros atisbos de la acción hayan sido iniciados ya en el cerebro. La única parte de percepción consciente anterior al movimiento se dio cuando a los sujetos se les pedía que interrumpieran un movimiento que otras partes del cerebro habían iniciado ya. En cierto sentido, esto no es libre albedrío, sino un veto: libre «involuntad».

¿La sensación de intención viene dictada por la actividad motora preparatoria del cerebro? Muy posiblemente. Sin embargo, parece que a veces la conciencia de nuestras propias acciones puede llegar después del momento en que se ha tomado una decisión. El efecto tangible de esto es que nuestros cerebros producen nuestras acciones; pero una parte del proceso de la toma de decisiones queda completada antes de que seamos capaces de comunicarlo. En ese sentido, no decimos, sino que hacemos.

27

En tus sueños: la neurociencia del sueño

Nadie está seguro de por qué el sueño es tan importante para la vida. Casi todos los animales duermen —incluidos los insectos, los crustáceos y los moluscos—, y la privación del sueño puede ser fatal. La mayoría de las teorías del sueño sugieren que es importante para el cerebro. A medida que los animales se han ido diversificando, y sus cerebros se han vuelto más complejos, el sueño también se ha vuelto más complicado, pasando de tener una sola fase a integrar muchas.

En muchas especies, el sueño reduce la actividad cardíaca, muscular y cerebral; pero deja a los animales capaces de despertar si se los pincha lo bastante fuerte. La mayoría de los animales duermen de noche, lo cual tiene sentido porque cuesta ver (o ser visto) en la oscuridad. El sueño les permite conservar energía y acompasar su actividad a los períodos de luz y calor.

Cualquiera que pueda ser la función del sueño, tiene que haber una contraventaja muy poderosa para que una especie prescinda completamente de él. De los pocos animales que nunca duermen, la mayoría son peces que han de nadar continuamente para seguir con vida, como el atún y algunos tiburones, que sólo obtienen oxígeno suficiente si el agua corre rápidamente a través de sus agallas. Un problema similar lo tienen los delfines, mamíferos que respiran aire y tienen que salir a la superficie a menudo; pues duermen sólo con la mitad de su cerebro cada vez para poder seguir en movimiento. Otros animales que no duermen son los peces que viven en las cavernas y algunas ranas que pasan la mayor parte del tiempo inmóviles, sobre las cuales sería razonable hacer la pregunta inversa: ¿en verdad despiertan alguna vez?

En los vertebrados inferiores, el sueño consiste en un ritmo continuado de actividad cerebral baja. En los reptiles, los registros encefalográficos obtenidos durante el sueño muestran un ritmo lento en forma de picos ocasionales, lo que sugiere que muchas células están en activa sincronía. Esos picos de onda lenta recuerdan al sueño de onda lenta, el estadio más profundo del sueño en las personas.

Cuando los pájaros y los mamíferos entraron en la escena evolutiva, surgió un nuevo tipo de sueño: el sueño con movimiento ocular rápido (conocido como REM, por las iniciales de las palabras inglesas «Rapid Eye Movement»). Asimismo, el sueño «no REM» empezó a incluir estadios intermedios, además del sueño de onda lenta. El sueño REM es definido por los movimientos de los ojos (que puedes ver si observas a una persona dormida) y la firma eléctrica de la actividad cortical en el cerebro. Esta actividad tiene una cualidad de picos parecida a la actividad de la vigilia, lo que le ha ganado al sueño REM el otro nombre por el que se lo conoce, «sueño paradójico», porque la actividad del cerebro durante el sueño REM no se parece mucho a lo que esperaríamos del sueño.

El sueño REM se da cuando tienen lugar prácticamente todos los sueños, especialmente los vívidos, en humanos y otros mamíferos. Los perros, los gatos y los caballos hacen sonidos y movimientos aleatorios durante el sueño. No obstante, los soñadores se ven impedidos de desencadenar movimientos activos, porque las órdenes del córtex cerebral para impulsar el movimiento son bloqueadas por un centro inhibitorio que es activado du-

Despierta, pequeño: narcolepsia y Modafinil

 La narcolepsia es un trastorno en el que quienes lo padecen se quedan dormidos inexplicablemente a cualquier hora del día. Esto puede suceder no sólo durante la inactividad, sino también en momentos emocionantes. El trastorno ha sido estudiado en una colonia de perros narcolépticos que vive en la Universidad de Stanford. Jugar con uno de esos perros sigue el curso normal del juego hasta que el perro se excita demasiado, momento en el que se queda dormido. Tanto los humanos como los no humanos que padecen narcolepsia carecen de un tipo determinado del neurotransmisor péptido orexina. Las orexinas actúan sobre receptores en el hipotálamo, un centro de control para la regulación del sueño, la agresión, la conducta sexual y otras actividades del núcleo de la personalidad.

Los tratamientos para la narcolepsia todavía no han sacado provecho del descubrimiento de las orexinas. En lugar de ello, la mayoría de dichos tratamientos estimulan el sistema nervioso central influyendo sobre la acción de las monoaminas, una categoría de neurotransmisores que incluye la serotonina, la dopamina y la noradrenalina. Los medicamentos que se utilizan para dicho propósito incluyen ciertos antidepresores y estimulantes como la anfetamina y la metanfetamina. Los problemas que van asociados al uso de estos medicamentos incluyen efectos secundarios como el mareo o, en el caso de la anfetamina y la metanfetamina, el peligro de que puedan llegar a crear adicción. La anfetamina puede mantener despierta a una persona si se le administra en dosis inferiores a las que llevan a la activación motora, lo que sugiere que los efectos de la anfetamina sobre la conducta en estado de vigilia podrían llegar a ser separados de sus otros efectos.

Un medicamento que parece inducir el estado de vigilia sin afectar la actividad motora es el Modafinil (que se vende en Estados Unidos, Reino Unido y otros países como Provigil), y actualmente se usa bastante a menudo en el tratamiento de la narcolepsia. Tanto el Modafinil como la anfetamina estimulan el estado de vigilia en las personas normales y en aquellas que padecen narcolepsia; ninguno de ellos surte el menor efecto sobre los ratones a los que les falta la molécula que transporta la dopamina fuera de los espacios sinápticos. Este descubrimiento sugiere que el estado de vigilia está íntimamente relacionado con el sistema de señalización de la dopamina en el cerebro.

Una de las aplicaciones del Modafinil es reforzar el estado de vigilia y reducir el riesgo en las personas que tienen horarios muy largos de trabajo. En un estudio llevado a cabo por las Fuerzas Aéreas de Estados Unidos, el modafinil fue casi tan efectivo como la Dexedrina (una anfetamina) a la hora de estimular el rendimiento durante turnos de 40 horas. Los pilotos mostraron mayor seguridad en sí mismos, se mantuvieron más alerta y rindieron mejor en las maniobras de vuelo simuladas. Si bien el Modafinil realmente no es adictivo, es probable que vaya ganando popularidad tanto entre los narcolépticos como entre quienes tienen que trabajar muchas horas seguidas.

rante el sueño. La inhibición del córtex cerebral nos impide llevar a la práctica nuestros sueños y, probablemente, explica la sensación de parálisis que se suele describir durante los sueños, especialmente las pesadillas. El hecho de que el mecanismo no funcione como es debido es una causa probable de sonambulismo, y también se ha señalado como una causa de que los niños mojen la cama. El centro inhibitorio puede ser extirpado quirúrgicamente; después de esa operación, los gatos arquean la espalda y se entregan a combates fingidos durante el sueño REM, lo que sugiere que pelearse es un componente común en los sueños de los gatos.

La cuestión de si el sueño REM y soñar tienen una función biológica es objeto de acalorado debate. Una de las funciones del sueño podría ser «consolidar» los recuerdos. El almacenamiento de la memoria a largo plazo parece pasar por alguna clase de conversión de las semanas a los meses, conforme nuestros recuerdos de los hechos, los acontecimientos y las experiencias van siendo transferidos gradualmente desde un lugar de almacenamiento inicial en el hipocampo hasta el córtex. Al mismo tiempo, los recuerdos de episodios específicos son incorporados a un centro de conocimiento más general conocido como «memoria semántica», en el que la gente recuerda hechos sin saber cómo fueron aprendidos.

Las experiencias de un día casi nunca son tema de sueño esa misma noche, sino que son incorporadas a los sueños sólo después de pasados unos cuantos días o más. Esto tal vez se deba a que el sueño nos ayuda a procesarlos. Cuando el sueño se ve interrumpido, algunas clases de recuerdos tardan más tiempo en llegar a ser consolidados. La parte decisiva del sueño a la hora de consolidar los recuerdos se ha sugerido alternativamente que es el sueño de onda lenta o sueño REM; la ausencia de cualquiera de esas etapas tiene cierto efecto sobre la reconsolidación de los recuerdos, aunque la mayor parte de la evidencia (y de la investigación) se ha centrado en el sueño REM.

Una razón por la que ha sido difícil estudiar la relación del sueño con la memoria es que la privación del sueño daña tanto al cerebro como al cuerpo. La privación del sueño induce una respuesta de estrés en la que se segrega la hormona cortisol. Hacen falta alrededor de cuatro semanas de privación del sueño para matar a una rata, y alrededor de dos para matar a una mosca de la fruta. El período más largo de vigilia conocido para un humano es de once días. Dicha proeza, registrada en el *Libro Guinness de Récords Mundiales*, probablemente nunca será superada, porque el *Libro Guinness* ya no admite nuevas inclusiones en dicha categoría debido a los riesgos que conlleva para la salud. Tras unos cuantos días de haber estado privados del sueño, los humanos empiezan a alucinar. En momentos de tanto estrés, son liberadas hormonas como el cortisol, y es sabido que dichas hormonas del estrés dificultan el proceso de aprendizaje. Sin embargo, el efecto negativo sobre la memoria que causa la privación del sueño no puede ser explicado enteramente por el estrés, ya que la privación del sueño sigue bloqueando la consolidación de la memoria en los animales después de extirpadas las glándulas suprarrenales para impedir que liberen hormonas del estrés.

¿Por qué iba a ser importante el sueño en la consolidación de la memoria? Una posibilidad es que los cambios de grosor de las conexiones entre neuronas (lo que se conoce como «plasticidad sináptica») sean motivados por la actividad neuronal, que puede tener lugar tanto cuando un animal se encuentra dormido como cuando se encuentra despierto. Si la actividad neuronal motivada por un episodio recordado se repitiera durante el sueño, podría facilitar la consolidación de la memoria. De hecho, ciertos patrones de la actividad neuronal en estado de vigilia se repiten durante el sueño dentro de una escala de tiempo notablemente precisa, con una exactitud que llega a las milésimas de segundo. Una actividad que requiere una secuencialización muy precisa de la activación neuronal es la producción de sonidos, como el habla o el canto de los pájaros. Cuando un pájaro canta, grupos específicos de neuronas en el cerebro del pájaro emiten una orden que se encuentra estrechamente vinculada a la secuencia de sonidos en el canto. Dichas neuronas son las responsables de generar cambios minuciosamente controlados en la tensión muscular que controlan el órgano productor de sonidos del pájaro, de tal manera que generan cada vez la misma canción. Los investigadores registraron la actividad de esas neuronas mientras los pájaros dormían y descubrieron que los mismos patrones eran generados durante el sueño. En cierto sentido, parece que los pájaros sueñan con cantar sus canciones.

El sueño no REM también puede incluir la repetición de experiencias vividas en el estado de vigilia. Cuando una rata corre por un laberinto, las llamadas «células de lugar» de su hipocampo lanzan una orden correspondiente a la secuencia de localizaciones por las que pasa la rata. Cuando la rata está dormida, las mismas células de lugar vuelven a activarse en el mismo orden. Esta repetición se produce durante el sueño de onda lenta, una fase en la que soñar es muy raro entre los humanos. Lo típico es que los fragmentos así repetidos sólo duren unos segundos y, eso sugiere que las ratas reviven momentos en el laberinto, no necesariamente la totalidad de la experiencia.

Las sinapsis en distintas regiones del cerebro siguen distintas reglas para las condiciones bajo las que puede tener lugar la plasticidad, y esas diferencias podrían estar relacionadas con las fases del sueño. Por ejemplo, en el hipocampo, donde se piensa que se forman los primeros recuerdos espaciales y episódicos, los cambios en las intensidades sinápticas requieren el ritmo zeta, un patrón de unos ocho picos neuronales por segundo que tiene lugar sólo en los animales despiertos y durante el sueño REM. Ésta podría ser la razón por la que la consolidación de la memoria se asocia al sueño REM.

¿Por qué se contagian los bostezos?

 Aunque asociamos el bostezar a la somnolencia y el aburrimiento, su función parece ser la de espabilarnos. Los bostezos causan una expansión masiva de la faringe y de la laringe, permitiendo que grandes cantidades de aire entren en los pulmones, oxígeno que entonces entra en la sangre y hace que estemos más alerta. El bostezo se encuentra en gran variedad de vertebrados, incluidos todos los mamíferos y quizás incluso los pájaros, y puede ser observado en fetos humanos a partir de las 12 semanas de gestación. Los bostezos tienen lugar cuando hacemos las transiciones del despertar y el ir a dormir. En los primates no humanos, el bostezar también está asociado a las situaciones de tensión y las posibles amenazas. Funcionalmente, los bostezos pueden ser concebidos como el intento de tu cuerpo de alcanzar un máximo nivel de alerta en situaciones que lo requieren.

Los bostezos se contagian, como sabe cualquiera que haya intentado dar clase a un aula llena de estudiantes aburridos. En muchas situaciones, la capacidad para contraer un bostezo puede ser ventajosa porque permite a los individuos transmitirse rápidamente entre sí una necesidad de estar más alerta. Un vídeo de bostezos también incrementa la frecuencia del acto de bostezar en los chimpancés y los monos.

¿Qué es lo que vuelve contagioso el bostezar? Una posibilidad es que reconocemos la acción, lo que nos recuerda el acto de llevarla a cabo, y entonces la ejecutamos. Sin embargo, las «neuronas especulares», que indican cuándo tú o alguien más estáis llevando a cabo la misma acción (*véase* Capítulo 24), no parecen estar involucradas, dado que las áreas de neuronas especulares no se iluminan en las imágenes funcionales del cerebro cuando las personas bostezan.

El bostezar no es contagioso en los primates no humanos. Sin embargo, la capacidad para reconocer un bostezo puede ser bastante general: los perros bostezan en respuesta a situaciones de estrés y se piensa que utilizan el bostezar para calmar a otros perros. A veces puedes calmar a tu perro bostezando.

La capacidad para bostezar está enterrada en el núcleo del cerebro, en el tronco del encéfalo. Algunos tetrapléjicos con tumores en su pons, que bloquean la transmisión de las órdenes del movimiento cortical de forma que no pueden abrir la boca, aún pueden bostezar involuntariamente. En esos pacientes, el único lugar del cerebro donde se puede iniciar un bostezo es un grupo de neuronas del cerebro medio que transmite órdenes de movimiento desde el cerebro hasta los músculos faciales. Algunos investigadores creen que los bostezos pueden iniciarse en esas neuronas. Bostezar ni siquiera requiere que se esté despierto; puede tener lugar en personas sumidas en un coma vegetativo.

Una de las peculiaridades que ocasiona tener los mecanismos del bostezo ubicados en un área tan abarrotada de sistemas como el tronco del encéfalo es que las señales pueden filtrarse inesperadamente de una región a otra. Por ejemplo, un efecto colateral del Prozac en algunas mujeres es que bostezar puede causar el engrosamiento del clítoris y el orgasmo, una conexión accidental que (para unas pocas afortunadas) haría que las situaciones aburridas se volvieran mucho más interesantes.

Ver, oír e incluso pensar o leer sobre un bostezo basta para activar el circuito bostezante de tu cerebro. Puede que estés tratando de reprimir un bostezo mientras lees este pasaje, como hicimos nosotros mientras lo escribíamos. (No nos lo tomaremos como nada personal.) Ver bostezar a alguien induce actividad en áreas del córtex que son activadas por otros estímulos visuales e indicaciones sociales. Aunque ya hemos explicado por qué se contagian los bostezos —la ventaja de compartir una señal de alerta—, no sabemos exactamente qué es lo que hace el cerebro para propagar el contagio.

La idea de que el sueño es importante a la hora de reconsolidar y distribuir los recuerdos proporciona una alternativa a la visión freudiana de que los sueños expresan deseos inconscientes. Este componente de la psicoanalítica popular no cuenta con ninguna prueba experimental, pero es probable que se haya desarrollado a

partir de la observación de que los sueños suelen incorporar las preo-
cupaciones diarias de la persona que los sueña, combinadas con
acontecimientos aparentemente aleatorios o carentes de lógica. El
que los sueños utilicen determinadas secuencias de pensamientos y
estén provistos de cierta continuidad argumental sugiere que, hasta
cierto punto, tu córtex es capaz de crear una historia a partir del
material que se le suministra; aunque puede que esto simplemente
refleje la acción «interpretativa» que comentamos en el Capítulo 1.
En ese sentido, los sueños pueden representar una forma de ir tomando muestras de lo que hay esparcido dentro de tu cabeza. Cuando hablamos de nuestros sueños, nos centramos en hasta qué punto
es posible conferirles coherencia: despertar en clase para descubrir
que no llevas nada de ropa, ir en barco, hacer rodar un peñasco.
Pero ¿y si los aspectos aleatorios del sueño fueran un rasgo esencial
de esa actividad? ¿Y si tomar muestras de los contenidos del cerebro mientras dormimos fuese un modo de transferir nuestros recuerdos a un lugar más permanente? Los sueños raros podrían ser
el precio, o quizás un beneficio no intencionado, de los mecanismos que nuestro cerebro utiliza para recordar los acontecimientos
de nuestras vidas.

28

Una peregrinación: espiritualidad

Cómo está enraizada la religión en nuestra biología ha sido un tema recurrente en muchos de los libros escritos durante los últimos años, especialmente entre los ateos convencidos de que las creencias religiosas son irracionales. Los ejemplos más conspicuos son *El espejismo de Dios,* del biólogo y fabricante de bombas de relojería intelectuales Richard Dawkins, y *La religión como fenómeno natural,* del filósofo Daniel Dennett. Teniendo en cuenta lo poco que sabe la neurociencia acerca de la religión, parece prematuro afirmar que los biólogos ya hayan aclarado el tema.

Los antropólogos han expresado una visión más positiva de la religión, la de que supuso un poderoso instrumento de cohesión social dentro del grupo, que pudo haber aportado una ventaja de supervivencia tanto para la propia religión como para los humanos que compartían sus creencias. Empecemos recordándonos a nosotros mismos que la religión organizada es un logro notable, uno de los fenómenos culturales más sofisticados que existen. Consideremos los elementos básicos de la mayoría de las religiones; los creyentes tienen elaboradas representaciones cognitivas de una fuerza sobrenatural que no puede ser vista. Rogamos a dicha fuerza que nos proteja de las calamidades, traiga justicia al mundo o nos proporcione una estructura moral. Además, acordamos con nuestros congéneres que dicha fuerza fije los mismos patrones de conducta para todos nosotros en forma de moral, normas sociales y rituales religiosos. Es un proceso enormemente complicado, exclusivo de los humanos.

¿Qué puede aportar la neurociencia a nuestro entendimiento

de la religión? En cierto sentido, nada: la satisfacción derivada de la religión es improbable que vaya a ser modificada gran cosa por saber cómo da origen el cerebro a las creencias. De la misma manera en que puedes usar las palabras provechosamente durante toda una vida sin entender la gramática formal, la gente puede beneficiarse de las creencias religiosas; y, en realidad, de muchos otros de los sistemas analizados en este libro. Con todo, si has llegado hasta aquí, puede que sientas curiosidad.

Dos capacidades del cerebro son particularmente importantes en la formación y la transmisión de las creencias religiosas. Muchos animales probablemente tengan alguna forma de la primera característica: la búsqueda de causas y efectos. La segunda característica, el razonamiento social, está insólitamente desarrollada en los humanos. Una de las habilidades que definen el cerebro humano es la capacidad para razonar sobre las personas y los motivos, lo que los científicos llaman «teoría de la mente».

La combinación de esas capacidades ha generado ciertas características de la función mental que forman parte de la creencia religiosa: nuestra capacidad para hacer abstracciones e inferencias causales y para inferir intenciones no percibidas, tanto si se trata de las intenciones de una deidad como de las de alguna otra entidad. Los mecanismos neuronales que favorecen la formación de las creencias religiosas probablemente también favorecen la formación de movimientos organizados basados en otros tipos de creencias, como los partidos políticos, los clubes de fans de Harry Potter... y el ateísmo militante.

¿Qué clase de dios sería el que impulsara al mundo sólo desde fuera?

Johan Wolfgang von Goethe

La mayoría de las religiones buscan causas para lo que acontece en el mundo que nos rodea. Las explicaciones suelen adoptar la forma de acciones llevadas a cabo por una entidad pensante. Por ejemplo, los niños pequeños ya sea explícita o implícitamente asignan motivos a los objetos inanimados. Los psicólogos que estudian el desarrollo se encuentran con que los niños pequeños piensan que una pelota rueda porque tiene ganas de rodar. Esta forma de pensar nos resulta tan natural que no vacilamos en pensar en los objetos cotidianos como si estuvieran dotados de personalidad. Solemos asignar personalidades e incluso nombres a los coches u otras máquinas. Las teteras silban alegremente y las tormentas se enfurecen. Parece natural, entonces, pensar que los primeros humanos podrían haber aplicado semejante razonamiento a los acontecimientos del mundo natural. Esta clase de razonamiento es visto en las religiones animistas, que atribuyen un espíritu a los objetos vivos y a los inertes.

Aplicar la metáfora de la agencia consciente a los acontecimientos naturales se convierte en algo nuevo cuando pasa a combinarse con nuestra naturaleza intensamente social. Los humanos dedicamos gran cantidad de recursos mentales a entender las motivaciones y los puntos de vista de los demás. La creciente complejidad de la perspectiva de la motivación que tiene un niño puede ser vista en el juego, que se inicia con una simple activación sensorial pero florece rápidamente en fingimientos de primer orden («¡Soy una locomotora!») y continuos barroquismos del juego («¡Vale!, ahora tú haces que eres el niño, y yo haré que soy el profesor y la clase está haciendo demasiado ruido»).

La atribución de motivos imaginarios a uno mismo y a otros requiere una teoría de la mente. Esta habilidad permite que los niños se entretengan con juegos ficticios, como cuando fingen que un soldado de juguete puede combatir. Conforme van adquiriendo una teoría de la mente, los niños se dan cuenta de que los demás tienen motivaciones, las cuales se pueden usar de maneras inocentes, como en el juego del escondite, pero también para fines más retorcidos, como el de engañar a otra persona. En fases posteriores, la sofisticación del fingimiento se hace todavía más compleja; los niños desarrollan la capacidad de entender un drama escenificado. En el Capítulo 24, explicamos que las personas con autismo tienen dificultades para entender que los demás están dotados de motivaciones y deseos, lo cual tiene profundos y a veces desastrosos efectos sobre sus relaciones con el mundo. Así pues, la teoría de la mente es básica para nuestra percepción de nosotros mismos y de los demás.

La evaluación de los escenarios sociales requiere actividad en muchas áreas corticales. Un ejemplo son las neuronas especulares, que se activan tanto cuando un mono lleva a cabo una tarea como cuando la ve hacer a otro mono (*véase* Capítulo 24), lo cual sugiere que el cerebro del mono entiende que las dos acciones tienen algo en común. Además, la comunicación social se ve dificultada en los monos que han sufrido lesiones en la amígdala (*véase* Capítulo 16), estructura del cerebro íntimamente relacionada con el proceso de extraer significado emocional de los objetos y de los rostros y, por consiguiente, vital a la hora de permitir que el cerebro tenga acceso al conocimiento de los estados mentales de los demás. Toda esta maquinaria cerebral probablemente participa en la explicación de cosas como los acontecimientos naturales y las relaciones complejas entre los no humanos o los objetos inanimados.

La creencia religiosa se hace posible cuando el impulso de encontrar explicaciones causales se combina con la capacidad —y la propensión— de nuestros cerebros de suministrar niveles avanzados de cognición social. Juntas, estas dos capacidades nos permiten generar complejas ideas culturales que van desde poner multas a los peatones por haber cruzado la calle con el semáforo en rojo hasta la justicia, desde la redención hasta la Resurrección. Como ya señalamos en el Capítulo 3, el razonamiento social complejo está relacionado con el tamaño cortical. Dicha relación implica que la cognición social requiere que el sistema de procesamiento de la información disponga de una considerable potencia. La carrera armamentística del cerebro que compensó nuestra capacidad para cooperar con nuestros congéneres y ser más listos que ellos también preparó la escena para los constructos religiosos mentales. En consecuencia, podemos imaginar a un Dios, un Yavé o un Alá que es la causa de todo y nos juzga, pero que no puede ser visto y es conocido sólo a través de las enseñanzas de nuestros congéneres.

Si la teoría de la mente es un factor decisivo en la formación de la religión, los animales que muestran alguna clase de teoría de la mente podrían ser capaces de sentir creencias religiosas. ¿Pueden los animales formarse un modelo mental de lo que piensan otros? En algunas especies, la respuesta parece ser que sí. Por ejemplo, tomemos el caso de *Osa*, la perra de nuestro amigo Chris. Debido a una lesión que sufrió, durante un tiempo *Osa* no pudo subir y bajar escaleras por sí sola, y Chris tenía que subirla y bajarla en brazos. Esta situación se prolongó durante meses, con *Osa* esperando al principio o al final de la escalera para que la llevaran en brazos. Un día, Chris llegó a casa a mediodía y estaba haciendo cosas en la cocina. *Osa* bajó la escalera, por sus propios medios. A mitad del trayecto, vio a Chris... y se quedó paralizada, con una expresión en los ojos que decía: «Ahora sí que he metido la pata»; lo que, naturalmente, era cierto.

Aparentemente, *Osa* actuó dando por hecho que, si Chris sabía que ella era capaz de bajar la escalera por sus propios medios, él dejaría de llevarla en brazos. Esto sugiere que la perra tenía un modelo interno de lo que Chris creía estar obligado a hacer, al menos cuando se trataba de bajar y subir por la escalera con una mascota en los brazos. Estudios más sistemáticos muestran que los perros también parecen tomar en consideración los estados de atención de otros perros cuando tratan de persuadirlos de que participen en algún juego, para lo que ajustan las señales que envían de acuerdo con lo que está haciendo el otro perro.

Los etólogos y los antropólogos estudian el grado de sofisticación de la teoría de la mente contando el número de niveles de intención que pueden ser imaginados. El deseo de engañar de *Osa* corresponde a una inferencia propia de una teoría de la mente relativamente simple («Chris cree que no puedo bajar escaleras»). En la creencia religiosa, el nivel de razonamiento es más complejo. Seguir las motivaciones mutuas de entidades múltiples requiere también múltiples pasos de inferencia. En la religión es ineludible efectuar, como mínimo, una inferencia de dos pasos: «Dios piensa [paso

La meditación y el cerebro

 El Dalai Lama dice que, cuando los descubrimientos científicos entran en conflicto con la doctrina budista, la doctrina tiene que hacerse a un lado. También está muy interesado en explorar los mecanismos neuronales subyacentes en la meditación. Como muchos de los que la practican, el Dalai Lama divide la meditación en dos categorías: una centrada en aquietar la mente (meditación estabilizadora), y la otra, en activar los procesos cognitivos del entendimiento (meditación discursiva).

Teniendo en cuenta que algunos escépticos podrían confundir esa segunda categoría con «pensar en algo muy difícil durante mucho tiempo», quizá no nos sorprenda que el primer intento de estudiar la meditación por parte de la neurociencia se haya centrado en la primera categoría. La actividad cerebral en practicantes experimentados de la meditación budista estabilizadora fue evaluada por un grupo de científicos, entre los que figuraba un doctorado en biología molecular que posteriormente ingresó como discípulo en el monasterio Shechen de Nepal.

Los investigadores consiguieron convencer a ocho veteranos practicantes de la meditación budista tibetana para que abandonaran temporalmente su práctica habitual (consistente en pasar todo el día en retiros meditativos). En el laboratorio, a los monjes se les pusieron electrodos en la cabeza para medir los patrones de actividad eléctrica. Al principio, los patrones no eran distintos de los de los voluntarios que meditaban por primera vez. La diferencia apareció cuando a los monjes se les pidió que generaran un sentimiento de compasión que no estuviera dirigido a ningún ser en particular, un estado conocido como «meditación sin objeto». Bajo esta condición, la actividad empezó a variar de forma rítmica y coherente, lo que sugería que muchas estructuras neuronales estaban siendo activadas en sincronía las unas con las otras. El incremento en la señal sincronizada tenía lugar básicamente entre 25 y 40 veces por segundo, un ritmo conocido como «oscilación en la banda gamma». En algunos casos, los ritmos gamma en las señales de los cerebros de los monjes eran los más grandes jamás vistos en humanos (excepto en estados patológicos como los ataques epilépticos). En cambio, los meditadores principiantes apenas eran capaces de generar ningún ritmo gamma adicional.

La forma en que los cerebros generan la sincronización sigue sin ser del todo entendida; pero los ritmos gamma son más grandes durante ciertas actividades mentales, como la de prestar mucha atención a un estímulo sensorial, o durante el mantenimiento de la memoria operativa. Este ritmo gamma incrementado podría ser un componente clave de la conciencia reforzada que comunican los monjes. ¿Nacen los monjes con una capacidad natural para generar gran cantidad de sincronía cerebral, o puede ésta ser aprendida? Varios tipos de ritmo parecen intensificarse con la experiencia en los novicios que aprenden a meditar, lo que sugiere que la capacidad es adiestrable, al menos en parte.

El escáner cerebral también identificó ciertas regiones que permanecen activas durante la meditación discursiva budista (que concentra la atención en una imagen visualizada). Las áreas prefrontales del córtex y la cisura interhemisférica también se mantenían muy activas, como también lo están cuando las monjas carmelitas recuerdan lo que se siente al experimentar la unión mística con Dios. Los resultados de este trabajo se corresponden con el importante papel que sabemos que desempeñan dichas regiones en la atención. Probablemente también habrían interesado al papa Juan Pablo II, quien dijo que la ciencia y la doctrina católica son compatibles, porque «la verdad no puede contradecir a la verdad».

primero] que yo debería adorarlo [paso segundo].» Lo habitual es que los detalles de la mayoría de las religiones lleven aparejados más pasos de inferencia. Si tomamos como ejemplo el cristianismo, conciliar lo que uno quiere con las enseñanzas de la Iglesia y los deseos de Dios, Jesucristo, el Espíritu Santo y el resto de tu congregación obliga a adentrarse en un nivel de complejidad muy elevado.

La mayoría de los simios y de los monos no parece capaz de llevar a cabo esa clase de inferencias múltiples respecto a los estados mentales, sin las cuales no puede existir la religión. Pero observaciones de simios dotados de un cerebro grande, como los chimpancés, sugieren que pueden alcanzar al menos el nivel de inferencia de *Osa*. Por ejemplo, un chimpancé subordinado irá preferentemente a por un trozo de fruta que no puede ser visto por un chimpancé dominante antes que a por uno que sea visible para el congénere dominante. Del mismo modo, si no pareces estar dispuesto a darle una uva a un chimpancé, éste perderá interés por ella. Si le muestras al mismo chimpancé que estás dispuesto a entregársela pero que en ese momento no se la puedes dar, esperará más rato. Los chimpancés llevan a cabo todas esas inferencias con un cerebro que pesa menos de una tercera parte del nuestro. El jurado aún sigue deliberando si los chimpancés pueden formar creencias religiosas. En una conducta que resulta muy sugestiva, durante un aguacero con muchos truenos, se ha visto que los chimpancés se bamboleaban con todo el pelaje erizado. ¿Son supersticiosos? ¿O sólo tienen miedo? Por el momento, como la evidencia en favor de que los chimpancés tengan una teoría de la mente es tan reciente, lo único que podemos hacer es esperar hasta que dispongamos de más información.

Un último elemento en la religión es la transmisión de enseñanzas y tradiciones. Ese tipo de continuidad requiere la utilización del lenguaje, que permite que las ideas acumuladas sean modificadas y transmitidas, posibilitando que la doctrina y el dogma sean comunicados de generación en generación. Por ahora, los humanos parecen ser los únicos que disponen de las herramientas mentales básicas —una teoría de la mente y un lenguaje— necesarias para crear religiones organizadas. Pero puede que no siempre hayamos sido los únicos poseedores de este don. Antes de que nuestra especie diera el salto a la creencia religiosa hace unas cuantas decenas de miles de años, con nuestros entierros rituales y nuestro simbolismo en el arte cavernario, los neandertales, otra rama de la estirpe *Homo,* puede que hicieran lo mismo hace nada menos que 100.000 años.

Una vez que las ideas han echado raíces, el cielo es el límite a lo que semejante estructura conceptual puede explicar o recomendar. ¿Por qué no deberíamos hacer daño a nuestro prójimo? ¿Adónde se fue la abuela cuando murió? ¿Quién creó el mundo? Cuando nos tropezamos con incrédulos, ¿deberíamos tratar de matarlos o de convertirlos?

Ve a verlo a la montaña: la neurociencia de las visiones

 Las montañas son importantes en las tres grandes religiones monoteístas que se practican actualmente: el judaísmo, el cristianismo y el islam. Las tres llevan aparejadas visiones especiales que tuvieron lugar en las alturas. Moisés se encontró con una voz que emanaba de un arbusto en llamas en el monte Sinaí. Los seguidores de Jesucristo presenciaron la Transfiguración en lo que probablemente era el monte Hermón, y Mahoma fue visitado por un ángel en el monte Hira (Jabal An-Nour). Estas visiones no son sino tres ejemplos de una categoría más amplia de experiencia mística en muchos observadores. Normalmente, las experiencias espirituales relatadas incluyen sentir y oír una presencia, ver una figura, ver luces (a veces, emanando de una persona) y sentir temor. Curiosamente, fenómenos muy similares son relatados por un grupo generalmente considerado como muy poco místico: los escaladores. ¿Podría tener esto algo que ver con las montañas?

Los escaladores son conscientes desde hace mucho tiempo de los peligros que trae consigo la exposición a una atmósfera tenue. El mal de altura agudo aparece por encima de los 2.500 metros, y muchos de sus efectos son atribuibles a la reducción del suministro de oxígeno al cerebro. Los tiempos de reacción disminuyen perceptiblemente a altitudes más bajas, del orden de 1.500 metros. A los 2.500 metros o por encima de ellos, los escaladores cuentan haber percibido compañeros invisibles, visto luz emanando de sí mismos u otras personas o un segundo cuerpo como el suyo, y sentido súbitamente emociones como el miedo.

La falta de oxígeno probablemente interfiere con la actividad de las estructuras neuronales en los lóbulos temporal y parietal del córtex y sus alrededores. Esas regiones cerebrales participan activamente en el procesamiento visual y de los rostros y en los acontecimientos emocionales. Un caso extremo de alteración de la función se da en el ataque epiléptico. Los ataques en el lóbulo temporal suelen tener como resultado intensas experiencias religiosas, que incluyen la sensación de hallarse en presencia de Dios, sentir que uno está en el cielo y ver emanaciones de luz. Se sabe que esos ataques han causado la conversión de personas que anteriormente no eran nada religiosas, entre las que podrían figurar santa Teresa de Ávila, santa Teresa de Lisieux, el fundador de la Iglesia de los Santos del Último Día, Joseph Smith, y quizás hasta el apóstol Pablo cuando iba por el camino de Damasco. Los ataques en el lóbulo temporal se desencadenan con mayor facilidad bajo condiciones que incrementan los niveles de endorfinas, como un gran estrés. El esfuerzo físico que supone escalar una montaña ciertamente sería una fuente de estrés, y las visiones religiosas suelen producirse bajo condiciones estresantes. Otro ejemplo célebre es la aparición de la Virgen María a Juan Diego cuando éste huía por una colina en Guadalupe, México.

Naturalmente, hacerse estas preguntas o responder a ellas no requiere tener fe en un dios. En un episodio de la serie de dibujos animados *South Park*, Cartman viaja a un futuro hipotético en el que tres facciones libran una encarnizada batalla por el dominio del mundo. Las tres tienen en común un venerado fundador y mucha doctrina, pero una pequeña diferencia los ha llevado a luchar a muerte entre ellas. ¿Su doctrina? El ateísmo. ¿Su fundador? Nada menos que Richard Dawkins. Hablando como neurocientíficos, nos pareció que el aspecto menos realista de este episodio no eran las facciones de ateos en guerra, sino el hecho de que una de las facciones estuviera compuesta por... nutrias de mar. En verdad, las nutrias no pueden tener presentes a la cantidad de actores que harían falta para formar un sistema dogmático de creencias; en todo caso, esperamos que no.

29

Olvidar los cumpleaños: apoplejía

Una mañana de invierno de 2002 Sam llama a su madre, que vive en California. Hoy es el cumpleaños de su hermano Ed, y sus padres, nacidos en China, son muy poco sentimentales en lo tocante a los cumpleaños. Además, eso le proporciona una razón para llamarla, lo cual ella dice que no sucede lo bastante a menudo.

«Hoy es el cumpleaños de Ed», le dice. «¡Ah!, no me digas —contesta ella—. ¿Qué día es hoy?» Una lucecita roja empieza a parpadear en la mente de Sam, y su madre también se pone nerviosa. Sabe que se supone que tiene que saber cuándo es el cumpleaños de su hijo. Tratando de contener el pánico que siente crecer en su interior, Sam empieza a hacerle otras preguntas. «¿Cuándo es mi cumpleaños?» Su madre no se acuerda. «Mamá, ¿cuándo es tu cumpleaños?» Su madre se queda callada. ¿Y el mensaje que le dejó la semana pasada en el contestador diciéndole que irían a Europa juntos? Nada.

A estas alturas, la madre de Sam ya se ha dado cuenta de que algo va pero que muy mal. Empieza a anotar por escrito las respuestas a todas esas preguntas. Su padre se pone al teléfono. No está del todo seguro de cuánto hace que su esposa está así, pero enseguida se convence de que debe ir al médico. A sus 66 años, la madre de Sam ha tenido una apoplejía.

Una apoplejía es un acontecimiento en el que una parte del cerebro se ve súbitamente privada del oxígeno y la glucosa que suministran energía a través del cuerpo. Esto ocurre cuando el aflujo de sangre a esa región del cerebro se ve interferido, o cuando un vaso sanguíneo se rompe (un sangrado o apoplejía hemorrágica) o porque queda obstruido (un coágulo o embolismo cerebral). La pérdida de nutrientes es como lo que tiene lugar durante un ataque al corazón, cuando la afluencia de sangre al corazón queda interrumpida. Por esta razón, a la apoplejía a veces se la llama «ataque cerebral».

Las apoplejías pueden darse en adultos de menor edad, pero son más frecuentes entre las personas mayores. En Estados Unidos, las personas de 55 años en adelante tienen una probabilidad entre cinco de sufrir una apoplejía en el curso de su existencia. Entre los hombres, el riesgo es ligeramente menor; pero la probabilidad sigue siendo de una entre seis. El año pasado, alrededor de 700.000 personas en Estados Unidos sufrieron alguna clase de apoplejía. Casi cinco millones de supervivientes a una apoplejía están vivos actualmente.

Gramo a gramo, tu cerebro usa más energía que cualquier otro órgano de tu cuerpo. Toda esa energía es transportada hasta tu cerebro por la sangre. Si la sangre deja de fluir, por la razón que sea, esa interrupción en el suministro puede detener el funcionamiento de las neuronas casi al momento. Distintas partes de tu cerebro se hacen cargo de distintas tareas. Por esta razón, los síntomas de la apoplejía guardan una relación específica con el área del cerebro que ha dejado de funcionar.

El lugar más frecuente en que se produce la apoplejía es el córtex cerebral, porque es la parte más grande de tu cerebro; representa unas cuatro quintas partes del volumen total. Los síntomas más comunes de la apoplejía son la pérdida de movilidad de un miembro o la pérdida de sensación en una parte del cuerpo. El córtex también es necesario para pensar, por lo que otro síntoma habitual es la confusión. No obstante, otro síntoma es una súbita incapacidad para hablar o entender el lenguaje.

Los síntomas de la apoplejía también pueden aparecer en otros casos, conocidos como «episodios isquémicos transitorios». En ellos, los síntomas propios de la apoplejía son temporales y se invierten en cuestión de minutos. Esos acontecimientos todavía no son del todo entendidos, pero probablemente sean causados por una pérdida momentánea del suministro de sangre. Quizá se forma un pequeño coágulo, que hace fluir la sangre un poco más despacio, y luego se deshace.

En la apoplejía, los síntomas iniciales persisten. Si el suministro de sangre se interrumpe durante más de unos minutos, las neuronas empiezan a morir. En el curso de las horas siguientes, hasta un día como máximo, los daños empeoran progresivamente. Al final, muchas neuronas han muerto.

¿Pueden ser invertidos los efectos de la apoplejía? Hoy en día, la respuesta es que sí, pero sólo en las primeras cuatro horas. Durante este breve lapso de tiempo, si la víctima es llevada a un servicio de urgencias y diagnosticada, quiza sea posible administrarle medicamentos que reabran los vasos obstruidos, o recurrir a la cirugía para detener la hemorragia. Pasadas esas cuatro horas, las neuronas van de camino a la muerte, y básicamente es demasiado tarde para ayudarlas. Sin embargo, sólo una pequeña fracción de las víctimas de una apoplejía llega a recibir este tratamiento: las que son llevadas al servicio de urgencias, normalmente en grandes hospitales metropolitanos.

Cuatro días después, Sam está con sus padres en la consulta del médico. A estas alturas ya se han producido daños irreparables, pero él todavía no lo sabe. Ha oído hablar de los nuevos tratamientos para la apoplejía, y abriga la esperanza de que se pueda hacer algo. Sus padres emigraron a Estados Unidos ya hace mucho y mantienen una actitud muy corriente hacia los médicos: oscilan continuamente entre sentirse intimidados y confiar en todo lo que les diga el doctor. Sam ha pensado que es mejor que él esté presente.

El médico de cabecera de sus padres, que trabaja en el centro de salud del ayuntamiento local, es un señor mayor muy agradable, también inmigrante chino, próximo a la edad de sus padres. Por eso les cae bien. Entra, como si tuviera un poco de prisa. Se muestra afable, pero ya parece claro cuál es el problema de la madre de Sam. Fuera de la consulta hay muchos pacientes, y algunos lo esperan en otras salas de reconocimiento.

Sam intenta persuadir al doctor de que su madre ha tenido una apoplejía. El doctor se muestra escéptico, porque la paciente también había ido mostrando un declive gradual en la memoria antes de este último acontecimiento, lo que es un signo típico de la enfermedad de Alzheimer. Pero este diagnóstico no tiene sentido, porque la pérdida de memoria que ha sufrido recientemente la madre de Sam ha sido considerable y súbita. Ha descuidado su medicación para la diabetes, y un nivel elevado de glucosa en la sangre supone un factor de riesgo para los microinfartos y los problemas vasculares en general; esto podría explicar tanto los declives graduales como los súbitos.

Sam y el doctor examinan juntos el informe de la resonancia magnética del cerebro. Los resultados son básicamente normales, pero una frase llama la atención de Sam: «Foco de contraste anormalmente bajo en el tálamo anterior izquierdo, 4 mm de grosor.» Eso significa que la imagen muestra un puntito brillante de tejido muerto, una lesión, en el interior del cerebro de su madre. Ya está. Ése es el daño. Su tálamo ha sido dañado por un diminuto coágulo de sangre formado en un vaso sanguíneo.

El doctor no acaba de estar convencido. «Esta lesión es muy pequeña —dice—, más pequeña que la uña de tu dedo meñique.» Hace casi cuarenta años que acabó la carrera en la facultad de Medicina. Puede que ni siquiera haya asistido a una clase de neurología; en algunas facultades, esa especialidad no figura en el programa académico. El tálamo mide unos dos centímetros de largo. Transmite información de una parte del cerebro a otra, especialmente información sensorial al córtex cerebral. Pero también comunica con partes del cerebro relacionadas con la memoria. En el tálamo, 4 milímetros es una gran lesión. Finalmente, el doctor se aviene a remitir a la madre de Sam a un neurólogo. También accede a recetarle un medicamento que ayuda a preservar la memoria, tanto en los pacientes de Alzheimer como en quienes han sufrido un ataque de apoplejía. Quince minutos después, se va para visitar a su siguiente paciente.

Desde su apoplejía, la madre de Sam ha estado teniendo problemas con el aprendizaje de hechos y acontecimientos nuevos. Una forma de memoria relacionada es la orientación espacial, la habilidad memorística que utilizas para llegar a tu cafetería favorita del barrio incluso antes de que el primer café del día te haya ayudado a despejarte un poco. Estas formas de memoria requieren estructuras situadas en los lados del cerebro y en su núcleo, en regiones conocidas como el sistema del lóbulo temporal (*véase* Capítulo 23).

El papel que desempeña el tálamo en la memoria es relativamente misterioso, en parte porque está compuesto de muchos núcleos distintos (grupos de neuronas). Algunos de esos núcleos transmiten información sensorial y motora; otros conectan con varias regiones del cerebro que se encargan de otras funciones. No sabemos lo que hacen muchos de esos núcleos. En el laboratorio, la forma en que descubrimos lo que hacen es dañar un núcleo y ver qué es lo que luego va mal, o registrar la actividad eléctrica. También podemos seguir el cableado, de la misma manera en que seguirías un cable desde la parte de atrás de tu estéreo. Cuando se trabaja con seres humanos, no es ético dañar deliberadamente partes del lóbulo temporal o reseguir el cableado dentro del cerebro vivo. Por consiguiente, las víctimas de apoplejía son una fuente muy útil de información. Útil para el estudiante del cerebro, es decir, desafortunadamente para el paciente.

El tálamo, un pequeño componente del cerebro, no es un sitio habitual en el que tengan lugar los ataques de apoplejía, y una pérdida de memoria después de una apoplejía talámica es muy poco habitual. Esto se debe, en parte, a que el tálamo es una puerta de entrada que da acceso a todas las partes del córtex cerebral, y sólo algunos de esos senderos neuronales participan directamente en la memoria.

Con el especialista, Sam examina una nueva serie de resonancias magnéticas del cerebro que revelan más detalles que las tomadas en el hospital municipal. En estas imágenes, el cerebro de su madre muestra dos puntitos, muy próximos el uno del otro, en su tálamo anterior izquierdo. Parece como si un francotirador hubiera apuntado con una pistola de balines a un blanco. El especialista explica que esos puntos son una clara evidencia de que realmente hay un coágulo de sangre alojado dentro del cerebro de la madre de Sam. Un ataque del otro tipo, causado por una hemorragia, probablemente habría provocado daños más extensos.

La madre de Sam reunía tres grandes factores de riesgo. Primero, su padre había tenido problemas cardiovasculares y es posible que muriera de un infarto. Segundo, debido a recientes dificultades en el negocio familiar, últimamente había estado bastante deprimida, lo que supone un factor de riesgo para la apoplejía. Tercero, sufría un exceso de glucosa en la sangre a causa de una diabetes sin tratar. De los tres factores de riesgo, éste es el más significativo. Por razones que no son del todo conocidas, la diabetes no tratada y el

Síntomas de apoplejía, y qué hacer

 Detección. ¿Cómo puedes saber si sufres una apoplejía? Si experimentas una súbita pérdida de sensación o movimiento en alguna parte de tu cuerpo, podría tratarse de una apoplejía o «ataque cerebral». Puede que también experimentes una súbita incapacidad de hablar o reconocer el habla. Si te ocurre cualquiera de estas cosas, es esencial que acudas a un servicio de urgencias dentro de las dos horas siguientes.

Tratamiento. Entre cuatro y ocho horas después de haber sufrido una apoplejía, puedes ayudar a reducir los daños, una vez que se te haya efectuado un diagnóstico preciso. Sólo algunos grandes hospitales disponen de los recursos necesarios para hacer el diagnóstico y aplicar el tratamiento, así que identificar el hospital adecuado tendrá que hacerse por adelantado. Cuál sea el mejor tratamiento depende de si la apoplejía ha sido de la variedad más frecuente, obstrucción de un vaso sanguíneo («isquemia»), o de la menos habitual, con sangrado («hemorrágica»). Para las apoplejías de carácter obstructivo, medicamentos que disuelven los coágulos como el activador plasminogénico de tejidos (aCT, también conocido como Activase o altiplase) pueden ayudar. Para las apoplejías con hemorragia, el aCT agravaría el daño. En las apoplejías con hemorragia, las opciones de tratamiento no son tan buenas, pero pueden incluir la intervención quirúrgica y algunos medicamentos.

Prevención. Muchas apoplejías pueden ser prevenidas mediante cambios en el estilo de vida. Fumar y la excesiva ingesta de alcohol figuran entre los principales factores de riesgo. Las dietas altas en azúcares y grasas saturadas como las que están presentes en carne roja y huevos van asociadas a la apoplejía. Inversamente, las hortalizas, los pescados ricos en ciertos aceites como el salmón, el bonito y el atún, y el uso en la cocina de aceites vegetales como el de maíz, el de girasol o el de oliva pueden reducir la incidencia de las apoplejías. Finalmente, hacer ejercicio con regularidad reduce la probabilidad de sufrir una apoplejía.

Los principales predictores de la apoplejía, especialmente después de los 55, son el exceso de peso, la tensión elevada y la diabetes no tratada. Todos esos predictores pueden ser detectados con exámenes físicos rutinarios. Un historial previo de apoplejías o ataques isquémicos transitorios también es un indicador de posibles episodios futuros.

Una manera adicional de prevenir las apoplejías obstructivas, la variedad más frecuente, es el uso de medicamentos que hacen que la sangre se vuelva menos espesa. El de uso más extendido es la aspirina, que en pequeñas dosis reduce el riesgo de apoplejía, especialmente en las mujeres, y el de infarto, especialmente en los hombres. Un método más efectivo es la utilización de medicamentos antiplaquetarios, que atacan de forma más intensa los mecanismos que espesan la sangre. Sin embargo, estos medicamentos no son adecuados para algunos pacientes, particularmente aquellas personas que sufren hemorragias gastrointestinales.

exceso de glucosa en sangre incrementan el riesgo de sufrir una apoplejía. Una posible razón es que los diabéticos tienen problemas de circulación, los cuales pueden incrementar el riesgo de que se formen coágulos. A la madre de Sam le diagnosticaron diabetes hace diez años, pero ha estado descuidando su medicación.

El especialista la somete a unas cuantas pruebas neurológicas básicas. Una es la prueba de los tres objetos. Le da tres palabras, «azul», «París», «manzana», y luego cambia de tema. Un minuto después, le pide que le diga las tres palabras. Nada. Sin embargo, la madre de Sam puede hacer otras cosas, como contar hacia atrás de siete en siete: «100», «93», «86»... Puede tocarse la punta de la nariz con los ojos cerrados. Muchas funciones están perfectamente, y sólo la memoria declarativa presenta problemas. Algunos recuerdos de los acontecimientos anteriores al ataque de apoplejía también se han desvanecido. La madre de Sam no puede recordar el atentado terrorista del 11 de septiembre de 2001, del que todavía no hace ni cinco meses. ¿Quién podría olvidarlo? Está claro que eso es una pérdida de memoria.

El especialista piensa que la memoria de la madre de Sam mejorará un poco en el curso de los próximos años, a medida que su cerebro vaya recableándose a sí mismo dando un rodeo alrededor del daño que acaba de sufrir. Sin embargo, no es probable que se recupere por completo. Mientras tanto, existen nuevos medicamentos con cierto efecto sobre la memoria, tanto para la enfermedad de Alzheimer como para la pérdida de memoria inducida por una apoplejía. Dichos medicamentos afectan a los sistemas de neurotransmisores de la acetilcolina o el glutamato. Le receta uno.

A lo largo de los años siguientes, las funciones cerebrales de la madre de Sam mejoraron relativamente. Como la mayoría de las familias, los padres de Sam no tenían un aparato de resonancia magnética en casa; pero su madre acabó aprendiendo a superar la prueba de los tres objetos, por lo que el juego de darle tres cosas que recordar dejó de fascinar a la familia. Podía recordar las cosas durante muchos días, como cuándo iba a ser la próxima visita de Sam, o lo que habían dicho en las noticias la semana pasada. Pero su memoria, que antaño había sido prodigiosa, seguía gravemente afectada. Antes se había ganado muy bien la vida como agente de la propiedad inmobiliaria, un trabajo que requería el recuerdo continuo de muchos hechos, y ya nunca más pudo reemprender esa actividad.

30

Un largo y extraño viaje: las drogas y el alcohol

A William Burroughs le fascinaban los estados alterados de conciencia. Consumidor habitual de drogas durante toda su existencia, Burroughs escribió sobre sus reacciones a la heroína, la metadona, el alcohol, la cocaína, incontables alucinógenos y otras drogas en libros como *Yonqui*, *El almuerzo desnudo* y *Las cartas de la Ayahuasca*.

Aun así, Burroughs experimentó sólo una pequeña fracción de los miles de sustancias capaces de alterar la mente que hay en el mundo. Todas esas drogas actúan interfiriendo en las acciones de los neurotransmisores cerebrales. Algunas imitan la acción de un transmisor que aparece de forma natural; otras intensifican o bloquean la acción de ciertos neurotransmisores. Quizá recuerdes del Capítulo 3 que algunos receptores responden a sus transmisores generando señales eléctricas que alteran la probabilidad de que la neurona lance un pico. Otro tipo, los llamados «receptores metabotrópicos», genera señales químicas que afectan a los mecanismos internos de la célula. Los receptores metabotrópicos figuran entre los objetivos habituales de las drogas que desordenan la mente. Su cometido es modular las funciones de neuronas individuales o de redes enteras de ellas, a menudo de maneras muy sutiles, lo que hace que sean esenciales a la hora de regir el estado de ánimo y la personalidad.

Las estrellas de este mundo son los neurotransmisores de la monoamina, encargados de regular el estado de ánimo, la atención, el sueño y el movimiento. Las monoaminas incluyen la dopamina, la serotonina, la adrenalina y la noradrenalina. Estas moléculas tan

Éxtasis y Prozac

 El éxtasis y el Prozac tienen usos muy distintos: el primero es una droga que sirve para salir de marcha y el segundo es un tratamiento para la depresión. Sorprendentemente, ambos tienen el mismo efecto sobre el mismo blanco molecular. Una vez liberada, la serotonina es extraída de la sinapsis por una proteína transportadora que la inyecta en las neuronas cercanas. Tanto el éxtasis como el Prozac bloquean la acción de esta proteína.

El MDMA (metilenodioximetanfetamina), más conocido como éxtasis, fue sintetizado por primera vez en 1912. En la década de los sesenta, fue introducido en la psicoterapia por inducir intensas sensaciones de bienestar, afabilidad y amor hacia otras personas. Por razones similares, varias décadas después, llegó a ser muy popular entre el público que frecuentaba los clubes.

El MDMA poda las terminales nerviosas que segregan serotonina, aunque sin matar las neuronas. Puede tener cierto riesgo de crear adicción, debido a que su estructura es muy similar a la de la anfetamina; pero el hecho de que los efectos emocionales que produce tiendan a disminuir con el uso repetido mitiga considerablemente las posibilidades de que se llegue a abusar de él. (Contrariamente a lo que asegura la mitología popular, el uso del MDMA no consume el fluido espinal. Este mito surgió de un estudio llevado a cabo en los años ochenta, en el que consumidores de MDMA se ofrecieron voluntariamente a donar fluido espinal para que fuera analizado, y la fábrica de rumores distorsionó los descubrimientos hasta volverlos casi irreconocibles.) Los efectos del éxtasis empiezan poco después de ser tomado y se prolongan muchas horas.

El Prozac, en cambio, necesita ser utilizado repetidamente a lo largo de muchas semanas para que llegue a surtir efecto. Al igual que el Zoloff y el Paxil, el Prozac es un inhibidor específico de la reabsorción de la serotonina, y es uno de los fármacos recetados más habitualmente en la actualidad. Aunque sabemos lo que hacen dichos fármacos a nivel molecular, no se sabe exactamente cómo afectan al estado de ánimo. Una posibilidad es que la neuroquímica del cerebro se adapte a su administración repetida, por ejemplo produciendo menos serotonina para compensar el remanente extra que queda acumulado en las sinapsis.

Una cuestión todavía no aclarada es por qué una sola dosis de Prozac no induce efectos similares a los del éxtasis. Una posibilidad es que dichas sustancias entren en el cerebro a un ritmo distinto. Si el Prozac entra en el cerebro más despacio que el éxtasis, podría no causar el mismo subidón inicial. Otra posibilidad es que el éxtasis, estructuralmente similar a la anfetamina, pueda bloquear la reabsorción de la dopamina, lo que llevaría a efectos similares a los de la cocaína/anfetamina.

atareadas son importantes en la enfermedad de Parkinson, la corea de Huntington, la depresión, el trastorno bipolar, la esquizofrenia, el dolor de cabeza y los trastornos del sueño.

Muchas de las drogas que alteran la mente interactúan con la serotonina, que regula el sueño y el estado de ánimo. La serotonina interactúa con más de una docena de receptores, cada uno de los cuales se encuentra ubicado en un subconjunto distinto de células. Pequeñas cantidades de serotonina inyectadas allí pueden hacer que una neurona lance picos más deprisa, e inyectadas allá pueden volverla más sensible. Como hay tantos receptores para la serotonina, es posible jugar con ellos de formas sutiles e interesantes.

Muchas drogas alucinógenas son sustancias químicas producidas naturalmente, como las que encontramos en los hongos mágicos y el peyote, pero el alucinógeno que actúa con mayor precisión es la sustancia química sintética LSD («Lysergic Acid Diethylamide», dietilamida del ácido lisérgico). El LSD no es adictivo y no causa daños orgánicos permanentes en el cerebro. Se acopla a ciertos receptores de la serotonina, por lo que las dosis de LSD son extremadamente pequeñas; la cantidad típica oscila entre 25 y 50 microgramos, una diezmilésima parte de lo que pesa un comprimido de aspirina.

La intensidad de las interacciones del LSD es buena para la seguridad física de quienes lo consumen. Básicamente, el que se acople tan estrechamente a ciertos receptores impide que puedas llegar a tomar una sobredosis de LSD. Los efectos secundarios que suelen acompañar al consumo de drogas se dan porque la mayoría de las drogas se acoplan no sólo al receptor al cual van destinadas, sino también a otros receptores, normalmente con menor intensidad. (Para que te hagas una idea, piensa que es como si, a veces, la llave de tu casa también abriera la puerta de la casa de tu vecino.) En cambio, los alucinógenos naturales como los hongos contienen muchas sustancias químicas que activan múltiples receptores. No obstante, y pese a carecer de los efectos físicos secundarios, algunos viajes con ácido pueden llegar a ser muy inquietantes y tener efectos psicológicos duraderos. En raras ocasiones el LSD llega a causar psicosis, sobre todo, en aquellos consumidores que ya tienen cierta tendencia a padecer enfermedades mentales.

Los alucinógenos suelen producir potentes experiencias alteradoras de la conciencia. El LSD provoca una imaginería asombrosamente vívida, y parece permitir pensamientos y percepciones que de otra forma serían inaccesibles. La poetisa Anne Waldman nos describió en una ocasión un viaje con ácido en el que se encontró de pie ante un espejo de cuerpo entero, viéndose pasar continuamente de niña a anciana. Se vio a sí misma en cada una de las etapas de su vida, separada y conjuntamente a la vez.

Otra sustancia psicoactiva que actúa a través de senderos metabotrópicos es el delta-9-tetrahidrocanabinol (THC), el ingrediente activo de la marihuana. El THC activa ciertos receptores del cerebro que normalmente responden a los neurotransmisores canabinoides, presentes de manera natural en todo el cerebro, y reduce la probabilidad de que las neuronas activas liberen los neurotransmisores glutamato y AGAM (ácido gamma-aminobutírico, el neurotransmisor inhibitorio que más abunda en el cerebro) para excitar o inhibir otras neuronas. En un cerebro normal, esta reducción en la emisión es desencadenada por determinadas neuronas postsinápticas, las cuales secretan canabinoides que son recogidos por la neurona presináptica. Tomado como una droga, sin embargo, el THC reduce la comunicación de muchas neuronas de manera no selectiva.

Otra droga de uso muy extendido, la cafeína, tiene el efecto opuesto, ya que mejora la transmisión en muchas sinapsis libera-

¿La marihuana provoca cáncer de pulmón?

 Todo el mundo sabe que el tabaco causa cáncer, tanto si es fumado (cáncer de pulmón) como si es masticado (cáncer de labio, lengua, mejilla y esófago). Parecería lógico esperar que la marihuana conllevara un riesgo similar, porque tanto su humo como el del tabaco contienen alquitrán. Por este razonamiento, un porro de marihuana podría equivaler aproximadamente a un cigarrillo sin filtro. La mayoría de los estudios sobre este tema publicados hasta el momento no tomaron la precaución de excluir a los consumidores de tabaco del grupo de análisis, lo que dificulta saber si los cánceres que aparecieron eran atribuibles al tabaco o a la marihuana. Otro error que cometen estos estudios es el de no distinguir entre los distintos usos que se puede dar a la marihuana (fumarla en pipa o liarse un porro, comerla en galletitas o fumarse una pipa de agua). Así que, como les gusta decir a los científicos, habría que estudiarlo más a fondo. ¿Alguien se ofrece voluntario?

doras de glutamato y AGAM al incrementar la probabilidad de que se libere un neurotransmisor. Para ello la cafeína bloquea otro receptor metabotrópico, que en circunstancias normales debería unirse al neurotransmisor adenosina. De este modo, el café es el anti-porro, dado que ambas drogas tienen efectos opuestos sobre las funciones cerebrales. La cafeína estimula la cognición.

Si no fuera por el café, yo carecería de personalidad identificable.

David Letterman

Otro estimulador de la cognición es la nicotina, quizá la droga más adictiva conocida, que actúa sobre los receptores de acetilcolina en el cerebro. La adicción a la nicotina adopta la forma de unas intensas ansias de fumar y hace que se siga fumando pese al riesgo de desarrollar cáncer de pulmón. Fumar durante el embarazo hace

Necesito otra dosis: la adicción y el cerebro

 Hay personas que parecen ser incapaces de parar. El uso de las drogas tiene enormes consecuencias negativas en sus vidas, pero ellas continúan tomando sus drogas favoritas. Si has pensado alguna vez «A ese tío le pasa algo en la cabeza», bienvenido al club. Los neurocientíficos han dedicado miles de horas a estudiar cómo las drogas y la adicción influyen sobre el cerebro.

La drogadicción crónica causa grandes cambios en muchas áreas del cerebro. Una de las más afectadas es el sistema encargado de la memoria, lo que sugiere que los recuerdos emocionales poderosos o los desencadenantes del consumo de drogas tienen algo que ver con el desarrollo de la adicción, como sabemos por la tendencia a sufrir una recaída que muestran los adictos que parecían estar recuperándose cuando se encuentran ante algo asociado con la droga.

Como explicamos en este capítulo, las drogas actúan sobre muchos sistemas de neurotransmisores distintos, pero parecen converger sobre dos áreas que forman parte del sistema de motivación y recompensa del cerebro (*véase* Capítulo 18). Todas las drogas adictivas causan la liberación de dopamina en el nucleus accumbens. Muchas también causan la liberación de endorfinas y endocanabinoides en la cisura interhemisférica.

La drogadicción crónica lleva a una reducción en la liberación de dopamina. Este cambio parece causar una pérdida de intensidad en las respuestas a las recompensas naturales, como la comida, el sexo y las interacciones sociales, que dependen de algunas de las mismas áreas cerebrales. En animales no humanos, el consumo repetido de drogas va asociado a una pérdida de funcionalidad en las neuronas del córtex prefrontal que proyectan al nucleus accumbens, el cual normalmente controla la respuesta de inhibición y la capacidad para hacer planes. Los adictos humanos también muestran una reducción en el nivel de activación del córtex prefrontal en las imágenes funcionales del cerebro.

Uno de los mayores problemas a la hora de tratar la adicción a las drogas es que las respuestas a las drogas y las respuestas a las recompensas naturales se superponen dentro del cerebro; lo que dificulta, por ejemplo, centrarse en el deseo de tomar heroína sin dañar el deseo de ingerir alimento. Ciertos medicamentos que disponen de licencia oficial para ser utilizados en el tratamiento de la drogadicción también están siendo estudiados actualmente como tratamientos para la bulimia, como por ejemplo el Rimonabant (*véase* Capítulo 5). Una manera de sortear este problema es vacunar a la gente para que produzca anticuerpos contra determinadas drogas, los cuales impedirían que éstas llegaran al cerebro. Actualmente, una vacuna contra la cocaína está siendo objeto de ensayos clínicos para emplearla como tratamiento contra la adicción.

que la criatura nazca con un peso inferior al normal y daña el cerebro del feto en desarrollo.

La otra gran categoría de drogas recreativas es la formada por los opiáceos, que incluyen la heroína, la morfina y muchos analgésicos para los que se requiere prescripción facultativa (como el Percocet y el Oxycontin). Actúan sobre el sistema de alivio del dolor del cuerpo, a través de unos receptores denominados «opioideos», los cuales son activados por unos neurotransmisores llamados «endorfinas». El mayor peligro que conlleva el abuso de los opiáceos desde el punto de vista biológico es la sobredosis, que puede llegar a causar la muerte por fallo respiratorio.

El abuso de analgésicos basados en opiáceos puede causar pérdida profunda de audición. En 2001, el conocido extremista de derechas y personalidad radiofónica Rush Limbaugh dio a conocer que se había quedado prácticamente sin audición y que se había hecho implantar un dispositivo electrónico en el cráneo para recuperarla (*véase* Capítulo 7). Aunque Limbaugh insistió en que su pérdida de audición era debida a una rara enfermedad autoinmune, acabó saliendo a la luz que abusaba del analgésico Oxycontin. Esto proporcionaba una explicación mucho más plausible: quienes abusan de los opiáceos suelen perder sus células pilosas por razones que aún no están claras, aunque se sabe que las células pilosas de la cóclea producen receptores opioideos.

Pese a su evidente dependencia de los opiáceos, Burroughs vivió hasta los 83 años. En cierto sentido, el que llegara a una edad tan avanzada tampoco tiene nada de sorprendente. El hábito de consumir opiáceos no supone ningún riesgo para la vida, si bien en dicho caso el síndrome de abstinencia puede ir acompañado por síntomas muy desagradables. Durante los últimos años de su existencia, Burroughs se acostumbró a tomar dosis elevadas de metadona, un opiáceo que evita la aparición del síndrome de abstinencia pero es de acción lenta y, por consiguiente, no proporciona el subidón transitorio y la consiguiente desensibilización que llevan a necesitar dosis cada vez más grandes. Al ser un consumidor experimentado y lleno de recursos, Burroughs fue capaz de mantenerse en activo durante muchos años.

Un contraste muy revelador nos lo proporciona su hijo, William Jr., quien también escribió sobre sus experiencias con las drogas, pero murió a los 33 por un fallo hepático relacionado con el consumo. ¿La droga que lo mató? La anfetamina. La cocaína, la anfetamina y la metanfetamina bloquean el transporte de la dopamina. Son altamente adictivas y pueden causar lesiones generalizadas en el cerebro, particularmente en los fetos que se están desarrollando (los cuales se ven afectados cuando las drogas son consumidas por mujeres embarazadas).

Todas estas drogas actúan a través de senderos neuronales conocidos, aunque la manera en que influyen sobre nuestra conducta no está del todo clara. Pero hay otra droga común que es más misteriosa. Interfiere con muchos pasos en la actividad bioquímica, y aún no sabemos exactamente cómo nos intoxica. Su consumo en grandes cantidades puede llevar a la adicción, y a la larga, causar daños en el cerebro. Los síntomas causados por la abstinencia repentina pueden ser fatales. En la mayoría de los casos, es legal. Esa droga es el alcohol.

Hasta hace unos años, muchos científicos pensaban que el alcohol llevaba a la intoxicación actuando sobre las membranas que forman los límites de las células, las cuales están constituidas mayoritariamente por grasas. La idea era que, si una cantidad de alcohol lo bastante grande entraba en la membrana, dichas grasas se desplazarían más fácilmente, interfiriendo así en la actividad de los receptores y de los canales iónicos.

Ahora los investigadores creen que el alcohol tiene efectos específicos sobre los receptores de neurotransmisores que hay en la membrana. El blanco principal del AGAM en el cerebro es el receptor $AGAM_A$, el cual produce señales eléctricas permitiendo que iones cargados negativamente entren en la célula y hagan menos probable que las neuronas puedan disparar potenciales de acción. El etanol hace que este canal se mantenga abierto más tiempo de lo que lo haría normalmente, incrementando así la intensidad de esta señal inhibidora, hasta alcanzar una concentración similar a la existente en la sangre de las personas que han bebido demasiado. (El alcohol también afecta a otros canales iónicos, por lo que la intoxicación puede tener múltiples componentes.)

«Cuando bebes, matas las células de tu cerebro.» ¿Cuántas veces se habrá dicho esto en los bares de todo el mundo? La idea, firmemente asentada en la cultura y el humor que rodean a la bebida, se basa en la errónea presunción de que, si una cantidad muy grande de alcohol causa un daño muy grande (que lo causa), cantidades moderadas de alcohol tienen que causar algún daño (y no es así).

Comparados con los abstemios, los bebedores habituales probablemente tengan el cerebro algo más pequeño de lo normal, especialmente en los lóbulos frontales del córtex, que es la sede de la función ejecutiva. En más de 1.400 japoneses, entre los que había desde abstemios hasta bebedores habituales, se utilizó la resonancia magnética para examinar el espacio fluido que actúa como acolchamiento entre la parte anterior del cerebro y el cráneo. El cráneo no cambia de forma en la edad adulta, por lo que cualquier expansión en este espacio indica que el cerebro se ha empequeñecido. Por término medio, los bebedores habituales tenían más probabilidades que quienes no bebían de que su cerebro se hubiera vuelto más pequeño de lo esperado teniendo en cuenta su edad. Por ejemplo, a un 30% de los abstemios de más de 50 años se le había empequeñecido el cerebro, mientras que más de un 50% de los bebedores habituales mostraba reducción del tamaño del cerebro. Los cambios fueron hallados en la sustancia blanca, los axones que se proyectan desde las neuronas hasta otras partes del cerebro, y en la sustancia gris, que contiene cuerpos de células neuronales, dendritas, y los inicios y los finales de los axones.

La reducción en la sustancia gris es, posiblemente, lo que dio origen a la idea de que el alcohol mata las neuronas, dado que una explicación obvia para la mengua de los cerebros sería la pérdida de neuronas. Sin embargo, esto no es lo que ocurre. Los cuerpos celulares de las neuronas constituyen sólo alrededor de una sexta parte del volumen total del cerebro, mientras que las ramificaciones dendríticas y axonales ocupan la mayor parte del espacio en la sustancia gris. De hecho, no se observa ninguna diferencia entre alcohólicos y no alcohólicos en los recuentos de neuronas. (Naturalmente, los investigadores no cuentan la totalidad de los cincuenta mil millones de neuronas. Lo que hacen es tomar muestras del córtex en varios lugares y extrapolar los totales.) ¿Qué podría explicar, pues, la disminución en el volumen del cerebro? En animales de laboratorio, el consumo crónico de alcohol lleva a una reducción en el tamaño de las dendritas, que podría dar como resultado disminuciones en el volumen sin afectar al número total de neuronas.

La distinción entre perder neuronas y perder dendritas o axones es importante. La pérdida de neuronas sería muy difícil de compensar, porque la generación de nuevas neuronas tiene lugar a un ritmo extremadamente reducido en el córtex de un cerebro adulto, tanto que algunos laboratorios no pueden detectarla. En cambio, las células que han empequeñecido, dendritas y axones, son capaces de crecer.

¿Se recupera el cerebro cuando un humano o un animal deja de tomar alcohol? Al cabo de unas semanas, tanto el volumen como la función del cerebro empiezan a quedar restaurados. En los experimentos con animales, renunciar a la bebida restaura la complejidad de las dendritas. En los humanos, los alcohólicos que dejan de beber sin sufrir recaídas obtienen mejores resultados en la cognición y en otra serie de pruebas, así como en la coordinación a la hora de caminar. Los cerebros humanos incluso muestran evidencia de un incremento de volumen, lo que sugiere que sus células se reexpanden, como se ha visto en animales de laboratorio.

Si bien algunos de los efectos del consumo exagerado de alcohol pueden ser revertidos, sus consecuencias pueden ser muy serias. Beber grandes cantidades de alcohol durante un período de tiempo muy prolongado va asociado a numerosos trastornos, la hipertensión y la demencia entre ellos. Si bien el cerebro de casi todo

Alcohol y embarazo

Aunque el alcohol consumido en dosis moderadas no mata las neuronas maduras, puede tener serios efectos sobre las neuronas en desarrollo. Como casi todas las neuronas se forman y van hacia sus destinos antes del nacimiento, el cerebro del feto es muy vulnerable al consumo de alcohol durante el embarazo.

El alcohol puede matar a las neuronas recién nacidas o impedir que éstas lleguen a nacer, e interfiere con su migración desde el lugar en el que nacen hasta su destino final. En un feto, incluso un breve incremento del nivel de alcohol en sangre basta para hacer que mueran algunas neuronas. Dos de los componentes principales del síndrome del alcoholismo fetal son un cerebro de tamaño inferior al normal y una reducción en el número de neuronas. Otros factores que impiden la migración de las neuronas y su supervivencia son el consumo de cocaína o la exposición a la radiación.

el mundo se va haciendo un poco más pequeño con la edad, la mengua que tiene lugar en los bebedores habituales parece estar asociada con serios déficits cognitivos y neurológicos.

Además, como ya mencionamos en el Capítulo 1, años de mucho beber pueden llevar a una forma de demencia llamada «síndrome de Korsakoff», en la que los recuerdos antiguos se pierden, y quienes la padecen son incapaces de formar nuevos recuerdos. En este síndrome, los alcohólicos desarrollan una deficiencia de tiamina, que mata neuronas en ciertas partes del cerebro, incluido el tálamo anterior, puerta de acceso al hipocampo. Dichas regiones forman parte del sistema que emplea el cerebro para almacenar nuevos recuerdos y transferirlos eventualmente a la memoria a largo plazo. En los pacientes con síndrome de Korsakoff, la pérdida de neuronas —y de función— es irreversible.

Una pregunta más relevante para muchos de nosotros es la de si un consumo moderado de alcohol daña tu cerebro. La respuesta es que no. Muchas personas dan por sentado que beber con moderación producirá los mismos efectos que el consumo de alcohol en grandes cantidades, sólo que menos severos. No siempre es el caso. Muchos de los procesos que entran en acción para contrarrestar los acontecimientos perjudiciales saben vérselas mejor con los acontecimientos pequeños que con los grandes. Por ejemplo, el organismo se recupera con mucha facilidad de la pérdida de sangre causada por un pequeño corte en la piel, pero una gran pérdida de sangre puede ser fatal.

El estudio japonés que hemos mencionado antes mostraba que ingerir hasta 50 gramos de etanol al día (3-4 copas típicas de vino, cerveza o licor) no tiene ningún efecto mesurable sobre la estructura del cerebro. El consenso de muchos estudios es que los hombres pueden tomar hasta 3 copas al día, y las mujeres hasta 2 al día sin que ello afecte adversamente a la estructura del cerebro o la capacidad cognitiva (excepto mientras notas un poco los efectos de la bebida, claro está). Estas cifras son útiles, porque significan que a un hombre y una mujer juntos no les harán ningún daño cinco copas, que es la cantidad de alcohol que contiene una típica botella de vino. Una botella de Pinot Noir al día por pareja suena muy bien.

Y ya que hablamos del vino tinto, deberíamos decir que tal vez su consumo sea beneficioso. Beber hasta tres o cuatro copas de tinto al día reduce a la mitad el riesgo de demencia. Los beneficios pueden verse con sólo una copa 3 o 4 días a la semana, por lo que el espectro de dosis benignas parece ser bastante amplio. A diferencia de los alcoholes de alta graduación o de la cerveza, el vino tinto reduce el riesgo de infarto, según varios estudios; incluido uno que se llevó a cabo en Burdeos (Francia), donde no cabe duda de que entienden bastante de vino tinto.

La demencia puede resultar del efecto acumulativo de muchos infartos cerebrales pequeños, por lo que es probable que, al reducir el riesgo de infarto, el consumo de vino tinto pueda preservar la función mental. Lo que no sabemos es qué tiene de especial el vino tinto, y si su contenido alcohólico contribuye a los efectos beneficiosos. Si los componentes del vino tinto que son responsables de este beneficio llegan a ser descubiertos alguna vez, quizá sea posible llegar a administrarlos sin necesidad de beberlo. Este descubrimiento sería útil, aunque seguramente aguaría bastante las fiestas.

31

La profundidad de tu cerebro: terapias que estimulan el núcleo cerebral

El anatomista italiano del siglo XVIII Luigi Galvani descubrió que el sistema nervioso se sirve de la electricidad para transmitir señales. El ayudante de Galvani reparó en que las patas de una rana se contraían violentamente cuando un nervio era tocado con un escalpelo de metal. Luego descubrieron que pequeñas chispas eléctricas administradas a una pata bastaban para generar contracciones, hallazgo que llevó a la comprensión moderna de que los nervios actúan generando impulsos eléctricos. Gracias a este descubrimiento, el nombre de Galvani ha entrado a formar parte del imaginario popular: cuando un acontecimiento hace que nos pongamos alerta o nos impulsa a actuar, decimos que estamos galvanizados.

Con el paso del tiempo, el descubrimiento de Galvani también daría nuevas esperanzas a quienes padecían toda una serie de trastornos neurológicos, la enfermedad de Parkinson y la depresión intratable entre ellos. La estimulación en el núcleo del cerebro puede aliviar los síntomas causados por dichos trastornos. Los pacientes que reciben estimulación profunda en el cerebro quedan galvanizados, en el sentido más antiguo de la expresión, y el tratamiento puede ser realmente efectivo. El único problema es que no tenemos nada claro cómo opera.

La enfermedad de Parkinson ataca a los adultos, habitualmente durante la cincuentena pero a veces cuando todavía no han alcanzado esa edad. Empezando con un pequeño temblor en los movimientos voluntarios, la coordinación empeora gradualmente, e iniciar un movimiento va resultando cada vez más difícil. En las últimas fases de la enfermedad, los pacientes desarrollan rigidez muscular; incluso los movimientos más pequeños son lentos y requieren un enorme esfuerzo. Los afectados arrastran los pies al caminar y suelen tener los rasgos faciales paralizados en una máscara rígida. Cuando Sam conoció a la mujer de un amigo que tiene la enfermedad de Parkinson, transcurrieron unos segundos hasta que ella fue capaz de moverse. Durante ese intervalo, la única pista de lo que pretendía hacer la mujer de su amigo fue el brillo de concentración en su mirada y un temblor cada vez más pronunciado en su mano, que llegó a convertirse en un movimiento de balanceo cuando quedó claro que lo que quería era que se dieran la mano.

Aproximadamente un millón y medio de personas en Estados Unidos tienen la enfermedad de Parkinson, que afecta a alrededor de una de cada 100 personas de más de 65 años. Entre los famosos que la han padecido o la padecen actualmente figuran el actor Michael J. Fox, el boxeador Mohamed Alí, el papa Juan Pablo II, el telepredicador evangelista Billy Graham y la antigua fiscal general Janet Reno. En ciertos casos, como el de Mohamed Alí, un factor coadyuvante fue haber sufrido una larga serie de pequeñas lesiones en la cabeza a lo largo de su carrera como boxeador profesional. Pero, en general, las causas de la enfermedad de Parkinson son básicamente desconocidas y tampoco es demasiado hereditario.

La parte del cerebro más visiblemente afectada por la enfermedad de Parkinson es el locus niger, una región del núcleo cerebral que aparece negra en las autopsias. El color proviene del neurotransmisor dopamina, que se vuelve negro cuando se oxida. En los pacientes de Parkinson, las células encargadas de producir la dopamina mueren.

Todos los tratamientos para la enfermedad de Parkinson actúan sobre un conjunto de áreas situadas en el núcleo del cerebro con el cometido de coordinar el movimiento. El corpus niger no es más que un conjunto de agrupaciones de neuronas, conocidas con el nombre de ganglios basales, situadas debajo del córtex. (Los ganglios basales, que también incluyen el globus pallidus y el núcleo subtalámico, se comunican entre sí y con otras regiones del cerebro, como el estriatum.) La primera terapia quirúrgica que se utilizó para la enfermedad de Parkinson consistía en dañar deliberadamente una de las estructuras de los ganglios basales. La idea de que el daño podía ser beneficioso surgió de un descubrimiento casual hecho por unos neurocirujanos al cortar accidentalmente uno de los vasos sanguíneos (¡uy!) que suministran oxígeno y glucosa a ciertas partes del tálamo, y descubrieron que su error tenía el inesperado beneficio de hacer desaparecer el temblor del paciente. Los cirujanos dieron por sentado que la muerte de alguna parte del tejido afectado era la responsable del alivio de los síntomas. Dicho descubrimiento se acabó convirtiendo en una estrategia en la que una pequeña parte del complejo de los ganglios basales es quemada a propósito. Este tosco tratamiento, llamado «talamotomía» o «palidotomía», a veces resulta efectivo, pero su uso no llegó a generalizarse, ya que menos de la mitad de los pacientes obtienen algún beneficio de él. E incluso en aquellos pacientes que se ven beneficiados, los síntomas vuelven a aparecer al cabo de unos años.

Otro avance científico que hizo que la cirugía fuese cada vez menos popular fue la aparición de una nueva idea para la terapia: si las neuronas dopaminérgicas se mueren, ¿por qué no administrar algún fármaco que reemplace a la dopamina? El fármaco más adecuado para este propósito resultó ser la L-dopa, también conocida como «levodopa», una sustancia química que se infiltra en el cerebro, donde es convertida en dopamina. La L-dopa y otros medicamentos que afectan al sistema cerebral encargado de producir la dopamina figuran actualmente entre las terapias más populares para la enfermedad de Parkinson.

Desgraciadamente, la L-dopa sólo resulta efectiva hasta cierto punto. Como todos los neuromoduladores, la dopamina desempeña múltiples papeles dentro de la función cerebral. Por ejemplo, la esquizofrenia habitualmente es tratada con fármacos que bloquean la acción de los receptores de dopamina. Los fármacos administrados contra la esquizofrenia reducen los delirios psicóticos, pero suelen tener el efecto secundario de inducir extraños movimientos musculares, especialmente en la cara. A la inversa, la L-dopa, que actúa indiscriminadamente para reforzar la acción de la dopamina en todas las partes del cerebro, suele llevar a síntomas psicóticos, como alucinaciones y delirios. Conforme se agrava la enfermedad de Parkinson, el beneficio de la terapia con fármacos se ve cada vez más limitado porque dosis mayores es más probable que causen psicosis. Lo que es aún peor, la L-dopa puede tener efectos positivos y negativos simultáneos sobre el movimiento, con los brazos y las piernas agitándose súbitamente de forma impredecible.

El reconocimiento de que gozaba la L-dopa por estar considerada como la mejor terapia disponible se vio alterado por un descubrimiento hecho en 1986, cuando un neurocirujano francés llevaba a cabo una talamotomía para corregir un temblor persistente. Mientras operaba, podía seguir los movimientos y el habla del paciente, porque la operación estaba siendo llevada a cabo sin anestesia general. (Esto es posible, porque los cirujanos pueden actuar a través de la piel y del cráneo sin anestesia local, y no hay receptores del dolor en el interior del cerebro.) El neurocirujano utilizaba una pequeña sonda para administrar descargas eléctricas que le ayudaran a localizar el punto en el que debería causar la lesión. En cierta área se dio cuenta de que, cuando aumentaba la frecuencia en el electrodo, el temblor de su paciente se atenuaba. Luego vio que la mejora que había tenido ocasión de observar en el curso de la operación era tan marcada como la que se daba en el rendimiento del paciente después de la talamotomía.

Esta observación sugería que la estimulación podía tener las mismas consecuencias que matar un pequeño fragmento de tejido cerebral. Durante los años siguientes, el neurocirujano fue poniendo a prueba esta idea en un paciente tras otro, colocándoles implantes que luego eran conectados a una batería especial para permitir que las descargas pudieran ser administradas a lo largo de todo el día. Los beneficios para esos pacientes fueron impresionantes. Enfermos que antes necesitaban disponer de asistencia pudieron volver a vivir independientemente. Algunos de ellos, que antes tomaban dosis de L-dopa lo bastante altas para causar efectos secundarios inaceptables, ahora necesitaban mucha menos medicación y, a veces, ninguna en absoluto. Casi todos los tipos de movimiento se veían mejorados.

En estudios de seguimiento, los beneficios duraderos han sido detectados hasta ocho años después de la intervención, o durante todo el tiempo en que se ha llevado a cabo el seguimiento. El tratamiento corre el mismo riesgo que afecta a toda la cirugía cerebral: la pequeña posibilidad de que aparezcan hemorragias postoperatorias en el cerebro (*véase* Capítulo 29). Aunque los beneficios experimentan un declive con el paso del tiempo, quizá debido a que la enfermedad de Parkinson es degenerativa, los pacientes casi siempre muestran cierta mejora permanente. No se registran los cambios de personalidad provocados por el tratamiento con L-dopa. El efecto secundario más frecuente es un aumento de peso que por término medio raya en los cuatro kilos, lo que probablemente no represente ningún efecto disuasorio para quienes necesitan encontrar un alivio a su enfermedad. Actualmente, ya son decenas de miles los pacientes que han recibido implantes estimuladores. Con semejante índice de éxitos, no es de extrañar que la estimulación cerebral profunda sea el tratamiento preferido para la enfermedad de Parkinson por todos aquellos que se lo pueden permitir.

Con todo, pese al éxito de la estimulación cerebral profunda, no sabemos con exactitud cómo actúa. Primero, sorprende bastante que estimular una región del cerebro produzca el mismo efecto que una lesión. Aunque la estimulación probablemente no mata el tejido cerebral de manera permanente, dado que los efectos desaparecen en cuanto se interrumpe el tratamiento. Una posible explicación para ello es que la estimulación tiene un efecto interferencia sobre lo que el núcleo subtalámico trata de hacer. Esto podría suceder si la estimulación interfiriera con ciertos impulsos que, de otra forma, serían generados dentro del núcleo subtalámico o pasarían a través de él. Otra posibilidad es que la frecuencia con que se administra la estimulación prive a las neuronas subtalámicas de sus neurotransmisores, lo que una vez más volvería a reducir la actividad en dicha zona.

Un segundo nivel de misterio es por qué bloquear una señal procedente del núcleo subtalámico ayuda a un cerebro parkinsoniano a iniciar movimientos fluidos en los momentos adecuados. Una posible respuesta sería que el papel normal del núcleo subtalámico consiste en oponerse a la función del corpus niger. De manera que eliminar su influencia puede compensar la pérdida de la función nigral que vemos en los pacientes de Parkinson. En cualquier caso, lo importante es que la estimulación del cerebro profundo permite que las órdenes superiores emanadas del córtex sean recibidas con mayor claridad por el cerebro medio y la médula espinal.

El tratamiento de estimulación del cerebro profundo para la

enfermedad de Parkinson ha llevado, a su vez, a otros descubrimientos, a menudo cuando los doctores fallaban el blanco quirúrgico que pretendían afectar, aunque sólo fuese por unos cuantos milímetros. En un caso famoso, una mujer estaba siendo tratada para la enfermedad de Parkinson mediante la estimulación del cerebro profundo. Cuando su cerebro fue cosquilleado en un punto situado a sólo 2 milímetros del lugar que aliviaba sus síntomas motores, la mujer quedó intensamente deprimida, echándose a llorar y diciendo cosas como: «Estoy harta de la vida... Todo es inútil, siempre tengo la sensación de que no valgo nada, me asusta el mundo.» Afortunadamente, sus síntomas desaparecieron al minuto de cesar la estimulación. En otros pacientes, la estimulación en otro punto que también estaba situado a sólo unos milímetros de distancia del objetivo elegido produjo el resultado contrario: manía, en la forma de euforia, hablar sin parar, delirios de grandeza y un súbito incremento del impulso sexual, todo lo cual duró varios días. Uno de esos pacientes preguntaba repetidamente por qué habían tardado tanto en aplicarle aquel tratamiento. Por cierto, la respuesta a la pregunta que seguramente te estarás haciendo es que no, no puedes someterte a esa intervención. Todavía no, en todo caso.

La impresión que inevitablemente se saca de todos los estudios neuroquirúrgicos publicados hasta la fecha es que sabemos muy poco sobre lo que hacen muchas de esas regiones. Como hemos señalado antes, estructuras como el tronco de encéfalo y el cerebro medio se encuentran increíblemente abarrotadas, ya que constan de regiones cerebrales con funciones muy distintas amontonadas unas al lado de otras en un espacio tremendamente reducido. Hablando desde el punto de vista científico, esto puede ser considerado como un feliz accidente, dado que los descubrimientos fortuitos llevados a cabo por los cirujanos en pleno cerebro nunca serían permitidos como parte de una investigación deliberada.

En algunos casos, la estimulación del cerebro profundo empieza a ser aplicada de una forma racional. Por ejemplo, la cirugía para tratar a los obsesivos compulsivos se ha centrado en destruir una banda de axones llamada «cápsula interna», pero un nuevo enfoque es aplicar la estimulación del cerebro en este punto, lo que supone emplear un procedimiento menos agresivo. Una de las nuevas terapias pro-

Interacción entre cerebro y máquina

 En su novela *El conde de Montecristo*, Alejandro Dumas describe a *monsieur* Noirtier de Villefort, quien después de haber sufrido una apoplejía está alerta y es consciente de lo que le rodea, pese a hallarse paralizado y privado del habla. La única forma en que puede comunicarse con los demás es moviendo los ojos y parpadeando, y transmite información usando una lista de letras. Ahora este trastorno tiene un nombre: «síndrome de enclaustramiento». Las personas que están enclaustradas en sus cuerpos todavía tienen el cerebro activo, pero no pueden traducir sus pensamientos en acciones. Además de ser causados por la apoplejía, distintos grados de enclaustramiento en el cuerpo pueden resultar de trastornos neurológicos, como la esclerosis lateral amiotrófica o ELA, que aqueja al físico Stephen Hawking. El seccionamiento transversal de la médula espinal también puede paralizar algunos de los miembros o la totalidad de ellos, pero no afecta al habla, como le sucedió al ya fallecido Christopher Reeve a causa de un accidente sufrido mientras montaba a caballo.

Los investigadores llevan tiempo tratando de diseñar dispositivos protésicos que permitan que las personas enclaustradas en sus cuerpos puedan disponer de cierto grado de control sobre su entorno operando miembros mecánicos. La idea es registrar la actividad cerebral en el córtex motor para, a partir de ella, inferir qué movimientos piensan hacer los pacientes. Esa clase de lectura del pensamiento es posible, al menos a un nivel tosco, dado que incluso los tetrapléjicos, que carecen de control sobre ningún miembro, muestran actividad en el córtex motor cuando se les pide que piensen en el movimiento. Grupos de electrodos pueden medir la actividad cerebral en un mono cuando mueve el brazo para jugar a un videojuego, y los investigadores han podido llegar a utilizar dicha actividad para accionar un brazo mecánico. Los movimientos resultantes se parecen a los realizados por el brazo del mono, si bien existe cierto grado de indecisión y movimientos ocasionales en direcciones inesperadas. Progresos comparables han sido llevados a cabo mediante un conjunto de electrodos implantados en el cerebro de un tetrapléjico humano.

puestas para tratar la depresión se basa en la observación de que los episodios depresivos están asociados a actividad en una delgada franja de tejido cortical llamada «cisura subgenual», también conocida como «área 25». Dicha área se vuelve menos activa en los pacientes que sufren una depresión que responde a los medicamentos antidepresivos. En un pequeño estudio, la estimulación del cerebro profundo aplicada a la sustancia blanca bajo el área 25 alivió los síntomas en cuatro de seis pacientes con depresión cuyo estado no había experimentado ninguna mejora con la medicación, la terapia electroconvulsiva o la psicoterapia.

Este enfoque para tratar la depresión podría acabar reemplazando a ciertos tratamientos extremos actuales. La terapia más efectiva para la depresión severa es la terapia electroconvulsiva, consistente en inducir episodios epilépticos a través de todo el cerebro, que puede aliviar los síntomas durante meses (especialmente, cuando se la combina con terapia cognitiva conductual). Una terapia menos extrema pero también menos efectiva, y casi igual de misteriosa, es la estimulación del nervio vago, que ayuda a un tercio de las personas que padecen una depresión que no responde a los medicamentos antidepresivos. El nervio vago transmite al cerebro información concerniente a los sistemas corporales, como la rapidez con la que late el corazón, las señales de dolor e información procedente de los intestinos y del estómago (por ejemplo, la de si está lleno). Una hipótesis es que dicho tratamiento resulta efectivo porque las sensaciones de bienestar pueden depender de la interacción entre las señales del cuerpo y las del cerebro. Es decir, que la estimulación del nervio vago podría enviar señales de cuerpo-contento al cerebro.

Algún día, la estimulación del cerebro profundo podrá ser calculada racionalmente basándose en las funciones conocidas de las distintas partes de nuestro cerebro. Por el momento, sin embargo, nos vemos limitados por nuestro conocimiento básico sobre la función cerebral. Además de para los trastornos del movimiento y las alteraciones anímicas, también se ha dicho que la estimulación del cerebro profundo es útil en el tratamiento de problemas como el síndrome de Tourette y la epilepsia. Por el momento, todavía no está claro si la estimulación del cerebro profundo realmente puede serles de alguna utilidad a estos pacientes; pero es algo que debería hacerse patente, si el tratamiento ayuda a alguien tanto como ayuda a los pacientes de Parkinson. Mientras tanto, los informes sobre los extraños efectos que causa sondear las profundidades del cerebro son una continua fuente de evidencia de que, cuando se trata de entender cómo funcionan nuestros cerebros, todavía nos queda mucho camino por recorrer.